THE COMPLETE IDIOT'S GUIDE® TO

Word Search Puzzles

Contents

12 Fun with Words and Language   177

Languages 177, Coming and Going 178, Sporting Phrases 179,
Use an Exclamation Point 180, Use a Question Mark 181, Twelve-
Letter Words 182, Words from the French 183, Words from
Native American Languages 184, Words from the Arabic 185,
Palindromes 186, Reversible Words 187, Start and End with the
Same Letter 188, Only Vowel Is "A" 189, Only Vowel Is "E" 190,
Only Vowel Is "I" 191, All Five Main Vowels 192, Two Sets of
Double Letters 193, Nuts and Bolts of Language 194

13 People, People, People   195

Comedians 195, American Olympians 196, Inventors 197,
Presidents 198, Vice Presidents 199, Nobel Peace Prize Winners
200, Philosophers 201, Cartoonists 202, In the Military 203,
Chess Greats 204, Big Business 205, In the Office 206, Lifetime
Achievement Grammy Winners 207, Fashion Designers 208,
Family Tree 209

14 Everyday Life   210

House Styles 210, Common Street Names 211, Drive on It 212,
At the Supermarket 213, Household Appliances 214, Words Before
"House" 215, Stores at the Mall 216, Household Chores 217, At the
Post Office 218, House Parts 219, Clothing 220, Out in the Yard 221,
Buildings Around Town 222, On the Calendar 223, Common Girls'
Names 224, Common Boys' Names 225, Biggest "Towns" in the
World 226

15 On the Go   227

Makes of Car 227, Models of Car 228, Car Parts and Items 229,
Road Signs 230, Road Trip 231, Airlines 232, At the Airport 233,
On the Plane 234, Airports 235, Forms of Transportation 236,
Seafaring 237, Bicycle and Motorbike Parts 238, Racecar
Drivers 239, Driver's Ed 240, Aviation Pioneers 241, Plane
Manufacturers 242

16 School Days   243

Colleges and Universities 243, Majors 244, Campus Life 245,
High School Subjects 246, High School Activities 247, Graduation
Day 248, Trouble in School 249, School Supplies 250, Words Before
"School" 251, High School Movies 252, Common Team ____
____ State 254, In Class 255, Athletic Conferences 256, Dorm Life 257

Introduction

Word searches are a fun and relaxing puzzle enjoyed by millions of solvers—that's why you bought this book!

The rules of the game are simple: in each puzzle grid, locate each of the words on the word list beneath the puzzle. Words may be hidden horizontally, vertically, or diagonally, and may be backward or forward in the grid. Note that an entry on the word list may be a single word like TELEPHONE or a phrase like GIVE ME A CALL.

No punctuation is used in the puzzle grids, so if you have a word in a list like O'DONNELL, you can ignore the apostrophe when searching the grid.

But this is no ordinary word search book, because each puzzle comes with an extra mini-challenge: in addition to the words you'll find on the word lists, each of the puzzles in this book contains a "mystery word" as well. The mystery word is a word that fits the category of the puzzle and is hidden in the word search grid somewhere, but does not appear in the puzzle's word list. For example, if the puzzle's category were "Cities in Canada," you might find MONTREAL in the puzzle but not see it on the word list. That's because it's the mystery word!

A few hints about the mystery words in this book:

Note that the mystery word may actually be two or even three words long. For example, if the puzzle's category were "Cities in California," the mystery word might be SANTA ANA.

When looking for the mystery word, try to scan the lists for obvious answers that may be missing. For example, if the category were "Kinds of Shoes" and you noticed SNEAKERS wasn't on the list, that would be a good mystery word candidate to look for in the grid.

Often you'll simply stumble upon the mystery word while looking for other words. Be sure to cross off the words in the word list as you find them—otherwise you may circle the mystery word without realizing it isn't on the word list!

The 301 puzzles in this volume are grouped into 18 chapters, each on a different subject or type of wordplay. So start with your favorite subject and skip around, or start at puzzle #1 and solve the puzzles straight through. It's up to you—just remember to have fun, because that's what puzzles are all about.

Acknowledgments

I'd like to thank the following people for their work on this book:

—for shepherding the book through the publication process, Tom Stevens at Alpha.

—for assistance in compiling many of the word lists, crossword champ Tyler Hinman.

—and also for assistance in compiling many of the word lists, the crew downtown at Zynodoa: Christian, Ellen, Erin, Landen, Linsey, Mary Beth, Peter, Scottie, and Tommy.

Trademarks

By the Letter

Puzzle #1—"A"

```
M G T L W Y Y I Y I M Y K P B O O S E G
R Y X S Z D J S E L B A D R O F F A P H
J X Z S Y C R E D N A X E L A L I P Y H
H V R H C H L O J E I V A X E V B Q H E
A A V L G C T K F K D D U L V N D O A K
J M L J V H J E M A R G A N A U A R E I
A N W Y W X L U M W T C W E N B U T A I
G W N R V O A E N A L P R I A B A O H A
E V C S F G N I T N U O C C A R U M T P
G Y Y V D T J V Y C D E U Q U H T R A P
A V V Z P D M J N Y L S U C T N O A M L
R F R Z B B Z S N H O A C U O A G Y Q A
E C N U O N N A M U M A A P M M R E L U
V X R Q T L M J M A C N T V O E A A S S
A R M Q B I V D R E O O N T B P P Y A E
E T R S C F T I E R R Z Z C I A H E Y O
J X T H U G N B T L Q I Z J L T L C V O
S A M A D E U S Z D P R C B E A U I H Y
A A U S T R A L I A G A P A Z B P D Y C
I B P A K Z Y P I P S C H A N J L X E Z
```

ABACUS	ALABAMA	APEMAN	AUTOGRAPH
ACCOUNTING	ALEXANDER	APPLAUSE	AUTOMOBILE
ACCURATE	AMADEUS	AQUAMARINE	AVERAGE
ADVERB	AMERICAN	ARIZONA	AWAKE
AERODYNAMIC	AMETHYST	ARUBA	AYE-AYE
AFFORDABLE	ANAGRAM	ASTRONAUT	AZALEA
AHOY	ANNOUNCE	ATTITUDE	Hint: the mystery
AIRPLANE	AORTA	AUSTRALIA	word has 8 letters.

Puzzle #2—"B"

```
N G J C B L J F I P S D X B Z Y P W O X
D R R G M N O L B X N O Q J W N X R B K
V E A N U L U Q C O P K F S A G L L V W
C D C I E Z T P K P E G D I R B Z T Z T
P K X H E U G Y K Q Y O M E R E N U V M
V Y O S U L M G L W O E T E E D G L N S
R Z B U Y I N G R H H T A H L T V E S M
B O U L D E R P Y O U K L Y C I H W P T
L I K B I Q D O B B O C C W Y M T M S X
E E L B B A B H P U O D C B C E I A N M
S Q B X B M M X T M R I K C I L F Y O I
S Y S R J P K K Q B U N K C B K Q I I Y
I J T Y A B Q P C O O I B J A M I F L E
N X A G N I L F F A B U G E T B M N L O
G X M C L N N M O T L R R L T D C N I D
J R N Y H P A R G O I B O L E T V W B Q
J J R D U F B B E N E F I T P B E A R O
N K J F A F I A Y T W E Q B H Y I R I X
K N L H F U B R T B E C A U S E O B X A
X G W I T M V B A J B L O O P E R S H N
```

BABBLE	BICYCLE	BLUSHING	BREAKFAST
BACKDOOR	BIKINI	BOAT	BRIDGE
BAFFLING	BILLION	BOHEMIAN	BROTHER
BECAUSE	BIOGRAPHY	BOULDER	BRUIN
BEDTIME	BLACKMAIL	BOXCAR	BUTTER
BELGIUM	BLESSING	BOYHOOD	BUYING
BENEFIT	BLIMP	BRAIN	Hint: the mystery
BETTER	BLOOPERS	BRAWN	word has 8 letters.

Puzzle #3—"C"

```
E C R Y K C L I P P E R S V Z X A X L Q
D L U M A G O K C T F M O O R S S A L C
E K H C V C C R A B C A K E P D C X M A
S S K A O A H H G O O K O W L I Q H M E
C L C M F X E E U I B U T Q M D O Q O I
E J H E U N S W C N V B S E C S D N T E
F G I R L E S U C K K P H H R O L U H K
C F C A E L B H R Y B C R L A N O N C J
C H A I N C O C A Q P O I P M Z N U H V
H X G E H P A C Z C M Z O T X L C P A M
R A O O S N R L Y E I Y B K S U E M R I
I G M U B I D C I C Q A Y W M E R Q I C
S E E E B C L U A F L G R B C D U J O N
T Y R O Z O J I Q B O O E E O E T C T C
M R G G P X I Z H A O R N P X P A F K T
A K C S D C G W V C S O N E S I E T Y D
S O S J R W I V Y X X T S I W T R S Z D
W K A M Y U E T L J P H V E A N C C D W
Q O R C P G M V K K K T D G I E G V V L
M T H A D A X U D R H Z H L N C M G W M
```

CABOOSE	CHARIOT	CHROME	CREATURE
CACKLE	CHECKBOOK	CHUNK	CRIB
CAFE	CHEMICAL	CLASSROOM	CUDDLE
CALIFORNIA	CHESSBOARD	CLIPPERS	CUE STICK
CAMERA	CHICAGO	COXSWAIN	CYCLONE
CANBERRA	CHILI	COZY	CYCLOPS
CELLO	CHOP SUEY	CRABCAKE	Hint: the mystery
CENTIPEDE	CHRISTMAS	CRAZY	word has 8 letters.
CHAIN			

Puzzle #4—"D"

```
U E U U V G V S N G Z D Z T T M B D C V
R J T Y Y A P S M N W S X V N I O E G H
O C D U S F D E C E M B E R K G X F X V
C E W J R T E R V P K E X Z C Q G E I H
P N I D I G T D P J M T V O O L V N I M
O B I U A B Q G Y V T D L C S V U S S N
R M N P T K O P M N E L Y R T Y F E A Q
E U Z U S O H U O R A V N K S N P B D O
N C N M N V T G T R D M S J I D W F C M
I O U A W S A M P I D V I B T T V Y J A
D O C T O R A Q D E Z A D T N C R I Q S
K N G C D R I V E T H R U Z E A S S L D
O O G F G R L M A N U U C A D B T I Y L
Z J N A R Y A B E F Y S K S V A A N W F
C I I B C E J C D D Y A E F A T N G F W
K D L L R Z D R U M S I W Y E Y V V G U
Q H L D O O I D D L M C V D O Z E N S I
Y Z E V D C G W O H A P L P N H A P Q D
R X W Q G N I R U D W D I R I F W R C S
Q E D E L G T U S C O Z K U H M I Y J F
```

DAZED	DIME	DOZEN	DUCK
DECEMBER	DINERO	DRACULA	DUDE
DEFENSE	DJIBOUTI	DRAGON	DURING
DENTIST	DOCTOR	DREAM	DWAYNE
DETAILS	DODO	DRESS	DWELLING
DIAGRAM	DOG COLLAR	DRIVE-THRU	Hint: the mystery
DIGIT	DONUT	DROP	word has 8 letters.
DIJON	DOWNSTAIRS	DRUMS	

Puzzle #5—"F"

```
D G C B C S P O L F P I L F P C C F V H
I N S O B C B W B T L D P U N E L U K J
J M F R E T G J Q Y H Y B R B A U W B Q
H M L M L N J R P D A Y Z N M Y H K Q H
F O O T B A L L F H T V U I N U X T M Q
Y F H B I X A A H E F C N T Q U V S V X
V G X P X V W V B F A G I U P T C A E Z
N A M R E H S I F Q O T Y R M I R O K U
M T M V L L H T M M T L H E B U L T C U
E P K F F T M S M E N H D E O A Q H B W
L F Q U S G R E K C A R C E R I F C R Q
U H T E R R E F E T U L F F R R I N F M
B O R P A R T Y L F R U F T I T E E C O
N O D N A H M R A F N I R E S D L R P T
F C Y E R K R W T N B X S I H V D F N F
F A B U L O U S Y E O K R X P L G L J R
F Y L I M A F B R B L U H Y G G O F E R
C C T Q P H M C I H T A T H F R A M E E
B T H P B Q J E A U Z S R E W O L F B L
G W W O D O U V F E L L O W S H I P R N
```

FABRIC
FABULOUS
FAIRY TALE
FAMILY
FARMHAND
FEATHER
FELLOWSHIP
FEMALE
FERRET

FESTIVAL
FIBER
FIDDLE
FIELD GOAL
FIRECRACKER
FISHERMAN
FLAMINGO
FLEXIBLE

FLIP-FLOPS
FLOWERS
FLUTE
FLYTRAP
FOGGY
FOLDER
FOREST
FRAME

FRENCH TOAST
FRIES
FUNNY
FURNITURE
FUTON
FUTURISTIC
Hint: the mystery
word has 8 letters.

Puzzle #6–"H"

```
D O F P R T I P S Q T M X R L Y Y N Y T
Y I G J D L Q B L C C Z H C W H U F T L
G H N T E H X P H Y I P C L S I V G K L
I M T X A A A E E U W K Y H Y U K X O E
Z C Q F Y T A Y I Y B A S A A U F V T Y
K N J V H R I X S G R R N K D C P D A M
M Y Y P T L O B Y T O Y I E Y I Q W H E
N G D L U I G T A B A D K S P H L V O L
H O A H L C T G S H O C T U P L W O D K
T N G R W O L H A I A Z K O A H F G H J
D X R A F T O M W R H S U H H C L Q A L
S N T K X C P H T W Y S T D E T E B L B
F U L D R E D A C J Z A L E R O S Q L O
N O Z I R O H J H S W D L T E C R R E I
F L H K K G W B E A H N K N H S E E L H
J L A O R E X E I I S G Q U T P H V U V
S E W J G Z N H M V P T I A Y O L E J V
I H A N C E Z I T O N P Y H E H I W A O
D R I B G N I M M U H U I U H B P O H A
X H I M S E L F I L V F I H G R D H O P
```

HABITAT	HAWAII	HIMSELF	HOWEVER
HALLELUJAH	HAYSTACK	HINGE	HUBRIS
HALLWAY	HEARTLAND	HIPPIE	HUMMINGBIRD
HAMPER	HELLO	HISTORY	HUSH
HAPPY DAYS	HERSELF	HOLIDAY	HYPER
HASTY	HEXAGON	HOPSCOTCH	HYPNOTIZE
HATRACK	HEY THERE	HORIZON	Hint: the mystery
HAUNTED	HIAWATHA	HOT DOG	word has 8 letters.
HOUSE	HIGH SCHOOL		

Puzzle #7—"J"

```
T U A N R E G G U J T Q X O Z S S Q Z J
N J A W B O N E O O A Q J S R A Z C H C
E W A S G I J U E U F M U D P U U Z C J
M F B Q G X R E X R D X B Z K C M Y U B
G Z Y G A N I N R N O V I A W P R X X I
D M O L A R M X J E F V L L A T O G U
U J E L M B A P O Y M B E W U A C I U T
J A I L B R E A K F N I E N P S Y B B Z
Q S C N A K L B E I F M A O L N Y A R I
M N Y Q G S K L R T C J S D L S D H E K
V R O N R L U H J S L E U V U T B S T P
V Y E S X I E R J U N K F O O D E I T G
V J Y D R A P O E J R Z L T C N D F I Y
J U N I P E R B A J A A S Y A W D Y J L
O R Y K N S F V H U E M S P P O P L X Z
Q S F O J A E F B J D Q A S U Z G L Z H
W Z F A S L G B E H E J S I I L F E L C
U B K C I T S Y O J F I T H C C U J E K
E L I N E V U J O I K X F Z N A C H M L
F I J I T S M C N Y M I A Q K F M I U B
```

JAILBREAK	JEFFERSON	JOKER	JUNK FOOD
JAMAICA	JELLYFISH	JOURNALISM	JURASSIC
JAMBALAYA	JEREMIAD	JOURNEY	JUSTIFY
JANUARY	JERUSALEM	JOYSTICK	JUVENILE
JAPANESE	JIGSAW	JUBILEE	JUXTAPOSE
JAVELIN	JINGLE	JUDGMENT	Hint: the mystery
JAWBONE	JITTERBUG	JUGGERNAUT	word has 8 letters.
JEALOUSY	JOGGING	JUNIPER	

Puzzle #8—"K"

```
D Q G T T U W F V D D Q W O L W E O Y N
H I N W O E F K U D O S B G O N G Z M F
F N A E R O K G R G G Y A T H Z Q A L O
B K I C K S T A N D F P W S M D R D V T
B F O C A W O I S U U O K G N G K I D H
S R O I W B S R H P K X S F O A C D Z B
B N E E Y S M Z B C E L O L D Y K Y M D
K A L E I D O S C O P E I O L F M T Q F
A R K K P U W I A W P K K E E L H A U L
L P Y H K U D Z U Q O R J C R I X K S G
A U J P A W H A D A N Z Q G E N G L F K
M M P Q T K G C P E O J B E H M M P G C
A W E K U O I I T Z M B R K S N L Q G A
Z U T A O Z N S A E I K I N I S Z Y N N
O R A J N A M I L I K D S I F T R M O K
O O R A G N A K T A N V N G G Z C K X K
X D A G Z E Z J Y E F U B H N P B H C C
J M K T K B Q A Y C J C V T I X N Y E I
G N I L P I K F W Y D M T C K L K V H N
X Z L Q W L Y X W V Q J Y O Z S Z O D K
```

KALAMAZOO
KALEIDOSCOPE
KANGAROO
KANSAS
KARATE
KATYDID
KAYAK
KEELHAUL
KEEPSAKE

KETCHUP
KHAKIS
KICKSTAND
KIDNEY
KILIMANJARO
KILOGRAM
KIMONO
KINGFISHER

KIOSK
KIPLING
KISSING
KITCHEN
KNICKKNACK
KNIGHT
KNOCKOFF
KODAK

KOREAN
KOWTOW
KRYPTONITE
KUDOS
KUDZU
KUNG FU

Hint: the mystery
word has 8 letters.

Puzzle #9–"O"

```
W M A I Z A T S B A G L A D V J P H T P
I W X V D D T Q O O I V L Z B I X E F W
R Z V S U W O O O R I G A M I P T O M X
B D Q V B Y C M E R H T C A O G M V S T
O M O S Q T E A Y E K O I H E E F U V G
H A D W O L A S S T V K L S G X N U E O
Q C K B E P N C S S R L U A C P X D M C
P W E T D D I Z L Y D A S N K O W C A H
R R I T R P A H P O D H P N P A R J S K
K Y L G M E V S S N H O K E Y D O K E V
P S E Y N R E A U R R M R D C F D D S L
H U L R C S Y X I C E A H G D I O D N I
V O I L W E L L H Z W N O O H I F E E K
G I M O A T W E O A M V W Y H W G F P V
V V J F Z A S R T D E K O O C R E V O P
Y B U F O T E T P R I M X V U S M O Z A
D O O H R G O O T T E R X B O K P S G D
I V E A A X A I H R O M B N B S A C Q F
L G O N T D M J W G Y M Y P O Z G A I U
M B O D P E M B Y A O X Y G E N D R N B
```

OAK TREE	OHIO	OPEN SESAME	OUCH
OBVIOUS	OIL WELL	OPERA	OVERCOOKED
OCEANIA	OKEY-DOKE	ORCHESTRA	OVERTIME
OCTOBER	OLYMPICS	OREGANO	OWNERSHIP
ODOR	OMEGA	ORIGAMI	OXYGEN
ODYSSEY	OMELET	OSCAR	OYSTER
OFFHAND	ONYX	OTTAWA	Hint: the mystery
OFFICE PARTY	OOPS	OTTER	word has 8 letters.
OGDEN NASH			

Puzzle #10—"P"

```
J O C M K J R Y G O L O H C Y S P R N Q
Q L M U N I T A L P N R K U E A O H S N
H R S Q N T B Y M C A T F T C F M X C X
X E V R B Z A S V A I L I K E S E X I H
B V D G O O E S T R N L R U I B G P T E
B O S S M L A S P H O A B R X L R O A J
M H Q S B A T E L P T T P U I O A D M C
U S J B X N O N E M O N E H P V N I U L
Z U E T K Q B U A Y S P S E A A A U E I
S P D F D L M R S I R U R D P P T M N G
V E K X C I P P E C L T P I G L E T P Y
U E P A D N O L Y P Y T E A U N Q E P M
R H K B B E D I X O R E P O I T P H Z T
O H P R H S U O I C E R P L P P Y J O N
E W F M A I W X E D B V A K E S R J J Q
D E W S I S L A U A Z R U R I F A Z D M
H J U P L V V Q C H P V O C N Y M V K A
S B X A C E T B J H X N S W A B I J G I
N N N P A P E R C L I P C E P D D E U S
K T F Y M S D X M U Q S L B K D N V F E
```

PACK RAT
PANAMA
PANDA
PAPER CLIP
PEBBLES
PEPPERONI
PEROXIDE
PHENOMENON

PHYSICS
PIGLET
PIXIE
PLEASE
PLUSH
PNEUMATICS
PODIUM
POETRY

POLITE
POMEGRANATE
PRALINE
PRECIOUS
PRISM
PROPERTY
PRUNE
PSALMS

PSYCHOLOGY
PUBLIC
PUSHOVER
PUTTER
PYLON
PYRAMID
Hint: the mystery
word has 8 letters.

Puzzle #11–"Q"

```
T W N Z D W L A R E T A L I R D A U Q G
J V O E O X F W U Q Q U O T I E N T C
C Y N H X Y L T E I U Q A I P Z R R I Q
V N C Z S R H P Q I L A K D K L V E P V
J S Y K E Z C J N D E P R R W N W K S D
Q K K C L X I T Q M P E A T C L V P L H
R A T A Q G U U O Z V M U M Z Q E O G B
C I L B Y P I S Q L N K L Z I A E V M Q
U O T R L X L R I O J I X D L A B K A N
X T D E O E R S I U O U N L K V N C H T
L V T T R A K T L P E Q I Q M J E A J R
M S I R S C S U U M G D V C E B E U Q B
N C A A I E V X Y S A E U Q O Q U Q G G
D U U U U I X D J S T M U R O U Q K I E
Q Q Q Q U I N T E S S E N T I A L C E L
S B P U Q O Q U I S L I N G B N R A X K
G Y C N I U Q B L G N O I T A T O U Q H
W A E V E C I E E B G N I T L I U Q S P
Y S O U I Z H T J R R M S L P T Z S K M
U R E V I U Q E O B T U I D K Y A F Y N
```

QATAR	QUASAR	QUICKSILVER	QUIVER
Q-BERT	QUEASY	QUIETLY	QUIXOTIC
Q-TIPS	QUEBEC	QUILTING BEE	QUIZ SHOW
QUACK QUACK	QUEEN BEE	QUINCY	QUORUM
QUADRILATERAL	QUESADILLA	QUINTESSENTIAL	QUOTATION
QUARRELSOME	QUESTION MARK	QUINTUPLETS	QUOTIENT
QUARTERBACK	QUEUE	QUISLING	Hint: the mystery
QUARTZ	QUICHE	QUITO	word has 8 letters.

Puzzle #12—"U"

```
T D K B L C N G X K P U U N I F I E D V
L G C P K M T M H U H H U K D R A L Z W
K U J B N N B U B U R T U E T E Y E A L
O S J M M J E N V B O N Z E N Q L L S Z
B T M S U N A R U P R N A F E Y L U I Y
K J K D V I A E I P Q R L B G E A K V X
A A J Q P Y T A S P P U S A R H U U J F
B S G R S Z B L L L M T W B U U S L O C
V S E R E T S L O H P U M Q H D U U K Z
T N X O G K V Q J M Z U L F O U C N L C
N Q K Y N A K G E B S P P O A G I D U Z
Y U M R I I E K E Y O K T S G A N E S W
L L O N D M N K U X X S D V Y N O R U H
X T R U N U I U B L R S G M P D S P T T
J I Y E A S A C S E Y A U N R A A A E U
E M L U T Z R B D H M S F I S V R I N H
E A T A S T K N Z X E Z S N G L T D S A
J T N U P Z U S E R F R I E N D L Y I Y
J E E V U X Y V R O J A M A S R U K L Q
H X Y I Y V W V O F B A X X R G D F A C
```

UGANDA	UMPIRE	UPSY-DAISY	UTENSIL
UH-HUH	UNDERPAID	URANUS	UTOPIA
UKRAINE	UNDERSTOOD	URBAN	UTTERLY
UKULELE	UNIFIED	URGENT	U-TURN
ULTIMATE	UNKEMPT	URSA MAJOR	UV RAYS
ULTRASONIC	UNREAL	USER-FRIENDLY	UZBEKISTAN
ULYSSES	UPHOLSTER	USHER	Hint: the mystery
UMIAK	UPSTANDING	USUALLY	word has 8 letters.

Puzzle #13—"V"

```
N M K R T Z H S M G V B S I G I W U E C
C J E E N Y X U X Q M N R N T X E B R W
Y R E E T N U L O V Q U O M S S M A Q T
V B A A F C N E W B X L V I T P U I A G
G M W U A M Z C G C X X R I T Q O N F S
V V S V F M O G S G T U N E K A U K E Q
Y E A I O O D B L A T E T H N A C L U V
A R R L D Y M P M A E F R I W H A A L O
P L A O H X A U R S L G L U G S L Z V L
R F O L N A R G S R O O V O T E R S E L
Y V K S U I L Y E E I G L T U L E M G E
Q E O D V B C L M V V Z W Z R L U X B Y
A L L X A A A A E M I E S B X S V Y B
Z V I B T V L C G C G N C A X G A R W A
Z E S H A B G L O I E A T T S Z N S M L
S T J N V U R U E V T E L J O H N O Y L
E C I O O R L B D Y G B C L E R E X B O
K T I V T F O A I E W G Y U I D I M W V
Y C O N A C L O V Y L D I V I V V A F O
E C Y M W V E R M I C E L L I P U D P O
```

VACATION	VENUS	VIOLIN	VOODOO
VACUUM	VERMICELLI	VIVID	VOTER
VALHALLA	VICE-VERSA	VOCABULARY	VOYAGE
VALLEY	VICTORIA	VOICE	VROOM
VALUABLE	VIDEO GAMES	VOLCANO	VULCAN
VANITY	VIENNA	VOLLEYBALL	VULTURE
VEGETABLES	VILLAGE	VOLT	Hint: the mystery
VELVET	VIOLET	VOLUNTEER	word has 8 letters.
VENEZUELA			

Puzzle #14—"W"

```
A T I H C I W S H F W R E T F G D Q J M
I K I K I A W T B F C L A R U O N V H J
N S B S E L A W W I A E T K O V Q F Y N
I X J K F E Y L L H H S A L P I H W I V
G T S I R W L F W W A L L P A P E R U Y
R N Y W A H L T E H I T L D A C V I M V
I W I L H O O L U W I L E I C V N Q U N
V W R M W H O D U N I T L V M L X C U Q
T U D E O H W F T M L L E P E D A Y F L
S C R S W Y W G S X D A D S O R N Y U E
E E L F F A W T E C N P W C O W S I N M
W H E E L B A R R O W H B Z A X E I W L
S A I L U F R E D N O W S C F T R R K D
G W T A Z Q S B K O O I K S R E T A W Q
Q Y K C T R T X P D D Y R B V P U T R G
O F B P H V H S E N C S Y L W Q D P K Y
W I S I A D I I E U H C O A A A W W Z Q
U A Y N Z P O R Q A U W G Q N H M A P M
W K A W I N I G I R C W G D V T U A C K
S K Y Q U B X W C U K N W E Y R G U G E
```

WACKY	WEST VIRGINIA	WHODUNIT	WONDERFUL
WAFFLE	WHALE	WHOLE WHEAT	WOODCHUCK
WAIKIKI	WHARF	WHOOPS	WOOLLY
WALES	WHATEVER	WICHITA	WREATH
WALLPAPER	WHEELBARROW	WILDCAT	WRIST
WALNUT	WHIFF	WILLPOWER	WYOMING
WALRUS	WHIPLASH	WINDMILL	Hint: the mystery
WATCHDOG	WHITE SOX	WOLVERINE	word has 8 letters.
WATERSKI			

Puzzle #15–"Y"

```
G T I Z J X V C G G I G D L E D O Y A U
H C L G R A E Y R E T S E Y L E Y N G N
A W O B I F O E X Y M H U E O E O P F J
B X U I J U D W T B O G I L O K S Q I A
D B L E R I H S K R O Y G L H N E R F Y
O T G S T Y F R A S Z M O O O A M Y B E
N M E E N Z Y Z L C K M R W O Y I U U F
W L L E V K P A A O M U M J Y Y T J Q Y
F U A I V M V O O H A Y L A X U E T V V
Y Y Q V Q I Y B T B O V R C L C P T N O
O D B N A I R O P G F D B K R A D P J N
G N I P P A Y L U Q S Z N E M T E Y I N
R J U P E S S R R T Q G M T U A F L S E
A T E Y L N T W I G H M D X A N G J P S
R E Y U Q J M C T Z A F R H E D V U L H
X I T Q N O K U Y Y K L U Z D G P G L F
W Z J Y Q P U G Z O A I W L X W A H K N
G L H W P T V B R M G C U N F L Q V N K
R E K G K F P Z G D U S H M G D H E B L
J D U G K T P Y O U N G S T E R G D T B
```

YACHT	YIELD	YOSEMITE	YUKON
YAHOO	YIPPEE	YOUNGSTER	YULETIDE
YAMMER	YMCA	YOURSELF	YUMMY
YANKEE	YODEL	YOUTHFUL	YUPPIE
YAPPING	YOGURT	YO-YO	YVONNE
YARDSTICK	YOKE	YUCATAN	Hint: the mystery
YELLOWJACKET	YOO-HOO	YUGOSLAVIA	word has 8 letters.
YESTERYEAR	YORKSHIRE		

Puzzle #16—"Z"

```
J O Z E R O H O U R O T Y O K P G Q D O
L Z V F Y D R T Z G E V D E N A F E Z X
R Q F O X J U E I T G P F M Z K W J S Y
W V U F R J Q G P N J R E G G B Y M V C
R X B X B X N N P E Z I E A A C N N R
N X R N C A W H C L I Z E B K U O I V C
O M S I H D D U B N E Z M W V O Y A Y I
H Y V G Y R U T J Z E I B M O Z O J R U
I J N S U E Z C N I Z G J M A W Q Z A M
T I A A J C Y T T N U G Z B B B J J H R
T N Y Q H Z D G U N L U E O J Q D U C N
C Z O O M L E N S I U R Z A N Z I B A R
H O E S M I C P C A I A O I E K J P Z H
T D I P S N O I H A N T U V P G E F I T
P I P T P R W A Z Y H G N A E C S D A V
B A R Q I E I B F T R B D V U T O G R C
T C Z Z O Z L P D L P S S Y A X C D B P
N S R O B O J I H P A N U Z P B N O E N
Q E L S I N R Y N I E N S U O L A E Z A
V Z E J I K O A U H O J L M E E Z Q Q A
```

ZACHARY
ZAIRE
ZANY
ZANZIBAR
ZEALOUS
ZEBRA
ZEITGEIST
ZEN BUDDHISM

ZENITH
ZEPHYR
ZERO HOUR
ZEUS
ZIGGURAT
ZIGZAG
ZILCH
ZIMBABWE

ZINC
ZINNIA
ZIP CODE
ZIPPER
ZITI
ZODIAC
ZOMBIE
ZONKED

ZOOKEEPER
ZOOM LENS
ZOUNDS
ZULU
ZYDECO
Hint: the mystery
word has 8 letters.

Puzzle #3—Cheese

```
W W K B B X T N H J F G F H A F N F B A
G O C U I O X U V I Z M U L W N P E I S
L B A G N Y Y N C V Z T O H A V A R T I
B D M V Z C M R A F R Z G N R E V X V A
G H E K U J T M E C N F I U E V W Q O G
K K M N A S U E D O I T E R V E H C Y O
L C B D M E I I G C N R E S E A P L E B
U A E B N M V R F O O Y E N B Y T W S Z
C J R S R B O B F M U L I M B U R G E R
N Y T O M G E B A R B D B R A Y E C H R
Z E R M F R N N G P F Y A Y P T I Z U P
R R O Q W E O I R E I B R O M M N C B Y
W E F G B B L R T K M W M P U A A V T T
S T E P Y S O A S W I S S O S J S O F T
C N U W G L V D T S E G L G P B E A I G
T O Q U P R O D I N D L Y K J V M S L M
D M O Z Z A R E L L A T T O C I R P W J
J T R C Z J P H T H M N I N K U A E F C
L Y W V I C T C O V I W D A G P P W T O
Y V Z M E M M E N T A L E R D H R F L U
```

ASIAGO
BEL PAESE
BRIE
CAMEMBERT
CHEDDAR
CHEVRE
COLBY
EDAM

EMMENTALER
FETA
FONTINA
GORGONZOLA
GOUDA
GRUYERE
HALLOUMI
HAVARTI

JARLSBERG
LIMBURGER
MONTEREY JACK
MORBIER
MOZZARELLA
MUENSTER
PARMESAN
PROVOLONE

RICOTTA
ROMANO
ROQUEFORT
STILTON
SWISS
Hint: the mystery
word has 8 letters.

Puzzle #4—In the Kitchen

```
E T C X T N I P G N I L L O R R A K S R
T U F K G F O M R P X E G B V A C Z T A
R P E O Q Z E R M E M S V S E Q F D D V
E P G O I A L Y I P T V F A B P H B U I
D E S B U X V U C E T N T V W L P Z S T
N R R K T R M P D H L H U G I O A O G N
E W A O R E K A M E E F F O C I R M B V
L A Q O D M O N A S R E F D C L W C T S
B R M C B K E V I Y W M S A S O C T I G
T E N E B G E J I V U Q R E W Y I R C M
J Y O M N S N N O N E Q E G G M T E A U
W K O O E U G I I D E S M Z N R S H N H
Q C P H O P R M T B N G M E R A A C O L
W S S P A T U L A T Y O V K E Z L T P B
L I T N L L F B S I U O R V T C P I E G
D W M E A S U R I N G C U P S L Y P N R
W F O O D P R O C E S S O R A K C P E F
P H S B R E L E E P O T A T O P R N R X
E M S C U H F B Y A Y E E A T S T O V E
J W G Q X A W R V A D D Z S S W R X F Q
```

ALUMINUM FOIL
APRON
BLENDER
BOWL
CAN OPENER
CHEESE GRATER
COFFEE MAKER
COUNTER
CUTTING BOARD

DISHES
FOOD PROCESSOR
FORKS
FRYING PAN
HOT PLATE
KNIVES
MEASURING
 CUPS

MICROWAVE
OVEN MITT
PANS
PITCHER
PLASTIC WRAP
POTATO PEELER
ROLLING PIN
SPATULA

SPONGE
SPOON
STOVE
TOASTER
TUPPERWARE
WAFFLE IRON
Hint: the mystery
word has 8 letters.

Puzzle #5—Ice Cream Flavors

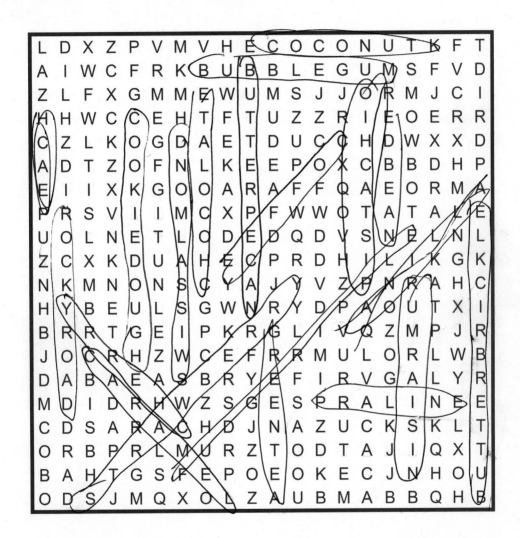

```
L D X Z P V M V H E C O C O N U T K F T
A I W C F R K B U B B L E G U M S F V D
Z L F X G M M E W U M S J J O R M J C I
H H W C C E H T F T U Z Z R I E O E R R
C Z L K O G D A E T D U C C H D W X X D
A D T Z O F N L K E P O X C B B D H P
E I I X K G O O A R A F F Q A E O R M A
P R S V I I M C X P F W W O T A T A L E
U O L N E T L O D E D Q D V S N E L N L
Z C X K D U A H E C P R D H I L I K G K
N K M N O N S C Y A J Y V Z P N R A H C
H Y B E U L S G W N R Y D P A O U T X I
B R R T G E I P K R G L I V Q Z M P J R
J O C R H Z W C E F R R M U L O R L W B
D A B A E A S B R Y E F I R V G A L Y R
M D I D R H W Z S G E S P R A L I N E E
C D S A R A C H D J N A Z U C K S K L T
O R B P R L M U R Z T O D T A J I Q X T
B A H T G S F E P O E O K E C J N H O U
O D S J M Q X O L Z A U B M A B B Q H B
```

BUBBLEGUM
BUTTER BRICKLE
BUTTER PECAN
CARAMEL
CHERRY
CHOCOLATE

COCONUT
COFFEE
COOKIE DOUGH
FUDGE RIPPLE
GREEN TEA
PEACH

PISTACHIO
PRALINE
RED BEAN
ROCKY ROAD
RUM RAISIN

STRAWBERRY
SWISS ALMOND
VANILLA

Hint: the mystery
word has 8 letters.

Puzzle #6—Herbs and Spices

```
U D T O N A N O D Q K N C U D T K F Z O
J K G D N S H G N Q B H S H U D B S D Q
I M H E U F E P A A M Z Z R X P F F Z J
Z I J Y W K E H Y Y G A M Z P O U Y J G
C W H O A B S L R C H E R V I L P Y Q C
D I Z R K W E N C E R K R O Z T Y A W X
L Q N T E A D U H I D C C O J J T Q H K
X I U N F P R T C H B N S O H R L T E X
X M C A A R P M K L I S A B F E A K M W
I W T L Y M F E N N E L G I R D S M Y U
Z H J I O S O G P T T D E E R W R I V C
H V U C N V W N A E U H G R E O P G N U
U F C V X P E R R D N N Y Y D P C G R A
R V M Y S P R S S M I N T M N I M S V T
J A S I W A L B L G U L E C E L S F O Q
C F X O G P F H E G S S L Y V I X I F B
A K J O I R N F Y M A P T F A H L N U B
C C N M M I P J R P Y Q X A L C U M I N
G E G Z J K T K R O S E M A R Y S U E W
M S O X N A B V N M N I Z B L D X F U G
```

ANISE
BASIL
BAY LEAF
CAYENNE PEPPER
CHERVIL
CHILI POWDER
CILANTRO
CINNAMON

CLOVES
CORIANDER
CUMIN
CURRY
DILL
FENNEL
GINGER
LAVENDER

MARJORAM
MINT
MUSTARD
NUTMEG
OREGANO
PAPRIKA
PARSLEY
SAFFRON

SAGE
SALT
TARRAGON
THYME
TURMERIC
Hint: the mystery
word has 8 letters.

Puzzle #7—Fruits

```
R C I J T D T F P S G K Z Q R Y H K R A
S M A X Y K I Q J R G B X H I A M J D D
L O E C N I U Q P E C Z L O V P T H T A
P S P G U A V A Y O M K Q U M N L N B F
A T K H N M P I N E A P P L E O X F Y M
N A N A N A B Y Y M J L S Y L B G O D D
N T Z F P N R O Q S K V R S S L E Q K T
V A F A Q G H O N E Y D E W G I K R A R
Y P Y N Y O Q Z Q E C S E K J N P U R K
Q A P R O R K P Q Y G G N U T Z Q M R Y
Y K F E R L R C S I D K I W I M N W F W
S Y Y H R E E E Y S L K R F U P G N S H
Z N B C A S B M B O W E E K R A C E J I
N O H A S X I K R W K O G F F P B R C L
H M F E P Z C M C E A S N H E R G J S K
Q E Q P B H G Q M A T R A O P I P T N H
Q L I M E D E P U O L A T N A C X A W J
G A A R R A T L B E N B W S R O E U D E
B N R I R T R U Z Y J M X I G T P O K C
B Y C C Y E Z M S U P Y S Q G B M K I G
```

APRICOT
BANANA
BLACKBERRY
BLUEBERRY
CANTALOUPE
CHERRY
DATE
FIG

GRAPEFRUIT
GUAVA
KIWI
KUMQUAT
LEMON
LIME
MANGO

ORANGE
PAPAYA
PEACH
PEAR
PERSIMMON
PINEAPPLE
PLUM

QUINCE
RASPBERRY
STRAWBERRY
TANGERINE
WATERMELON

Hint: the mystery
word has 8 letters.

Puzzle #8–Desserts

```
U Z N E E I P R E T T U B T U N A E P T
W R T V I U Z L B A N A N A S P L I T Z
P Y T L D V K T I R A M I S U R R K X E
C S Y D S T R U D E L M C J E L L O N T
S E I N W O R B H S F A O E S S U O M R
Y N R R Z Y L L O R N O M A N N I C A O
G D O L C J J R P N E I N G B L R J E T
H A C O Y E B K O P H I U T G E E E R D
S O B Y R E L L D D O N P A P C K K C X
O H W L T A I P S H E R B E T L I P E I
R X U K E G C K P F H A X U M A O Y C H
V S H A V M N A P A Z E N L B I I A I I
C N N A Y I H V M D H O F S U R L R H G
I Z O H V Q I C Y A D R A T S U C Y I R
M T Y O Q A P B A N A N A S F O S T E R
L I T S L G L W F E A A R Q W P L L G K
T Z H U R P W K R M P L K V E E B Z D I
J M U D H A K S A L A D E K A B Y T U W
W T J A G N L L E B K M N L O H Y E F B
G H M N E K A C E S E E H C B M L M G Z
```

APPLE CRISP	COBBLER	ICE CREAM	PUDDING
BAKED ALASKA	COOKIE	JELLO	SHERBET
BAKLAVA	CREPE	KEY LIME PIE	SORBET
BANANA SPLIT	CUSTARD	MACAROONS	STRUDEL
BANANAS FOSTER	DONUT	MOUSSE	TORTE
BROWNIES	ECLAIR	PEACH MELBA	ZABAGLIONE
CANNOLI	FLAN	PEANUT BUTTER	Hint: the mystery
CHEESECAKE	FUDGE	PIE	word has 8 letters.
CINNAMON ROLL			

Puzzle #9—Seafood

```
Y F J X A Z N R Z O J F Y F B L H M U Z
K Q O D P Z X R V C U A N Z J B X C A O
S A O S R E T S Y O O O X H T F X P E F
M T W A X D G U H C R C R A W D A D I I
O L N Y I H N P R I Z V K S L K P T R I
X B F U I O Y O X K J N S L Z H W A W O
B I Q P H L J T L S B I S L E S S U M P
T S N W A R P C P H K G K E N S W W E Y
F O Y S M D S O S H A R K I O B O R C N
T J G N I P L D C R A B H D L L A E Y K
A W F R H L V N C H A C X E A S J B P L
N O M L A S O R V R R V F E B N F M V R
C U B C M C E A C U R T K W A G I U R M
E N S V J D S A A J T E S A N R X C A O
S S J T N L V E E L J C T E H L X U Y W
D M Z U F I S H S T I C K S A Y R C K Z
L A O O A B M Y G W N N W P B B E A I Z
C L I R E B B U L E B A H W O A E R P
F C M T W I W B H S U Y S M X R L S K F
C J S K O K M F X H E O B R V V F A S G
```

ABALONE
CAVIAR
CLAMS
COCKLES
CONCH
CRAB
CRAWDAD
EEL

ESCARGOT
FISH STICKS
HIJIKI
LOBSTER
MAHI-MAHI
MUSSELS
NORI
OCTOPUS

OYSTERS
PRAWNS
SALMON
SCALLOPS
SEA BASS
SEA CUCUMBER
SEA URCHIN
SEAWEED

SHARK
SHRIMP
SQUID
TROUT
WHALE BLUBBER
Hint: the mystery
word has 8 letters.

Puzzle #10—Sandwiches

```
C L D Z G M X E O J Y P P O L S I T Z I
F M R M R O H E B G W K P A I K Z K Y K
F I I N I N A P H L V A P A D A V M P L
D O N E L T M M O C T G P N S E J U H I
A K V G L E B K R B O O C J R T X F M F
G A Y G E C U N S A O N R E F S R F V U
W R P S D R R R W L W Y A B F E T A W S
O E U A C I G O B O C A T I R S T L M O
O U L L H S E U Q H R T H J D E C E I I
D B L A E T R N D U E B H S Y E T T C E
Q E E D E O V E R F E V T W Z H M T L W
I N D N S M P F E P M M E O M C B A U M
G U P B E U P E A P T T O Z H Y E N B B
P K O O T D B O N S B V I N G L N A I L
V E R Q L T I M L F A J P B S L N W R U
H D K P S G M C A J A V D L C I R K C T
N K P A M K R E T R B C H R L H E U M P
O Y O Y E U S T P I I Q E S Q P S U D E
C R P A D S K A X X N N K D R J E R R H
P L P Q B K W Q D W W E E M E Z J A Z P
```

BENEDICTINE	GRILLED CHEESE	OPEN-FACED	ROAST BEEF
BLT	GYRO	PANINI	SHAWARMA
BUTTERBROT	HAMBURGER	PBJ	SLOPPY JOE
CLUB	HOT BROWN	PHILLY	SUBMARINE
CROQUE	MCRIB	CHEESESTEAK	TACO
MONSIEUR	MEDIANOCHE	PO' BOY	VADA PAV
DAGWOOD	MONTE CRISTO	PULLED PORK	Hint: the mystery
EGG SALAD	MUFFALETTA	REUBEN	word has 8 letters.
FINGER			

Puzzle #11—Breads

```
E X L A D C L M F K H A T S S T H Y O E
D T W U B L D U M N O L E G A B Z H G I
E L T R F L A T I M Z L R T L K Q G R Z
H F E E W H E A T A T I C L W T K U K K
D N Y K U H R T O T A T O P L Z H O L Z
U R U Y C G B A N Z M R E R Y U J D Q D
L X E O E I A D H Y R O O T X C A R W H
T M I L S L N B O E Z T X E I C S U S A
G R O N T S A R S W I H O N J H F O X L
B H K R H N N I E M C R N G A I W S D L
W S H S A V A L F P T A B L I N J E R A
G H H U T K B S K M M K R I C I A P C H
B A L W I P P O S O F U Q S C X J A L C
E H W I P J E N N I K L P H A Z O E N F
R D A E R B N R O C O F I M C D C Y R J
F Q L Q N K A N D U N R M U O Q N T G F
S K T H E I C S R V D E C F F R H A P L
B Y R H S R W L I H F N M F B P C J Z D
U J Y I A T T A B A I C D I V O O A W U
V V N U D Z Y Z J S V H H N G V I Z D W
```

BAGEL
BAGUETTE
BANANA BREAD
BRIOCHE
CHALLAH
CIABATTA
CINNAMON
 RAISIN
CORNBREAD

CROISSANT
ENGLISH MUFFIN
FLAT
FRENCH
INJERA
KAISER ROLL
LAVASH
MATZOH

NAAN
PITA
POTATO
PUMPERNICKEL
ROTI
RYE
SODA
SOURDOUGH

TORTILLA
WHEAT
WHITE
WHOLE GRAIN
ZOPF
ZUCCHINI
Hint: the mystery
word has 8 letters.

Puzzle #12—Sauces and Condiments

```
V D E M U S T A R D G Y J S C F T Y A O
C Z Q C G A H E T A O F F S S K B G Q Q
M A U D R G S Y T O P K X F N V E L T J
L A K T T F I W F E M A R I N A R A B W
F H A N M C D O E N J A N G A I N C S W
I R P U T T A N E S C A T P C Z A Y A B
Q Y E K P B R K H H N X E O U L I S H V
G E C N D U E W A M W K N N V L S I V E
P N Q U C E S I A D N A L L O H E D I W
J T I R O H R Y P G C Y Y Q V J X J N T
E U V S C W O R C E S T E R S H I R E T
S H K N S N H N F L R X A P R X L H G A
A C H E N E C A I O L I E U C E B R A B
L Y O A M K R O P O L O N A I S E E R A
F P I C K L E D G I N G E R K L C U I S
R S S M R V X T D B R D U Y I S H B H C
E B I U I R U X C A C B I S O R A O E O
D C N L L T O L V H L H H P E S M T D Y
O M O C U R R Y H Q U A T R A S E Q I S
B A K B C E Q N B U P P S W N P L W S J
```

AIOLI	FRENCH ONION DIP	OLIVE OIL	TARTAR
ALFREDO	GRAVY	PICKLED GINGER	TOMATO
BARBECUE	HOISIN	POLONAISE	VINEGAR
BECHAMEL	HOLLANDAISE	PUTTANESCA	WASABI
BERNAISE	HORSERADISH	RELISH	WORCESTER-SHIRE
CHUTNEY	KETCHUP	ROUX	
CURRY	MAYONNAISE	SALAD DRESSING	
DOENJANG	MUSTARD	SOY	
		TABASCO	

Hint: the mystery word has 8 letters.

Puzzle #13—Mexican Food

```
S C Y T I J S Q A L L I P A P O S T V H
E A W R C L U N P W K L L G T Q A K U F
H M J M R Y A D A L I H C N E Q G C Q R
C F K N S A Q C P X F H G A W K F H Y N
E H Z S A T U A L F L A X H E P W I M M
L O O G L C F R B K P B J C H U P L B U
S Z D R L Q N N T T A Q U I T O N E K S
E Y A L I U Q E T U R V M M T T S R Z C
R E D H T Z A A B S A L L I D A S E U Q
T J A G R R O S Z S M R R H M M S L R Q
B B N T O S T A D A S R C C D A C L P M
Y B A I T O I D D X U B B F D L F E F Q
K Q P X B S N A E B D E I R F E R N L T
E W M L P A R R O Z C O N P O L L O A D
M A E R C E C I D E I R F F N M M C N M
X R C H U E V O S R A N C H E R O S H D
N B O Z Q F Y U N P I C O D E G A L L O
N S E R E D O D L A C T C E V I C H E R
E V R U O F Y K Z Q X U R M G V F F T G
S R E B X E R T P T O U Y P Q T B N B H
```

ARROZ CON POLLO	CHORIZO	MOLE	TAQUITO
BURRITO	ENCHILADA	NACHOS	TEQUILA
CALDO DE RES	FAJITAS	PICO DE GALLO	TORTILLAS
CARNE ASADA	FLAN	QUESADILLA	TOSTADAS
CEVICHE	FLAUTAS	REFRIED BEANS	TRES LECHES
CHILE RELLENO	FRIED ICE CREAM	SOPAPILLA	Hint: the mystery word has 8 letters.
CHIMICHANGA	HUEVOS RANCHEROS	TACO	
		TAMALE	

Puzzle #14—Wines

```
V T H B W W Z T O L R E M S C T P I G G
E E C E B L A M B M S D D J R W Q S M Z
L D H R G T R O U O P I N O T N O I R Q
X A P O S I I Q R T E M P R A N I L L O
I C J T N J H F G V Z J I V Z Y Y K C A
W S D W H V S A U V I G N O N B L A N C
I U H E E H S C N A N E O D A O S R A H
T M A D E I R A D L F W T S I R I O J A
D V U R N Q U B Y P A U G O R D L M B R
K Q R E G R B E F O N R R A C E B A Q D
T Y M V A H O R X L D Z I V K A A M K O
T K Y O P R L N K I E T G E Z U H V P N
C Q A H M E C E Z C L R I D S X C T P N
L N Q N A I T T M E W A O N H L Y M S A
X W Y I H N U A A L G M K B C J I B O Y
V G A V C G O D A L L I T N O M A N L I
M P L U N O L O R A B N G C J K W Z G O
S H S R L I B P G W Y E T I N X Z Y P L
M O W F U V S B B C P R M Z T N A L B Q
T O G Z J B F F N Q A B Y F H B K Y R E
```

AMONTILLADO	GEWURZTRA-	PINOT NOIR	SOAVE
BAROLO	MINER	PORT	TEMPRANILLO
BORDEAUX	MADEIRA	RIESLING	VALPOLICELLA
CABERNET	MALBEC	RIOJA	VINHO VERDE
CHABLIS	MERLOT	ROSE	VIOGNIER
CHAMPAGNE	MUSCADET	SAUVIGNON	ZINFANDEL
CHARDONNAY	ORVIETO	BLANC	Hint: the mystery
CRIANZA	PINOT GRIGIO	SHERRY	word has 8 letters.
		SHIRAZ	

Puzzle #5—Best Actress Winners

```
P M Y N H H L Q O H S A L L Y F I E L D
W S R A R E T A S H G I E L N E I V I V
G F J M J U L I E C H R I S T I E N Z Y
H P F G O A B I M N Q Y A C X B U M A A
B H N R A U A P Z S A H S C F J Y A M D
W H Y E N D R M E A E I E M E G P U I I
R L T B N R B Z P H B I C Z Y K K P N L
E O S D E E R Y N F E E G I W J E O N L
H S R I W Y A T D F A N T G R L R L E O
C G U R O H S V E S A D I H A T V D L H
T B B G O E T Y H H O Y N R T M A T L Y
E T N N D P R O H Z V P E O A A I P I D
L R E I W B E F P G G S H D F H Y O U U
F N L U A U I H V G C N A I U E T L L J
E G L M R R S I N A N G A M A N N A O T
S W E R D N A E I L U J P A F L A A K R
I A P F A N N E B A N C R O F T O W J R
U K G L E N D A J A C K S O N G M R A M
O X R M Y Q C G Z Q I D Y V P S O E E Y
L G R V X Z U T W D I A N E K E A T O N
```

ANNA MAGNANI
ANNE BANCROFT
AUDREY
  HEPBURN
BARBRA
  STREISAND
DIANE KEATON
ELIZABETH
  TAYLOR

ELLEN BURSTYN
FAYE DUNAWAY
GLENDA
  JACKSON
GRACE KELLY
INGRID
  BERGMAN
JOANNE
  WOODWARD

JUDY HOLLIDAY
JULIE ANDREWS
JULIE CHRISTIE
KATHARINE
  HEPBURN
LIZA MINNELLI
LOUISE
  FLETCHER

MAGGIE SMITH
PATRICIA NEAL
SALLY FIELD
SOPHIA LOREN
VIVIEN LEIGH

Hint: the mystery
word has 9 letters.

Puzzle #6—Tom Hanks Movies

```
D R E P C Q T Y O U V E G O T M A I L W
M O J L M I R X B N J C B I H T U B B B
S J O M I U K I X W V B A W A H D F M Z
L A E N Q M G F H S A L P S T E Q C N B
E L V O E Z N T R V X A W S T D L B A B
E E E I A S F E S E P N R Z H A H F C C
P A R T N G S B E E I I T H I V W X U S
L G S I G G R E Q R R M I J N I B A O R
E U U D Q U P L R I G R O G G N H Q Y E
S E S R B G H R T P A E O S Y C N V F L
S O T E I L I L I E X T H F O I P G I L
I F H P J S L L P V Q E B T U C V G E I
N T E O H T A F Y D A H R N D O L T M K
S H V T R C D H E H K T S A O D D A H Y
E E O D S V E O N W D R E Y L E P C C D
A I L A X E L B O T Q B D R X O V D T A
T R C O W Z P C M W U K D X Y Y P L A L
T O A R F H H R E T R Z W N E A P E C E
L W N J X G I C H Q E C U X H R N W H H
E N O N Z Y A U T Z C V Y R O T S Y O T
```

A LEAGUE OF
  THEIR OWN
BIG
CAST AWAY
CATCH ME IF
  YOU CAN
FORREST GUMP
JOE VERSUS THE
  VOLCANO

PHILADELPHIA
ROAD TO
  PERDITION
SAVING PRIVATE
  RYAN
SLEEPLESS IN
  SEATTLE
SPLASH

THAT THING
  YOU DO!
THE 'BURBS
THE DA VINCI
  CODE
THE GREEN MILE
THE LADY-
  KILLERS
THE MONEY PIT

THE POLAR
  EXPRESS
THE TERMINAL
TOY STORY
YOU'VE GOT
  MAIL
Hint: the mystery
word has 8 letters.

Puzzle #7—Comedies

```
H Y X X K Y R H O M E A L O N E R X E Y
Y N R Q C S H P P R G B M H S V U Z L O
D N H Q A S S R E T S U B T S O H G P U
T I T O H T I E K I L E M O S L T F U N
M V T R S R C I T Y S L I C K E R S O G
R N P T Y S L E E P E R Y M S G A V C F
D I A H D D B A N A N A S T M N X R D R
N S B E D U S E C A R E H T T A Y A D A
O U S P A C E B A L L S J N M R H A O N
Y O K R C K I W O N Q P T O O T S I E K
G C J O B S R A D A M S R I B S M A H E
R Y A D G O H D N U O R G I S R F L T N
G M N U K U B L A Z I N G S A D D L E S
K O N C B P A T L A N I P S S I S I H T
S I I E R I F T B U O D S R M T E J H E
O Y E R X S T N E R A P E H T T E E M I
W X H S U J G T C B T E S D G O J A R N
W D A N R V H N U G D E K A N E H T T L
S I L V E R S T R E A K H M R Y A V L K
Q E L U Q Z R E H T N A P K N I P E H T
```

A DAY AT THE
   RACES
ADAM'S RIB
AIRPLANE!
ANNIE HALL
ARTHUR
BANANAS
BLAZING SADDLES
CADDYSHACK

CITY SLICKERS
DR STRANGELOVE
GHOSTBUSTERS
GROUNDHOG DAY
HOME ALONE
MEET THE
   PARENTS
MRS. DOUBTFIRE

MY COUSIN VINNY
SILVER STREAK
SLEEPER
SOME LIKE IT HOT
SPACEBALLS
THE JERK
THE NAKED GUN
THE ODD COUPLE

THE PINK
   PANTHER
THE PRODUCERS
THIS IS SPINAL TAP
TOOTSIE
YOUNG
   FRANKENSTEIN
Hint: the mystery word
has 8 letters.

Puzzle #8—Film Jobs

```
N R R R E N G I S E D T E S B E W A B R
O O E X E N S B Q G K U J Z R X R K M O
I S C U Z G K M S V B R A I R E Y Q A T
T I U U K G N N I H R R G V F C Z T K C
C V D Y H N M I C X T G P F A U S R E E
U R O J O V F F S D E E A A A T I E U R
D E R P C B Y V I R J G K M D I C H P I
O P P V F M T R V F C W B K E V H P A D
R U E H E M E S O G I P O B K E E A R G
P S N Y O C B G E F W W Z B O P L R T N
F T I E T P C K K B D A G X H R E G I I
O P L O E G R H D D S S C N U O C O S T
D I R N V O I C E A R T I S T D T E T S
A R F C T V V T A L U B Z N Z U R R D A
E C Y I P A K M L Y A S C P A C I O W C
H S D W M R K T J B O K C K V E C H O T
P E F B Z D I S T R I B U T O R I C W D
T E C H N I C A L A D V I S E R A R Z T
H R X X X H F R I Y J U B H A F N O A P
Q Y T Q V M J S F I G L S O A A W U W L
```

ART DIRECTOR	EDITOR	LINE PRODUCER	SINGER
BEST BOY	ELECTRICIAN	MAKE-UP ARTIST	TECHNICAL
CASTING	EXECUTIVE	RIGGER	ADVISER
DIRECTOR	PRODUCER	SCRIPT	VOICE ARTIST
CHOREOGRAPHER	HEAD OF	SUPERVISOR	Hint: the mystery
DISTRIBUTOR	PRODUCTION	SET DESIGNER	word has 6 letters.

Puzzle #9—Words Before "Movie"

```
B Q J X Z L J R X A N I M A T E D S Y N
Z B Q H Q I O C F O R E I G N H R S Y W
B P L T M L J D D N U O R G R E D N U G
H B S S L K R U H C T R Y L A Q D D I L
X O G O H A A E F R D X G R V D W F H O
B H U M O W A H S X D I T R M J A G N J
N O I S I V E L E T R O F E D A M O Z W
P G I P F C L C P L L R H T U X W S R T
C X A T M P J C O O J X T S O Z A I E E
P K A M Q P M W C F B F C G I A U I T J
K R P O B U B S Y Y M W T N Q P K V S T
T N I F I U C X F L D E T A R G F S A N
A I S G D W C C L Z Z K V G N O V P S E
E I I G D P G N D N B U D D Y R O I L
I K E T A T R G A I Z C T J D L I R D I
D T E H T K L C E M Z T A L A M D T O S
N B O R E T N V B R I M K T P T W S T H
I M K E Y B I A F E E A I Y O B W O C R
E M C E P R P T H B L O C K B U S T E R
C F R D D F U L L L E N G T H Q E S J M
```

ANIMATED
ART
BLOCKBUSTER
BUDDY
COWBOY
DATE
DISASTER

DRIVE-IN
FOREIGN
FUJI
FULL-LENGTH
G-RATED
HOME
HORROR

INDIE
LOW-BUDGET
MADE-FOR-
  TELEVISION
ROAD
ROLL

SILENT
SPORTS
THREE-D
UNDERGROUND
Hint: the mystery
word has 8 letters.

Puzzle #10—Movie Terms

```
N R U Q S U N D A N C E G N I N E P O Y
X Z N B Z K B T C S F R E T C A R A H C
V A R I E T Y T E C H N I C O L O R K L
G N I T C A D O H T E M S V O B D G P F
C M Q P L W U G N O I T A Z I R O L O C
I W R A I G F T M O A U Z L A K O E T K
T T O R F M D W O Y V Y L H H R I P S J
I Y T T F W T E C S A I X P F A D E F R
R P C M H B A I K M N O G R T Y U S C W
C E E E A B L V U G T F C O R H T T I N
J C J R N D K E M G G O A M Z O S D R A
E A O I G P I R E I A W M K P R E K O C
C S R O E U E P N Y R W E M R S X Q S E
I T P N R E S Z T Q D G O A C E Z D P H
F I Z M L S M C A X E T T R X O S K N T
F N B L O O P E R X I I E M B P Z G E N
O G W I G L I U Y O N E W S R E E L E I
X X F F L C H K N G N J E A A R U Q M L
O S V N F D E L G N A A R E M A C A T H
B U A E R I A L S H O T T B P G X W G D
```

AD LIB	CLIFFHANGER	METHOD ACTING	STUDIO
AERIAL SHOT	CLOSE-UP	MOCKUMENTARY	SUNDANCE
AVANT-GARDE	COLORIZATION	MORPH	TALKIES
BILLING	CRITIC	NEWSREEL	TECHNICOLOR
BIT PART	FADE	OPENING	TYPECASTING
BLOOPER	F-STOP	PREVIEW	VARIETY
BOX OFFICE	GEL	PROJECTOR	WIDESCREEN
CAMEO	HORSE OPERA	RATING	Hint: the mystery word
CAMERA ANGLE	IMAX	STOP-MOTION	has 8 letters.
CHARACTER	IN THE CAN		

Puzzle #11—Sounds

```
E U Y G Y C G W E P O R U Q Q A K I R G
D P E B H C M O J Y E A A V Q A X N B P
Q E J Q L P J O D P T V D Y N K C B L M
C Q G G E O R F F X G N M W C M E I T M
A A F B C E D E C I B E L E Y H K D T V
W O X O Y R M R R M D R J Z B C C V L K
J D L F C O G A O E I E U I U R A N G R
U N F T O C L N L R C C L T C V R W T D
H U W D J S I A I P E O R I E Z T F Z N
Z O C X B T U L W B W Z R O T F D S G U
Q R G I O E P O Q P B B I D P Y N W I O
A G J R F R H G O J Z U P S H H U C O R
D K L U Z E B K P I E O D M E F O Q L R
L C K Z H O X G V W D V V P I H S N I U
D A Y L O P N S N N U M T D X T J E S
B B T M C H B K B H R X A M B I E N T N
W X P I V O C W S C I T S U O C A H Y E
M Y Y C G N N R Y M C G H Y H U E C B S
I L O O Q I F T O J L J K O G M Z I D O
X S T T K C D P Z B R E V O E C I O V P
```

ACOUSTICS
AMBIENT
ANALOG
AUDIO
BACKGROUND
BOOM
DECIBEL

DIGITAL
DOLBY
DUBBING
ECHO
MICROPHONE
MIX
MONITOR

MOOD
PREMIX
PRERECORD
SCORE
SENSURROUND
SOUNDTRACK
STEREOPHONIC

SYNTHESIZER
THEME
VOICE-OVER
WOOFER
Hint: the mystery
word has 8 letters.

Puzzle #12—Best Picture

```
V L X U B E C Y T X R D J V D M B Q Y P
W F L R P Q I M A L R U Z B U U C O X T
N J I C H S E E R F X S D H G M B W Y W
Y E A Y R O T S E D I S T S E W Y B S E
T N O R F R E T A W E H T N O B R Z I J
V B R A V E H E A R T Y H C X U H B R Y
P A R K C D H P E W D O T D J E Z I A J
M L T O R E H L F A L H M K Z E E W P I
H L R N T A Y Y L I G G X J U A Y W N R
A A S M U A M R V I I B I M O M V N I U
P B B K D F I E N R W A E E G N N P N X
L O P Y T A R D R V O G M N D E E A A A
A U A D F H I E A V Y V I A H P F S C N
T T B Y A M G R Y L S O X T R U D Z I N
O E M M A V Z I G I G K T I A T R R R I
O V L I L N O T T A P U R T I P Y H E E
N E V I G R O F N U R E U A N V K A M H
T T S N A M A D E U S V V N M D C R A A
X O G A C I H C R A S H C I A E O Z N L
Q T J W A I B A R A F O E C N E R W A L
```

ALL ABOUT EVE
AMADEUS
AN AMERICAN IN
  PARIS
ANNIE HALL
BEN-HUR
BRAVEHEART
CHICAGO
CRASH

GANDHI
GIGI
GLADIATOR
GOING MY WAY
HAMLET
KRAMER VS.
  KRAMER
LAWRENCE OF
  ARABIA

MARTY
MIDNIGHT
  COWBOY
MY FAIR LADY
OLIVER!
ON THE
  WATERFRONT
PATTON
PLATOON

RAIN MAN
ROCKY
TITANIC
UNFORGIVEN
WEST SIDE
  STORY
Hint: the mystery
word has 8 letters.

Puzzle #13—Directors

```
R M G S Z F N Z Z Z Q A L O P P O C Z Q
N H Y M G G Z P J K L Y N Z N O T W U F
V G S C R O W E S T A S T O N E F X V I
Y N O R E M A C M I J A C K S O N M M S
S E A C B G N A H E R G D L C R A U S G
X L F U L S N Z C A C E T U O E E W E O
P L M N E Q T N N U P K A C R K V D E I
B A C L I E X T Y A V P I A S U E R N M
I D L A P L I T L I V E R S E W K O D A
C E X M S N P M K X O P I Q S Y R Y G F
W M Z O O S A A C W A D F R E G P Z E H
J I K E D D A C H C X B E R M D A W E O
X L N U E Y O V B C H O L T K A E K G D
G L I Z R L N V E S W H L C F Q V B S S
L E N D B O R U A T I M I J I N G R N R
Q O N H E O S T R R E R N I C H O L S X
J O L C R N Z A D Y B S I R Q G S G E F
G L V W G H V R W U C X F N J V M Q M Z
H I T C H C O C K A M O W S N I J R P U
X B R Z L F M C G V I H F N Z P I Q Z G
```

ALLEN	COPPOLA	JACKSON	SODERBERGH
ALMODOVAR	CROWE	JONZE	SPIELBERG
ALTMAN	DE PALMA	KUBRICK	STONE
ANDERSON	DEMILLE	KUROSAWA	TARANTINO
CAMERON	FELLINI	LEE	WELLES
CAPRA	FORD	LUCAS	ZEMECKIS
CASSAVETES	GONDRY	LYNCH	Hint: the mystery
CHAPLIN	HITCHCOCK	NICHOLS	word has 8 letters.

Puzzle #14—Sports Movies

```
X F B B B A M R D E Y V F T Q N W B X L
N A T I O N A L V E L V E T G Z F T P L
W O J E R I F F O S T O I R A H C S U
O G R A K P G G Y A W A G N I K A E R B
R H I T H E L O N G E S T Y A R D F A G
I N C K H V I S I O N Q U E S T D R E N
E H O O P D R E A M S B H X K T Y E B I
H H L R G U A S R E I S O O H S S S S G
T M B K I N C L L Y R B N E V D H H W A
F O B M M G O N L A R S H A I T A M E R
O N E O N O N E I A P U D L I Z C A N P
E L S Q Z J W I I T S S F N T R K N D F
U V D R H B G K P T Z F H F H W B V A Z
G G Q M F A O O L M D I O O O N W T B H
A E I G H T M E N O U T I R T S C D F F
E U G A E L R O J A M P X D T I T U Q R
L L A B R E L L O R U A I Z T Y B S W I
A N Y G I V E N S U N D A Y R O T C I V
A L Y L M A H R U D L L U B V G B H H F
F V K E J J E R R Y M A G U I R E Q J I
```

A LEAGUE OF
  THEIR OWN
ANY GIVEN
  SUNDAY
BAD NEWS BEARS
BREAKING AWAY
BRIAN'S SONG
BULL DURHAM
CADDYSHACK

CHARIOTS OF FIRE
EIGHT MEN OUT
FAT CITY
FISTS OF FURY
HOOP DREAMS
JERRY MAGUIRE
MAJOR LEAGUE
NATIONAL
  VELVET

NORTH DALLAS
  FORTY
ONE ON ONE
PUMPING IRON
RAGING BULL
ROLLERBALL
RUDY
SLAP SHOT
THE FRESHMAN

THE HUSTLER
THE LONGEST
  YARD
TIN CUP
VICTORY
VISION QUEST
Hint: the mystery
word has 8 letters.

Puzzle #15—At the Movies

```
L W O H S E H T Y O J N E C D T I I W X
N R E H S U D E D E A A R S N I I K K K
Y E T C D U F M B D D P N P A X Z F U Z
C L K I A G H E O G B E P R T E A V E O
Y P J A R O W S Y A A L U O S Y A B V X
F P A L T F H U B V L F W J N C D O F P
K O W K H T I C N I C I J E O N M X V U
Y P H G E N A X N J O P B C I E I O I J
T E P R A C D E R X N E T T S G T F U R
G N M N T H N O S Z Y C I O S R O F A R
C I B T E G P Q A S U S C R E E N I V Q
J N U L R N E D F C I U K A C M E C T K
P G T M G R W I R O R H E Z N E M E W U
M N S R O O O I O T N B T U O D L O S U
L I T E E C R U A I W A T S C S Y Q A M
M G E Z R P T I Y G M X A M I K W L Y S
X H K Z S O N F E W Q Y K A I C H J X O
Y T C P E P O R T E V L E V S V C O J H
W E I P X D R X I E E P R E V I E W S B
Z M T N O R F N I N W O D Q K V Z V D E
```

ADMIT ONE	EMERGENCY EXIT	OPENING NIGHT	SOLD OUT
AISLE	ENJOY THE	POPCORN	THEATERGOERS
BALCONY	SHOW	PROJECTOR	TICKET STUB
BOX OFFICE	EXCUSE ME	RED CARPET	TICKET TAKER
CANDY	FRONT ROW	ROWS	USHER
CONCESSION	IS THIS SEAT	SCREEN	VELVET ROPE
STAND	TAKEN	SHUSH	Hint: the mystery
CURTAIN	LINE	SODA	word has 8 letters.
DOWN IN FRONT			

4 States

CALIFORNI
US
66

Puzzle #1—Alaska

```
B R O O K S R A N G E P I P E L I N E Y
Y Q Q S I L A E R O B A R O R U A Q L M
N O R T H E R N E X P O S U R E N L I V
F N O K U Y E E P O H T N I O P Z Z M P
U T T C R F D N A L S I K A I D O K O O
K X N A K A L R A E B Y L Z Z I R G S I
I Y M L E I W G E L G A E D L A B U R N
A G R L G R O F Y E P N P W O K R D E T
R Z L L A B Y M U H S V O A K L S O V B
C T I O R A W M I K N C L I A Q A R I A
T P C S O N O F C K Y O A W D J I A R R
I H E N H K N S E T S P R R P E G T I R
C B H X C S S R B O V E B T I M M I A O
C K O S N S L E E S L S E T H B W D N W
I M T Z A H O I R L J X A A A S O I E D
R D E U E T F C G I H J R Z D I L U K B
C A L A S K A A I R L I N E S V P O I S
L E W E J X E L Q B Y K K H D Y A U P P
E X W L K N X G N T Z A I Z Q D R M N E
W B D L O G G Z C D B Y H I M G H Z U I
```

ALASKA AIRLINES
ANCHORAGE
ARCTIC CIRCLE
AURORA BOREALIS
BAKED
BALD EAGLE
BROOKS RANGE
CARIBOU

ESKIMO
FAIRBANKS
GLACIER
GOLD
GRIZZLY BEAR
ICE HOTEL
ICEBERG
IDITAROD

IGLOO
INUPIAT
JEWEL
KENAI RIVER
KODIAK ISLAND
NORTH SLOPE
NORTHERN
  EXPOSURE

POINT BARROW
POINT HOPE
POLAR BEAR
SNOWY OWL
WALRUS
YUKON

Hint: the mystery
word has 8 letters.

Puzzle #2—Arizona

```
I F O A K C R E E K C A N Y O N N A C B
P O X N E P L P D D P B C K J C K X D S
K U Z O A A Z H C L E A P L I Y V Y E F
A R T I T B S O T I T R C A Q B O G M B
P C N T D Y F E K S R R P K S C R O D G
A O A A A W T N M U I Y L E H O W J I I
I R L N T I R I Q T F G A M G A J Q A L
N N P O S N E X X C I O T E N N N X M A
T E A J N S S U P A E L E A I O W I O M
E R C A O L E A Z C D D A D S F R S N O
D S C V R O D W T I F W U C I F L L D N
D K U A A W E W E H O A U U A F A I B S
E I Y N D K V H M M R T M X R A K V A T
S E D O N A A A E P Z E E V Y E T E E C E
E T M R I H J K E O S R D I R S H D K R
R K M C L U O L Z W T W X E K G A N S W
T Q Z O M N M R E L D N A H C A V U C K
R O A D R U N N E R E V I R T L A S V U
W E N I P A S O R E D N O P J F S B B T
B G R A N D C A N Y O N X J K F U N S B
```

BARRY GOLDWATER

CACTUS

DIAMONDBACKS

FLAGSTAFF

FOUR CORNERS

GILA MONSTER

GORGES

GRAND CANYON

LAKE HAVASU

LAKE MEAD

LINDA RONSTADT

MESA

MOJAVE DESERT

NAVAJO NATION

OAK CREEK CANYON

PAINTED DESERT

PETRIFIED FOREST

PHOENIX

PLATEAU

PONDEROSA PINE

RAISING

ROAD RUNNER

SALT RIVER

SEDONA

SUN DEVILS

TEMPE

TUCSON

WINSLOW

YUCCA PLANT

Hint: the mystery word has 8 letters.

Puzzle #3—California

```
L G L O S A N G E L E S I Y P W U J S B
O G N P L A S T I C S U R G E R Y M T W
G G G B M F N O B N F S I E Q M U U A D
E O W O E C R T R O D E O D R I V E N N
O Y V H O R R E A R T H Q U A K E S F A
R N Y E T G K A S A N D I E G O G U O L
G A J M R G L E I N N Z D Z E N F M R S
E L R I R N O E L D O A R P I G B Y D I
L O E A E I A H I E E F W R H W G T O A
U C D N B F D T C R Y R P I U W I T O N
C S W G A R N I O B H S S F N E I E W I
A I O R Y U A R N R M N U W E D E G Y L
S C O O Q S P B V L A K E R S O S A L A
E N D V G S A N A N D R E A S F A U L T
V A S E J B V P L T X K R Q X K A C O A
R R E I J N A V L N N T Z W J F E P H C
W F F L G O L D E N G A T E B R I D G E
R N W U V E L W Y R T I S U A N S C W J
S A D I S N E Y L A N D X J S Y V M P I
M S L L I H Y L R E V E B Q D Z H U Y D
```

BERKELEY
BEVERLY HILLS
BOHEMIAN
  GROVE
CATALINA ISLAND
DISNEYLAND
EARTHQUAKES
EBAY
FRESNO

GEORGE LUCAS
GETTY MUSEUM
GOLDEN GATE
  BRIDGE
GOOGLE
GOVERNATOR
HOLLYWOOD
LAKERS
LOS ANGELES

NAPA VALLEY
PALM SPRINGS
PLASTIC SURGERY
RAIDERS
REDWOODS
RODEO DRIVE
SAN ANDREAS
  FAULT
SAN FRANCISCO

SANTA ANA
  WINDS
SANTA BARBARA
SILICON VALLEY
STANFORD
SURFING

Hint: the mystery
word has 8 letters.

Puzzle #4—Colorado

```
Y C O L O R A D O S P R I N G S E Q F E
K T Y V P I K E S P E A K N A P X K D H
Z F O S F D K D K R I F I A U J Q I I C
W U S D R G P I G U A I D F K L R E S N
X S G N R W N V L O K O P S P U G K K A
C B N I E V Y I Q S V T C A L A C P R L
U P I W T P J D N N Y F S L C O K E A A
B E R E S G S L K I Y A E O R O V A P V
W K P H T N O A A L M T O D Q I T R H A
T E S T R E S T E L Q R E N R S G L T X
U H T F O J M N P O S R V O W O N S U E
O A A O S Z E E S C P D D G T Q O T O I
L H O E E O I N G T A A V G H C Q R S F
B G B V R A C I N R R Z I D N Q R E S Q
E I M A I V L T O O V K B O U L D E R V
U H A C K L A N L F H L R E K R K T Q V
P E E H S N R O H G I B L Y S A A R Y W
K L T B W N C C C A U R O R A U U N P E
Y I S S Q B E A V E R C R E E K K K Z G E
R M O S I K X I Y E R W L S B O E W S O
```

ASPEN
AURORA
AVALANCHE
BEAVER CREEK
BIGHORN SHEEP
BOULDER
BRONCOS
CAVE OF THE
 WINDS

COLORADO RIVER
COLORADO
 SPRINGS
CONTINENTAL
 DIVIDE
COORS
DURANGO
FORT COLLINS
GONDOLAS

LONG'S PEAK
MINING
NORAD
PEARL STREET
PIKE'S PEAK
PUEBLO
RED ROCKS
SKI RESORTS
SKIING

SNOW
SOUTH PARK
STEAMBOAT
 SPRINGS
TELLURIDE
VAIL
Hint: the mystery
word has 8 letters.

Puzzle #5—Georgia

```
R E T R A C Y M M I J J V H D N N I P A
G S S R E T S A M E H T Z C B M A Y O S
N M M N R V U E C R I V E R S T R E E T
C L P E E S I B L Z G S U D Z Y R L J S
K G H N I K G R W R Y C M O S U C L G T
E E K O R E H C A V A M Z L G B U O Q U
N M G O N E W I T H T H E W I N D W A N
N E O S E H C A E P A I C W V L R J S A
E I M R N E H O I T N M O Y L U A A B E
S Y A O Y A N Z C A O E A U A O Z C B P
A E C T R U C O D A V M B T S R Z K L Q
W A V R N E N E C H C E G U L T I E U Z
M T Y A B U I I P O H O B L N A R T E N
O H P T R L O N V Y E M L O A M G S R B
U E S L R B H M A E U K M A P V S U I Y
N N L A F W S A E L R D A R K E I S D B
T S H N B V K X O N E S B L U K W N G F
A C O T R Y S C W I O K I X D D E H E K
I N Q A Q T Z E P M I T A T Q H L S Z S
N Y N I S H A N N A V A S L Y O M T P R
```

ALTAMAHA RIVER
ATHENS
ATLANTA
BLUE RIDGE
BRAVES
BULLDOGS
CHARLIE DANIELS
CHEROKEE
COCA-COLA

COLUMBUS
EMORY
   UNIVERSITY
GONE WITH THE
   WIND
JIMMY CARTER
KENNESAW
   MOUNTAIN
LAKE LANIER

LAKE OCONEE
LEWIS GRIZZARD
MACON
PEACHES
PEANUTS
PECANS
PIEDMONT
RAY CHARLES
RIVER STREET

ROME
STONE
   MOUNTAIN
THE MASTERS
TOM GLAVINE
YELLOW JACKETS
Hint: the mystery
word has 8 letters.

Puzzle #6—Hawaii

```
M F B M J N C Y E L F R A T N M J J M G
D A S U Z Z M W T F N E D Z F F F P I O
R T L L C C A W D S K O O C Y N U V Z P
X P L U J L Y P T A S E L T R U T A E S
F O Q L O E R E N E H C I M S E M A J X
U M C O C O N U T R I K S S A R G P U
Y N H N S X A B I A A E N E C L S O H W
A A U O B M D D K M O O U A H I I N U D
K F H H U O S O E N R E M A A L E U L L
T O O U A U L H A K U G R L N I L S A Q
S I G Z R O A C E X P B A O G U P V I M
A P L F M M L L U P O N A H T O P S E A
O S I A E O I F A R A N B A E K M P R G
R N J H V N D L L I G R C S N A K R I N
G O A I G A M I I U S Y G D U L Q C E U
I Q M L B T A A K J S Z Q N O A A O C M
P P H K R A I N B O W S A E V N X O P P
Y H B E V C D E Q F J L O J O I H Q F I
R D E P Z Z F Y U Z O F C O M J B O G R
Y S E R Q Q B T T A F Q X U T M N T M V
```

ALOHA	KAMEHAMEHA	MAUNA KEA	POI
COCONUT	KILAUEA	MAUNA LOA	RAINBOWS
DON HO	LANAI	MOLOKAI	SEA TURTLES
GRASS SKIRT	LAVA	NIIHAU	SNORKELING
HANG TEN	LEIS	OAHU	SURFING
HULA	LILIUOKALANI	PALM TREES	VOLCANOES
JAMES	LUAU	PEARL HARBOR	Hint: the mystery
MICHENER	MAGNUM, P.I.	PIG ROAST	word has 8 letters.
KAHOOLAWE	MAUI		

Puzzle #7–Kentucky

```
R S N N Y L A T T E R O L P Y T W M O P
M N E E X T O F R E Y W A S E N A I D T
F H G B E E Z I Z M A M M O T H C A V E
A O F S O R G A F S D R E G G U L S E L
O J G S O U G E C K S Q S C M I E D Q L
T A J A U B R G L H K E O B W E X S P I
H P Y R C R I B N L A L E W I P I D E V
E A U G A F B G O I O R R D L J N L P S
J P C E J C R R S N L C Y T D L G E A I
U V W U R V A A E A P W E T C B T I G U
D U C L D Z H L N V N E O R A M O F D O
D E R B Y A S D U K I D L B T Y N L N L
S F S A X A P C J M F R Y U S N L A A D
N A M H N L Y W L W E O O R J Z E O L Q
I L A D A M M A H U M T R I I T P C R E
P Z E T X W R O B X E U F T H V N Y E M
Q R E Z D A N V I L L E U A Z O E I B F
S A R G P H U E G O L D E N R O D R M B
U I P L D A N I E L B O O N E M W U U A
M L D A H O X U P V J M Z R H X V P C K
```

BIG SANDY RIVER
BLUEGRASS
BOURBON
BOWLING GREEN
CALUMET FARM
CENTRE COLLEGE
COAL FIELDS
COLONEL
  SANDERS

CUMBERLAND
  GAP
CUMBERLAND
  PLATEAU
DANIEL BOONE
DANVILLE
DERBY
DIANE SAWYER
FRANKFORT

GOLDENROD
LEXINGTON
LORETTA LYNN
LOUISVILLE
MAMMOTH CAVE
MINT JULEP
MUHAMMAD ALI
OAKS DAY
OHIO RIVER

PADUCAH
PAPA JOHN'S
SHAWNEE
SLUGGER
THE JUDDS
WILDCATS
ZACHARY TAYLOR

Hint: the mystery
word has 8 letters.

Puzzle #8—Louisiana

```
R V H F C P C A J U N F I D D L E R S L
E L O E R C U F I G H J L Q M U N L I H
V I D O X E J Z P R P A C X H B N S C J
I O R F D L N V G A D C X S V J W Z U L
R B I P U O R C R Y G N I K B B S Q A A
A H S K L P O I H B A F A J E M R F W K
T I K T D O S C A Q W D Z X L E A G T E
I S I E Z H U T I A U V J S E Y X F W P
H B L U E S O I R X T A H T E L C U Y O
C T L S J N N C S O E X R T B G A R L N
A V M A R O A B R A P M T T U C Q X B T
U T O O S U O Q A B R E F W E P I N Y C
O S U P E R D O M E S M V O S R S C S H
C G N B L J P U R C H A S E F Z B T S A
E S T J A M B A L A Y A X T R L P D R R
D H A R R Y C O N N I C K J R H U K S T
Y Z I I S R O T A G I L L A X O S G Y R
Z H N Q N Q E U D R G K U H R N N X W A
P F K E T T I F A L N A E J L E E G T I
J D K G H O S T S T E N G I E B O Z U N
```

ALEXANDRIA	DELTA	JAZZ	PURCHASE
ALLIGATORS	DRISKILL	JEAN LAFITTE	SAINTS
B.B. KING	MOUNTAIN	LAFAYETTE	SHREVEPORT
BATON ROUGE	FRENCH QUARTER	LAKE PONTCHAR-	SUPERDOME
BAYOU	GHOSTS	TRAIN	VOODOO
BEIGNETS	GULF OF MEXICO	LOUIS	ZYDECO
BLUES	HARRY CONNICK,	ARMSTRONG	Hint: the mystery
CAJUN FIDDLERS	JR.	OUACHITA RIVER	word has 8 letters.
CREOLE	JAMBALAYA	PARISHES	

Puzzle #9—Massachusetts

```
I B E E G D D M D R E G D I R B M A C T
K R G N I H C T A W E L A H W A Z Z O N
O E A R P L T E K C U T N A N K V S M A
O D N O A C H T A J O H N A D A M S M S
H W S H U A E M I L Y D I C K I N S O N
T O M T L P B L A R R Y B I R D S W N A
X H A W R E E M T Q L W T G C E N L W E
G C D A E C R A E I J A L R W Q I E E B
W M A H V O K P D H C I S Y A H M R A D
Z A M T E D S W M L P S T U J P H O L E
S L A I R T H C T I W M E L A S A B T K
P C S M E P I P I N G P L O V E R E H A
R E T S E C R O W L D F S B K S B X T B
W Y O O M J E M J M B I E B O K O U D D
R R I R Z S S K N O A H W E B S T E R W
D R R E V I R S E L R A H C D A T A O G
K C T A K N H O L Y O K E E H Z V O O J
D R A Y E N I V S A H T R A M R F U N C
I B P H T I M S I A N S E M A J V P T R
Z O G Q O B P L Y M O U T H R O C K B R
```

AEROSMITH	COMMONWEALTH	NANTUCKET	SAM ADAMS
BAKED BEANS	EMILY DICKINSON	NOAH WEBSTER	ST. ELSEWHERE
BOSTON	HARVARD	PATRIOTS	THE BERKSHIRES
BRAHMINS	HAWTHORNE	PAUL REVERE	WHALE
CAMBRIDGE	HOLYOKE	PILGRIMS	WATCHING
CAPE COD	JAMES NAISMITH	PIPING PLOVER	WORCESTER
CELTICS	JOHN ADAMS	PLYMOUTH ROCK	Hint: the mystery
CHARLES RIVER	LARRY BIRD	RED SOX	word has 8 letters.
CLAM CHOWDER	MARTHA'S	SALEM WITCH	
	VINEYARD	TRIALS	

Puzzle #10—Minnesota

```
M I N N E H A H A F A L L S V C E S H P
S X O O V G I S E C D G B P W U W J U U
N W R E A G L E M O U N T A I N E Y B H
I C T E W U K I Z T V I L A R S S G E S
W X H S T X B T L Z M L G X S D A I R Y
T T W U A P G I L V E H A E U R T E T U
A W E P P I H C U Y K T V G R A H P H B
T R S G O S D N E A C E G I S P A N U T
O O T Z R N V I K I N G S C O C C A M S
S I A A H A K W X T V O A G I E I K P E
E R N H P R T T U H N S N R F V N R H B
N E G X F E W R T K T E E I T M I E R O
N P L Q K H A U E A D M T H W N L O E B
I U E H D T L I T L A T E N C H C U Y D
M S T P A U L E O F K Q Z E W H O I P Y
U E U X D L P G O Q H H S O E A Y R Z L
V K K D O A Z L M Q K C S S Y K A A U A
A A T R R G L N B D X D T Q O A M B E N
N L D K M A R Y T Y L E R M O O R E J X
K N S P M L A G E O R G E M I K A N L D
```

BEST BUY
CHIPPEWA
DAIRY
DULUTH
EAGLE MOUNTAIN
GARRISON
  KEILLOR
GEORGE MIKAN
GOLDEN
  GOPHERS

HUBERT
  HUMPHREY
ITASCA STATE
  PARK
JESSE VENTURA
LAKE SUPERIOR
LUTHERANS
MALL OF AMERICA
MARY TYLER
  MOORE

MAYO CLINIC
MINNEHAHA
  FALLS
MINNESOTA
  TWINS
NORTHWEST
  ANGLE
PRINCE
ROCHESTER

ST. PAUL
TARGET
TWIN CITIES
VIKINGS
WALLEYE
WINONA
Hint: the mystery
word has 8 letters.

Puzzle #11—New York

```
M E T S L L A F A R A G A I N X V L O B
T K I T T W K L O N G I S L A N D Z U E
W T P A O E E E L P P A G I B R T F J R
B H G T F G J P C D X O C B J A F T K Y
Z E N U S Y R A C U S E H U R A N O R I
W H I E R I E C A N A L R S L R A Y H M
K A D O K C O T S D O O W O S E O V N Q
X M L F M F G W R B V C B R X V F P Y N
F P I L A K E P L A C I D S T I Z W F W
B T U I S V M O W K L D G E Q R D W I O
W O B B K T K K I L R Z D R Z N J T N T
L N R E C F R J S R Y A W D A O R B G S
Z S E R A S E E K N A Y I L F S E F E R
V E L T D L K V E L B T S K I D M O R E
D I S Y N K S F K T E I N Q S U O N L P
A N Y I O I G I A K S M N O B H T L A O
K F R X R U G F B I W F U L E W F Z K O
Y E H F I F U J L U L R L E J K H G E C
L L C I D C O L U M B I A M Y J A J S S
F D W L A K E C H A M P L A I N Y L K V
```

ADIRONDACKS	COOPERSTOWN	LAKE ONTARIO	SYRACUSE
ALBANY	ELLIS ISLAND	LAKE PLACID	THE HAMPTONS
BIG APPLE	ERIE CANAL	LONG ISLAND	WALL STREET
BROADWAY	FINGER LAKES	METS	WOODSTOCK
BUFFALO BILLS	HUDSON RIVER	NIAGARA FALLS	XEROX
CHRYSLER	JETS	SKIDMORE	YANKEES
BUILDING	KODAK	STATUE OF	Hint: the mystery
COLUMBIA	LAKE CHAMPLAIN	LIBERTY	word has 8 letters.

Puzzle #12—North Carolina

```
T J Z S E L G M E L S I D L A R E M E D
N T U S C A R O R A D A V I D S O N F U
V P O F K A E N P M H E H S K V Q P T D
L L I H L E P A H C O C J X S H X T T S
V C R V S X N E V J A U J O Z N N W R R
G G A R B T R O F L P Y N A T O O N I E
R Z P P H Q T P A E N H F T T L V O Y H
E O M E E C V P Z H A H H G P N O L W T
E K R A C H P T V V U R N I M I N B C O
N S P W H A A T J W X I R K N U S E T R
S H D A I R T T N O M D E I P Z O G M B
B C Z Z L L U F T L G W H T V M N E A T
O F L B H O H D I E K S S T O E G L S H
R W E A G T G W U E R T W Y C B R L C G
O Q F R I T O V C K A A V H R P A O P I
L E T B E E L L I V E H S A A K J C Y R
S J M E L A S N O T S N I W C P H N C W
G I A C A G Y N O L O C E K O N A O R O
Q E D U R A O U T E R B A N K S Y L X W
U Z R E H O U K N T A R H E E L S E E I
```

APPALACHIA
ASHEVILLE
BARBECUE
CAPE FEAR RIVER
CAPE HATTERAS
CHAPEL HILL
CHARLOTTE
DAVIDSON

DUKE
DURHAM
ELON COLLEGE
EMERALD ISLE
FORT BRAGG
GREENSBORO
KITTY HAWK
MOUNT PISGAH

OCRACOKE
OUTER BANKS
PANTHERS
PIEDMONT TRIAD
RALEIGH
ROANOKE
 COLONY
TOBACCO

TUSCARORA
WILMINGTON
WINSTON-SALEM
WRIGHT
 BROTHERS
Hint: the mystery
word has 8 letters.

Puzzle #13—Pennsylvania

```
F G X L W S I U E Q S B H M U S S K N L
G P D K O W I T N E S S S E I G G U B I
A P O M B C S A S C E T A T S N N E P B
H O C G K Q O E R G E Y I E L G K H D E
E N C P H I L A D E L P H I A K K X L R
R I A L A G N Z L T T B T X S W Q R I T
S T R M A T H E G T R Q E R T L X G K Y
H T N E O D R K T Y H H E I N Z X E A B
E A E N T S J H N S O K E G Q Q S D Z E
Y N G N P S X M I B A X N K N P G E V L
P Y I O S J A M Q U D I W Q I O H C V L
A L E N N W A C Q R L S O S H P P L Y B
R I M I R E W Q N G M L T D Q M N A X H
K O E T N I L K N A R F N E B K J R B D
G N L E L E X E R D L U E F E A G A U H
P S L S N P U K I D O K L X Q D M T D T
E N O T S Y E K D R O Y L P A A Q I L D
S O N O C O P D G E S X A R J B M O J T
Y E K I H G R U B S T T I P M T U N A Q
Z P Q N X F Z R U S S T E E L T Y H R R
```

ALCOA	DECLARATION	KEYSTONE	QUAKERS
ALLENTOWN	DREXEL	LANCASTER	STEELERS
AMISH	EAGLES	LIBERTY BELL	TURNPIKE
BEN FRANKLIN	ERIE	MENNONITES	U.S. STEEL
BRYN MAWR	GETTYSBURG	NITTANY LIONS	WITNESS
BUGGIES	ADDRESS	PENN STATE	YUENGLING
CARNEGIE-	GROUNDHOG DAY	PHILADELPHIA	Hint: the mystery
MELLON	HEINZ	PITTSBURGH	word has 8 letters.
COAL	HERSHEY PARK	POCONOS	

Puzzle #14—Texas

```
R V R C S C M O N H O N O V S Y D C O G
A B P R A N G E R S N I V I Y L L O M Z
F P A K J X U S S I L A I I O B I O A E
R E R C A S S A M W A S N I A H C A L C
V C K W M U L L E P E E D N U K K O A R
U O U A N O S L E N E I L L I W N T U Y
C S S I X F L A G S K I Q N X E T I S T
M B S F C T A D N L E N G B S L J P T B
R I O G R A N D E E A B T O E L U W I C
O L L I D A M R A V I W M R N R N G N R
F L R E V I R D E R D E A K S A T E I E
P W Y N Y L N W D P D N P A H E L E W T
J M W E H C N A M O C R N T X P V P H N
X N U A Y Q T C V H C A K V A X N R A E
L E F M S Y Q E E G N T D S L O N L R C
Y Y R Q C X Y S J T Q S O Q T I Z O T E
M B T K F Z K R O A A E R S H E D H O C
D O L E J H N N I J N N U E J E G E N A
S Y Z A A P I V M T C O W B O Y S Z F P
P C I E V O V I R Y H L O N G H O R N S
```

ALAMO	COWBOYS	MOLLY IVINS	SAN ANTONIO
ARMADILLO	DALLAS	OIL WELL	SIX FLAGS
AUSTIN	DEEP ELLUM	PECOS BILL	SPACE CENTER
BIG TEX	EL PASO	PLANO	SPURS
CATTLE	HOUSTON	RANGERS	TEJANO
RANCHES	LASSO	RED RIVER	WILLIE NELSON
CHAINSAW	LONESOME DOVE	RIO GRANDE	Hint: the mystery
MASSACRE	LONGHORNS	RODEO	word has 8 letters.
COMANCHE	MOCKINGBIRD		

Puzzle #15—Virginia

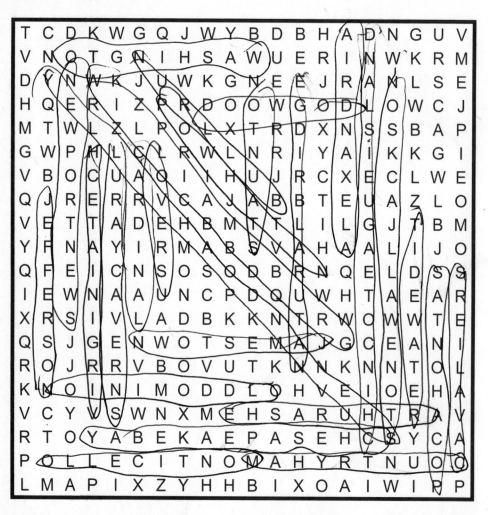

T C D K W G Q J W Y B D B H A D N G U V
V N O T G N I H S A W U E R I N W K R M
D Y N W K J U W K G N E E J R A N L S E
H Q E R I Z P R D O O W G O D L O W C J
M T W L Z L P O L X T R D X N S S B A P
G W P H L C L R W L N R I Y A I K K G I
V B O C U A Q I I H U J R C X E C L W E
Q J R E R R V C A J A B B B T E U A Z L O
V E T T A D E H B M T T L I L G J T B M
Y F N A Y I R M A B S V A H A A L I J O
Q F E I C N S O S O D B R N Q E L D S S
I E W N A A U N C P D Q U W H T A E A R
X R S I L A D B K K N T R W C W W T E I
Q S J G E N W O T S E M A J G C E A N I
R O J R R V B O V U T K N K N N T O L
K N O I N I M O D D L O H V E I O E H A
V C Y W S W N X M E H S A R U H T R A V
R T O Y A B E K A E P A S E H C S Y C A
P O L L E C I T N O M A H Y R T N U O O
L M A P I X Z Y H H B I X O A I W I P P

ALEXANDRIA   DOGWOOD   OLD DOMINION   TIDEWATER
ARTHUR ASHE   JAMESTOWN   POCAHONTAS   VIRGINIA TECH
BULL RUN   JEFFERSON   POWHATAN   WASHINGTON
CARDINAL   LOVERS   SHENANDOAH   WILLIAMSBURG
CAVALIERS   LURAY CAVERNS   VALLEY
CHESAPEAKE BAY   MONTICELLO   STAUNTON   Hint: the mystery
CHINCOTEAGUE   NATURAL   STONEWALL   word has 8 letters.
ISLAND   BRIDGE   JACKSON
COUNTRY HAM   NEWPORT NEWS

5 Music

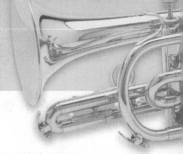

Puzzle #1—Composers

```
Y B I B M U S S O R G S K Y M H K B B G
K J D E N E T T I R B J T I G A C K D S
E G R E B E N I W N F O S R W D E U H P
N D E T M I B D L U L F I A A I E O J W
W W V H P A C H E L B E L T P U S B E A
G X K O T R A B V L G A D T A T S R K C
T T H V R X O T A N S Y I N A M C S X J
N C E E M A V K R C I S F K A Z H N L T
R W H N H Y K X O A H W O Q S H U L T Y
I S P A E B G V R F Z V Q H P N B B S P
N R Y X I S L O I O I O D S N T E O V D
I D B Z S K S Q R C U E M F S L R R O R
N L E N G S O A H B B H V B L B T N W H
A T R O I B N V M U A I N I C C U P Z M
G O L N E N Z W S R B F N Y V O K R A P
A X I G G V D S B K W I E S G A T H B A
P G O E G T Y I B B Y K T Z S I L K W M
A X Z Q V Q E K M I Y O F V W E X D Z Q
Z B L U L Z B A E E Y R C D R A L G I H
P L M X A R V M L T P X F W D R J L C J
```

BACH	CHOPIN	MASSENET	ROSSINI
BARTOK	DEBUSSY	MENDELSSOHN	SCHUBERT
BEETHOVEN	DVORAK	MOZART	SHOSTAKOVICH
BELLINI	GOUNOD	MUSSORGSKY	STRAUSS
BERG	GRIEG	ORFF	TCHAIKOVSKY
BERLIOZ	HANDEL	PACHELBEL	VERDI
BIZET	HAYDN	PROKOFIEV	VIVALDI
BRAHMS	LISZT	PUCCINI	Hint: the mystery word
BRITTEN	MAHLER	RAVEL	has 8 letters.

Puzzle #2—Musicals

```
W Z I Z N P Y U I A Z J Y L R M H F T F
J X S Y R K E U U H A I R S P R A Y R M
L Y M A N A Q W E E I K W U N S O V W I
F L Y V D F A L V I S H F E E O B M R U
X L F I R E L D D I F A I L H U F I I R
S N A C H O R U S L I N E V I T A S B S
N J I D D E K C I W P S Y R H H I S D B
L X R O N U Y G P O M P I E G P N S S A
A Y L T Y N I P P I P T P G Y A T A S U
W L A G C B E T S E A R N Q C C M I L J
Y Z D L L O R E I L O I H S J I I G R X
T V Y S A N R N T D K P M B P F S O I X
X J F E A A N R U N U R Q A Q I B N G O
F T T O B A C C O R O A D R M C E U M Z
N D C L J A E I N Y S B T U V M H D A S
J S E G T R L H I G T S B C A B A R E T
N S D S S E C A V E N U E Q B N V M R D
N A M O H A L K O G A C I H C T I M D T
W P F T U R Y R M U Z D Y I C S N S O H
H B F C Z E U F I V N W N F Y V G K T U
```

A CHORUS LINE	CHICAGO	HELLO, DOLLY	SOUTH PACIFIC
AIDA	DANCIN'	LES MISERABLES	THE LION KING
AIN'T	DREAMGIRLS	MAMMA MIA!	THE PRODUCERS
MISBEHAVIN'	EVITA	MISS SAIGON	THE WIZ
ANNIE	FIDDLER	MOVIN' OUT	TOBACCO ROAD
AVENUE Q	GREASE	MY FAIR LADY	WICKED
CABARET	HAIR	PIPPIN	Hint: the mystery
CATS	HAIRSPRAY	RENT	word has 8 letters.
CHESS			

Puzzle #3—Instruments

```
E D A G R P A C I N O M R A H M F D Z H
L W F T G L N J S D S T H B E L S D U E
E N I R U O B M A T I M R U U A Y S G V
L L Y C E H A R P W N G U T R U X A L C
U H Q S Y N T H E S I Z E R P G C T M S
K P J G D G C D S S L C K R D K E M E B
U J N O U I A H Q A Y A L O I V L R N D
V P L I M C I A H X Z Q B F G D L O R M
W I T U E N O H P O L Y X M R U O O E H
N A O U T E O B O P R L T Z Y S H O X U
R N S L S E F T F H N N M K S C K W H H
A O S H I I E J Y O E T S A I G Q C W I
U T T M B N R U T N R A B S R R U D W C
S W E D I O G X O E Y X P A A I R J X K
I S N R I K A B D W P R U Q N C M G Y R
J P A X O P M R K K A M J V V J A B R V
T L T B G O O T D H Z H U H X K O R A N
C L S H R C G V J B W A D R F S V A A Z
Z O A T E C Q E L G N A I R T P A I A M
J T C R Q Q Q W E H E S W A A C S P R P
```

BANJO	FRENCH HORN	MARACAS	TRUMPET
BASS	GUITAR	MARIMBA	TUBA
BASSOON	HARMONICA	OBOE	UKULELE
CASTANETS	HARP	PIANO	VIOLA
CELLO	HARPSICHORD	RECORDER	VIOLIN
CLARINET	JUGS	SAXOPHONE	WASHBOARD
CYMBALS	KAZOO	SYNTHESIZER	XYLOPHONE
DIGERIDOO	LUTE	TAMBOURINE	Hint: the mystery
DRUMS	MANDOLIN	TRIANGLE	word has 8 letters.
FLUTE			

Puzzle #4—Jazz Greats

```
C L Q V C E Y M T H I P B H E N F C J T
G Z V Z A S I A Y M Y A W O L L A C A Y
P Z W U P E N O S R E F F E J N O C H Y
R O Y R P V A W A D Y T I I V H V O E T
Z Y U Z X K Y W F L B P T S N I H L O Y
M C G K P M I N G U S X Z A R N R T Q A
E A N F J W B T G E G T G B Y E S R O D
Y H O K N R A A L N H E E O D S I A M I
U W T Q O D Y L O X T I R D O A A N X L
A Z G O T R I R L Z D E A G S D V E L L
X I N G R G T B J E K B L A K E M I P O
B Z I E O S J S R A R S D L O X L A S H
Y Y H G M J D B B Q T F K L I W K L N X
H C S R O A E R T W K V K N B N C N I K
W C A X N C E E Y E X X Z J G O G O L R
G Z W Z K K F P Y B J N G I I Z V T P X
X R N E R S H P T B Q G L A D D N P O E
W C L A U O R E I N H A R D T I G M J N
N C P A P N V P O F L F L D K I N A U I
V Z V O A M W J H O B F C Y W Y G H A O
```

ADDERLEY	CHERRY	HAMPTON	MORTON
ARMSTRONG	COHN	HINES	PARKER
BAKER	DAVIS	HOLLIDAY	PEPPER
BASIE	DORSEY	JACKSON	REINHARDT
BEIDERBECKE	ELLINGTON	JEFFERSON	WALLER
BLAKE	FITZGERALD	JOPLIN	WASHINGTON
BROONZY	GETZ	KRUPA	WEBB
BYRD	GILLESPIE	MINGUS	Hint: the mystery
CALLOWAY	GOODMAN	MONK	word has 8 letters.

Puzzle #5—Beatles Songs

```
K X F J T Y E L L O W S U B M A R I N E
S A S I V E S B V I X H M I C H E L L E
H I L L I H E H T N O L O O F K N V N N
E X F A D A L B O I D A L B O U K S R I
L R Z V C F F O S F T E V E D U J Y E H
O C R W E G E D V E Z E I O K Q M C I S
V C E K J D C V R E V O L U T I O N T N
E J T R M K I O U I L L K N P P M O Z U
S J I O J Q V R M N V Y R C A Y Z O D S
Y A R G P W Z X O E L E R V L M Z C E Y
O N W E N U N L N T T P M I U W X C R A
U N K T B I S O O B T O F Y T B M A I D
M O C B Y W H S W V X E G R C A R R T D
C D A A A I O T G H E O K E U A F Y O O
Q A B C D L B Q E A E M I C T H R K S O
I M R K H L H V N M R R E G I H R C M G
Q Y E S T E R D A Y O D E D U T E O I Q
I D P E R N U S E H T S E M O C E R E H
J A A W I O Y B G I R R O N A E L E L U
F L P E B D B R N E N A L Y N N E P Y S
```

BIRTHDAY
COME TOGETHER
DRIVE MY CAR
ELEANOR RIGBY
FOOL ON THE HILL
GET BACK
GIRL
GOOD DAY
  SUNSHINE

HERE COMES THE
  SUN
HEY JUDE
I WILL
I'M SO TIRED
IN MY LIFE
LADY MADONNA
LET IT BE
LOVELY RITA

MICHELLE
NOWHERE MAN
OB-LA-DI, OB-LA-DA
OCTOPUS'S
  GARDEN
PAPERBACK
  WRITER
PENNY LANE
REVOLUTION

ROCKY RACCOON
SHE LOVES YOU
SOMETHING
TAXMAN
TICKET TO RIDE
YELLOW
  SUBMARINE
YESTERDAY

Hint: the mystery word
has 8 letters.

Puzzle #6—At a Concert

```
F U Q N O L A W N C H A I R E E B T C R
F R L E X X X G N I R E E H C A L A O O
I R P C N L N F F V Z J N W L A A I N A
L S Y S S O I Q Y Q V H C C T R N L C D
J E R T P T H G I L E B O R T S K G E I
C I A I Q E A P H X A N R S J F E A S E
L G I U N Q A E O T Y U E N R L T T S L
E L L P K E G K S R E H J A X H O I I S
J D B T N O V U E X C R V F M U W N O R
B R M C H W V U X R O I V C R S Q G N O
T V P A V I L I O N S B M B Y U V R S T
T Y O D Q R C M I S K H U B D B S O R I
H N S W V T E V E N T S T A F F I U J N
A A T D I Z R I T I C M N I I H M P T O
V N E G L G C O F R J C H S T A D I U M
M T R P B Z I N E I I X L L L O C E G Z
D J S B V T Z E O N L H X E X K X X F L
H P F A D M N B G Z M P S L E C Z R F V
U R M W J N I D Y K B W M T Q R M O D S
G I K G H M V J P R O G R A M W T F W X
```

AISLE	ENCORE	ORCHESTRA	STADIUM
AMPLIFIER	EVENT STAFF	PAVILION	STAGE
BALCONY	FANS	POSTERS	STROBE LIGHT
BAND	GROUPIE	PROGRAM	TAILGATING
BEER	LAWN CHAIR	ROADIE	TICKET
BLANKET	LIGHTER	SCREEN	TOUR BUS
CHEERING	MICROPHONE	SOUVENIRS	T-SHIRT
CONCESSIONS	MONITORS	SPEAKERS	Hint: the mystery
DANCING			word has 8 letters.

Puzzle #7—One-Word Bands

```
X E C A E V Z D I R E L T N U P S H U K
W K I C Z S S P L K Q M H I P U E A L I
N S A I I V J O Q Q P F U B A U B J R Z
V T C L A T W I Y C C O O R U R X V I I
F V B L U R S H V P X A K L Z P E J X
J K B A Q A K O E A E E L W U Z B G C P
D M H T O I A N T H N J L T S O J U V R
E K H E R N D E V O L V E Q I W J F Q I
S R E M I Y E N R U O J R U S Y T E A M
K S H K M C E E W O M M E E E C F T N U
E N I O A G Y O U G S T D A N A T N A S
X S G K J N F V Y Q N M N O E E B D V R
O H E A R T S O U A H W I N G S Q E R I
S A I N B A M E R I C A C T R A F F I C
V Z D S E B E R T E D D W F H L C I N U
E S N A G Z A N G I I P A C O A S I S D
V Z O S E W P O L K H G W D B B V T H A
J V L R J Y E S V I X W N P G A L F L C
Q T B Y W W B E S O L W J E C M D H J E
X P F K V D Q H B B Y W R Q R A T Z E Q
```

ABBA	FOREIGNER	OASIS	SQUEEZE
ALABAMA	GENESIS	PHISH	TRAFFIC
AMERICA	HEART	POISON	TRAIN
BLONDIE	JAMIROQUAI	PRIMUS	WARRANT
BLUR	JOURNEY	QUEEN	WHITESNAKE
CAKE	KANSAS	RATT	WINGS
CHICAGO	KISS	RUSH	Hint: the mystery
CINDERELLA	METALLICA	SANTANA	word has 9 letters.
DEVO	NIRVANA		

Puzzle #8—Divas

```
L F E F T Y R R A H E I B B E D B N B G
F I N A F E T S N E W G J R A R E N W I
D D O N N A S U M M E R I N L S T L V A
P A T Y K U C E Q C S T O O L N T X V J
V X R E S E R N N S N S C J B P E N R Q
U L A R M E Z O O E K D Y M M V M T H S
D T P A H O Y R C C A R O L E K I N G R
A N Y C C E A M A X T F C J V L D M D A
B P L H B N A J W N O I D E N I L E C E
W A L A A B T I N A T U R N E R E F Q P
I T O I E E B U N W I D X A P C R W N S
P T D R N O T S U O H Y E N T I H W S Y
L I B A R B R A S T R E I S A N D M J E
P L J M A W A R E T H A F R A N K L I N
J A A F A O Y W Y B H G H K T Y P Q Z T
Y B Q E E D Z H J A N I S J O P L I N I
A E M M Y L O U H A R R I S O T L J O R
B L T D A T S N O R A D N I L N F S E B
T L H N J C S A N A Q D N K O I E Y Y F
Y E S N F I J K V A V L T D F H R S A C
```

ARETHA
  FRANKLIN
BARBRA
  STREISAND
BETTE MIDLER
BEYONCE
BRITNEY SPEARS
CAROLE KING

CELINE DION
CHER
DEBBIE HARRY
DOLLY PARTON
DONNA SUMMER
EMMYLOU
  HARRIS

GWEN STEFANI
JANET JACKSON
JANIS JOPLIN
LINDA RONSTADT
MADONNA
MARIAH CAREY
NORAH JONES

PATTI LABELLE
REBA MCENTIRE
TINA TURNER
WHITNEY
  HOUSTON

Hint: the mystery
word has 9 letters.

Puzzle #9—Genres

```
I F K I I C L B K C O R R W H A O P S K
P Z J X L I Y I L L J S B I S D U J M B
F F T R O P X A D Z G E P A R N X K U N
B A S T G W C T M K U H U Y K S L K R X
X S Z F R I I B N U O B L Q L S W Y H W
C F S E S M N Z A P P S Z M O A Q D Y Y
D A O S E E W N C A J S V C F R C C T I
L E A J Q K A L A W B A T O P G A G H P
G L A M R O C K F M K B B U O E E B M M
C V C S C T R T N D B N W N V U G Q A P
S Q H E X D H E A V Y M E T A L A R N T
G H D L R O W N G C J U R R R B W C D Q
O Y B J H W C H P G S R Z Y U A E V B N
Z G L S A E S L V X A D H X J Q N W L I
A O U V R Z C L T O C E L T I C K C U S
F K E U D E Z D N D X X T I M S P N E Z
C G S L C M G T M E M N D O K L L J S F
A R E P O N G G N F C Y I I N K I W F T
C X M P R B W D A L T E R N A T I V E Q
X Y B W E A M Z B E D P A F C T T T Q E
```

ALTERNATIVE
BAROQUE
BLUEGRASS
BLUES
CALYPSO
CELTIC
CLASSICAL
COUNTRY
DANCE

DRUM'N'BASS
FOLK
HARDCORE
HEAVY METAL
HIP HOP
JAZZ
NEW AGE
NEW WAVE

OLD TIME
OPERA
PUNK
RAP
REGGAE
REGGAETON
RHYTHM AND
  BLUES

ROCK
SCAT
SKA
TRANCE
WORLD
ZYDECO
Hint: the mystery
word has 8 letters.

Puzzle #10—Country Greats

```
K L F V Q K M U S D I T S S T U M S T V
F L F L H J D C C M A N L V R M Y F O H
A Z D V J B E W C S I R R A H Y T Q M R
E U Z S R F N O T B N L O V T I R S Q A
Y Z W N D A V Q B C I R L T U Q K K Y B
B M K I O S E O E X A G I E G A F H T E
R R S K O O R B X T W W A N R T B R F R
V P M T W B L O V E T T Q Y U S S E X J
H F A A R I C H G R P E P E F O B K K W
Q I I B A A N A J E V A N S N T I D H W
G B L K E N I X R T R A S Y E D U G J A
B E L N Y X O T X T I S Y D W K W B F O
K W I L O P Y S D I E A I R Y W C H A D
S I W C A S H C K R E R T O T A U K V X
C N X R K Z L G P C P R J F X U F H O R
L G T Q A M Y E E P A S L I M S A E Z V
I O S C M Y A D N V I J E N N I N G S G
N B U O G R I R I R R A I D T O J L N B
E F X X L V Q S E N O J D X M P F B R I
F O E M Q N W T Y G I S V X V J A Z E A
```

ACUFF	FORD	PARTON	TWAIN
ATKINS	HARRIS	PEARL	TWITTY
AUTRY	JACKSON	PRIDE	WILLIAMS
BROOKS	JONES	RICH	WYNETTE
CARTER	LOVETT	RITTER	YEARWOOD
CASH	LYNN	ROBBINS	YOAKAM
CLINE	MILLER	ROGERS	Hint: the mystery
DENVER	MILSAP	STRAIT	word has 8 letters.
EVANS	NELSON	TRAVIS	

Puzzle #11—Movies About Music

```
P A T L A N I P S S I S I H T Y J N B U
K B F A W A L K T H E L I N E N E W J S
E F I H O A I O H H M L L N U E F O L U
Q B Z T B A M D E I E W G X O J M D Z P
H I R A N M M U B G X P F N X F Z W T O
R S M E Y A O O L H P Z I H I W A O R S
W B L O T D R Y U F T H Z A E S P L I D
A E F N I E T G E I A T S X N J I D K N
S R C I C U A N S D C O H B Z I A N C A
U E H L K S L I B E J H Z C D N S A O L
O H S O C N B H R L S R O O D E H T R L
M T B I O I E T O I P U A N R H X E F O
A T E V R H L T T S U A T A R Z E O H
F O K D T A O A H Y T N M K E I J W L R
T N G E I M V H E I C M W S L U P S O M
S M X R O K E T R Y T T G G N N S E O M
O I S E R G D Z S A L R V Q K H N E H R
M T V H T H E C O M M I T M E N T S C T
L R P T E G U O R N I L U O M W K H S V
A H A R D D A Y S N I G H T V P U H G Z
```

A HARD DAY'S NIGHT
ALMOST FAMOUS
AMADEUS
BIRD
DETROIT ROCK CITY
HIGH FIDELITY
I'M NOT THERE

IMMORTAL BELOVED
LA BAMBA
MOULIN ROUGE
MR. HOLLAND'S OPUS
SCHOOL OF ROCK
SELENA
SID AND NANCY

SINGLES
SWEET AND LOWDOWN
THAT THING YOU DO!
THE BLUES BROTHERS
THE COMMITMENTS

THE PIANIST
THE PIANO
THE RED VIOLIN
THIS IS SPINAL TAP
TOMMY
WALK THE LINE
Hint: the mystery word has 8 letters.

Puzzle #12—Musical Terms

```
C Z L G K W E A A D J L M O O E H C N A
G K R N U Y C G O C C F S D R U Y Y P V
C K T E T V I R T U O S O T U X X Y I V
O I H F T T G U H T M C X A A E B T S I
E R U S A E M K C T P I Z Z I C A T O B
P B G T L Y M U R I E I D K V O C X S R
T I O L J M M P L M E O U Y S M T A Z A
U D A W E N S D K E U O M Y Z M W T T T
P S E N O S S X B B O M A Y F O E F G O
J V V W I N S Q L M T I E C Z N P P D I
J U L E S S A E E B Z S S B O T R Q G G
K X A B G M S R G N M S T R K I P X Y G
Q M R W J T O I P U S I R E M M G R T E
Y P G H O B D V M O E T O A M E E A D P
I E H P Z J N O L O S R D T W P Z S D R
G O E C O V O T T O S O P R A N O D J A
L P T A X H R L Q A N F Z Z W E U G U F
Y D T Z F Y A T A N G A F Z C G B I S V
Z G O A Z N E D A C R E S C E N D O E M
M A G C W O A C A P P E L L A M M S H B
```

A CAPPELLA	CRESCENDO	METER	SOPRANO
ADAGIO	CUT TIME	MEZZO-SOPRANO	SOTTO VOCE
AGITATO	DOUBLE STOP	PIANISSIMO	TEMPO
ALLEGRO	FORTISSIMO	PIZZICATO	TENOR
ALTO	FUGUE	PRIMA DONNA	VIBRATO
ARPEGGIO	LARGHETTO	RONDO	VIRTUOSO
BEAT	LEGATO	SEGUE	Hint: the mystery
CADENZA	MAESTRO	SOLO	word has 8 letters.
COMMON TIME	MEASURE		

Puzzle #13—Operas

```
P J N O T H E M A S K E D B A L L F F X
Y L F R E T T U B E M A D A M U S X S D
N F F F N L A J F A S D F C N O Z M E I
I G U E N C O N A L O Y R N T R Q I M D
B J O O S U M M A A Y E R T J J W S I O
O P Z O J O M E V K O T E L L O O V R A
D B T E I N A L Y M X L Q S Y L U R G N
O N B T R I S E Z E O J P N R Z D X R D
N L W T L R P K X G D B U A M T I R E A
G A W U L G R T I D R L C P G C D N T E
I T L T E N I R H E G N U B C A R M E N
O R X N T E N A H Y O M G A P E L X P E
V A N A M H C T U D G N I Y L F E H T A
A V D F A O E N T I K L M M F I W A X S
N I M I I L I L O U G W S I V D B F K E
N A Y S L A G F F A T S L A F E A C J M
I T Y O L O O M P O C X G Q Z L H I V O
F A A C I A R I D D U B Y L L I B O D L
E D L X W S E E M E H O B A L O F Q I A
P T H E B A R B E R O F S E V I L L E S
```

AIDA
BILLY BUDD
CARMEN
COSI FAN TUTTE
DIDO AND
  AENEAS
DON CARLOS
DON GIOVANNI
ELEKTRA

FIDELIO
I PAGLIACCI
LA BOHEME
LA TRAVIATA
LAKME
LOHENGRIN
MADAME
  BUTTERFLY

ORFEO
OTELLO
PETER GRIMES
PRINCE IGOR
RIGOLETTO
SALOME
THE BARBER OF
  SEVILLE

THE FLYING
  DUTCHMAN
THE MASKED
  BALL
TOSCA
WILLIAM TELL
Hint: the mystery
word has 8 letters.

Puzzle #14—Music Technology

```
K C A R T I T L U M U D D F O P K J J A
Z L L T G M F V I N Y L O I P H R J N A
E G A R O T S O I D U A D P T O Y A T O
V R T A D O E D I V F A D D I N L F A N
J A I N K O C G P R R N R S R O Y B P D
Z M G S C E L R M E J Q E C G G N G E O
E O I I A N R B Q C B T L E C R Y P R P
P P D S R O Y O Y N T E P L O A G C E D
T H C T T H H D M E B Q S B M P X D C I
J O O O T P T G S U T U R A P H T P O R
P N M R H O S S D Q C A E T R N P L R E
A E P U G R A W B E W L F N E L Q A D C
L K A Z I C O U C S A I O R S O M Y E T
O G C Y E I P C D C L Z O U S Z A E R D
N S T I J M X C C I K A W T I M G R V R
A T D S T W P F C S M T B X O V N X N I
I Y I L P U O R L U A I U S N P E K T V
P L S M I K N L S M N O S K S I T A Z E
U U C Y Z B X E Y R O N T T U M I A A S
C S I D I N I M S L X K J O U M C U G U
```

ANALOG
AUDIO STORAGE
CASSETTE
COMPACT DISC
COMPRESSION
DIGITAL
DIRECT DRIVE
DOLBY

EIGHT TRACK
EQUALIZATION
GRAMOPHONE
IPOD
ITUNES
MAGNETIC
MICROPHONE
MINIDISC

MULTITRACK
MUSIC
 SEQUENCER
PHONOGRAPH
PIANOLA
RADIO
STYLUS
SUBWOOFERS

TAPE RECORDER
TRANSISTOR
TURNTABLE
VIDEO
VINYL
WALKMAN

Hint: the mystery
word has 8 letters.

Puzzle #15—Concert Venues

```
L L A H E I G E N R A C C H C U U G V A
N K E X L E C I U A Y Z K I X K O M F C
R X Z W F G I K L R W E R Z O R V V O N
V J L E K N B T I M X I A W V E N X W H
B A E R R U E J N E S L P O L I N Z S D
M K B T A O I Z C V A M L L H N P Y U I
U E X A P L M U O S N M A F T R M S N D
I N Q E M T U A L Q I H R T H A Y I T S
D N R H U E E Q N K T H T R E G S B O A
A E A T I V S J C R I R N A L S R E R V
T D R I N L S F E B P A E P O I T L Y O
S Y E O E E O B N L I T C R F A Z I H Y
Y C P H L V L B T A T F O R T L R U A B
E E O S L A O G E S M R G M U A J S L A
L N T L I C C R R C T F V B U P J H L L
B T S O M E G A R A G E S I D A R A P L
M E T B W G D N E L K R Z A Q Q K L D R
E R W J M E X T S A I W L S K B C L J O
W C A I R O O P E R A H O U S E C J C O
R A D I O C I T Y M U S I C H A L L B M
```

ALBERT HALL
ALTE OPER
BOLSHOI
  THEATRE
CAIRO OPERA
  HOUSE
CARNEGIE HALL
CENTRAL PARK

KENNEDY
  CENTER
LA SCALA
LINCOLN
  CENTER
MILLENIUM PARK
PALAIS GARNIER
PARADISE
  GARAGE

RADIO CITY
  MUSIC HALL
SAVOY BALLROOM
SIBELIUS HALL
STOPERA
SUNTORY HALL
TEATRO ROSSINI
THE LOFT

TIPITINA'S
VELVET LOUNGE
WEMBLEY
  STADIUM
WOLF TRAP

Hint: the mystery
word has 9 letters.

Puzzle #1—Summer Olympic Sports

```
C Z L B A S K E T B A L L A B D N A H R
E Y X Y D C C K W R O E C N T D S O G F
X E C F G K W I I I M Y B R Z S T L Q H
F K Q L N P E N T A T H L O N A W O C B
A C G N I M M I W S Z N S S S I U P D N
G O G T L N E R O D A H I I I L P R O S
P H B L T V G C K S U N V P G I E E G T
C D A U S Z C W W P N D M S S N N T G E
C L D A E E F G B E P G X Y F G I A D W
D E M V R G N I T F I L T H G I E W V R
O I I E W I G N I K I B N I A T N U O M
T F N L T M G E Q U E S T R I A N D L R
H A T O R D S F G G H M A C K K U H L R
B B O P I L T E O N I L E V A J V T E N
E H N V A R U N N I N G K Y Y J A B Y X
S U I A T B R C W X H D W R A T U D B X
E N K M H D E I T O B M O N K G W W A Y
G T W N L U P N I B L L N Z I G A T L F
W Z Y N O N T G B Q F A D G N W J H L J
U Z X C N U K Y Y U L L O N G J U M P W
```

BADMINTON
BASKETBALL
BOXING
CYCLING
DIVING
EQUESTRIAN
FENCING
FIELD HOCKEY

GYMNASTICS
HANDBALL
JAVELIN
JUDO
KAYAKING
MOUNTAIN BIKING
PENTATHLON

POLE VAULT
ROWING
RUNNING
SAILING
SHOOTING
SOCCER
SWIMMING
TAEKWONDO

TENNIS
TRIATHLON
VOLLEYBALL
WATER POLO
WEIGHTLIFTING
WRESTLING
Hint: the mystery word has 8 letters.

Puzzle #2–Positions

```
K O L H O T B E C L C O I J B P W V E E
C K C A B R E T R A U Q Y M Z J Y J N B
O W O V B L N D C T T D T I I Z M B V K
W K C A B L L U F P Z C Q C X W F M O J
C D T A R R Z I O U Y Z H M L O N G M F
K P B D Q D E Q P S Y Q D E J N D O I A
C U Q Q U L I N E B A C K E R N H H R P
A O R U D V Z D D V G J Z K E F Q P I N
B L R E D L O H I B U D C T O X C T P W
G B R T P X P N K W L A H R M N C V Q W
N L P A C P F M J M B G W T R H J P S C
I L S C Q I A A F L I A L V E E W V H G
N C B K E B M N I T R D D R P N L O X Z
N G U L L Y D A S D E W F O E X O W Y G
U X D E W F T A R G T M K I C K E R O T
R E T T I H D E T A N G I S E D I A V B
R Q D R A U G K F C U O R R N L L R Z C
F M D A U N J L F A P J L Z T I D H T E
B W S L I P N A M E S N E F E D K E E S
K N N W I D E R E C E I V E R L F S R R
```

BOWLER	GUARD	MIDFIELDER	STRIKER
CATCHER	GULLY	OUTFIELDER	TACKLE
CENTER	HOLDER	PITCHER	TAILBACK
DEFENSEMAN	HOOKER	PUNTER	TIGHT END
DESIGNATED HITTER	INFIELDER	QUARTERBACK	WIDE RECEIVER
FORWARD	KICKER	RUNNING BACK	WINGER
GOALIE	LINEBACKER	SAFETY	
	LONG SNAPPER	SLIP	

Hint: the mystery word has 8 letters.

Puzzle #3—Grand Slam Tennis Champs

```
M A G G U J V A J M Y S K I N A M T E W
K C E R G B X N S E F Z S O C K J Q M M
U I Y L W L B G A K A Q V S I N S S A D
N V E P E S H A R A P O V A V E A P U T
Q O U O O V I Y P A T Y L T A C Z J R N
N K L H A M G T M N F Q F P N T I O E O
V O K I N L E F A K C P B A I U P H S W
Q J X I U W K R S I X B G X S N D A M N
O D P F V R B R A C R A W J E S U N O V
R R L A D A N M Q O S P G V V M A S G Z
V G E K U Z N E T S O V A K I A Z S X I
Z R H R O L S O I T C D U C C I E O K J
E M S P R F S R V A Q E D V G L M N W G
F R U N H E A T E I R D I U G L S F N I
X E Y I Z F F V H T C T O Z Q I Z U P Q
Q Q D N T M I D E G S N W E G W U S L F
C D X E J M N N W A Q J O N O X M M S L
K L R H R O D D I C K P I E R C E X W D
J N K Y Y E O B T Y V H H L A Z M G E T
I D E H U D R B T C F K S H C A B Y N T
```

AGASSI
CAPRIATI
CLIJSTERS
COSTA
DAVENPORT
DJOKOVIC
FEDERER
FERRERO

GAUDIO
GRAF
HENIN
HEWITT
HINGIS
IVANISEVIC
IVANOVIC
JOHANSSON

KAFELNIKOV
KUERTEN
KUZNETSOVA
MAURESMO
MYSKINA
NADAL
NOVOTNA
PIERCE

RAFTER
RODDICK
SAFIN
SAMPRAS
SHARAPOVA

Hint: the mystery
word has 8 letters.

Puzzle #4—Majors Winners in Golf

```
W Q E D E G F V G H D L D M Z B S T S C
O Q Q B A U C A M P B E L L F M J A K Z
S K O O R B Z W L W J V C W W T E H Z N
I M D Y V L I G O D K A N U V H G Z H K
T I K D T Q R O Q Z O O N M H H J F Z Q
R O A R O R D R L O T O Z Z E K C K L A
U I P A Z S A A I G S E E P E S M E V Y
C I L N M R W W N L C I S Q T N S N P B
R I E O A K Q I E J D F Q S Q P E L D K
E E T E R T R K D T F V G E C A M N N E
N V M L O R C U H W S E N O J W W U G D
S O F R A I V G O O S E N I G Y M N H H
H L E H M A N L X W E C T N B K N P B Y
A A A W L I R N W P P M L B O Q G I B L
W Z M W S C C E O G R P V H R S X P W I
R A E I R H J H R I M M E L M A N D L O
D B E W L I E L E B P R T D B I S H X L
G A B Z B T E W G E A Z E U I N Z X O L
F L R S D C O E B C L C K C U I P H L J
K M I S D B A N G H X U U J C G C C K F
```

BEEM
BROOKS
CABRERA
CAMPBELL
CURTIS
DUVAL
FALDO
FURYK

GOOSEN
HAMILTON
HARRINGTON
IMMELMAN
JANZEN
JOHNSON
JONES
LAWRIE

LEHMAN
LEONARD
LOVE III
MICHEEL
MICKELSON
OGILVY
OLAZABAL
O'MEARA

SINGH
STEWART
TOMS
WEIR
WOODS
Hint: the mystery word has 8 letters.

Puzzle #5—Teams Not Ending in "S"

```
Q Z U C K X V E V A W N E E R G G I B N
P N L L V R Y H G M K T H E L E Y J O Q
Z E D I T N O S M I R C D L M R V S K T
S P E G K M H A W B N S O T I W I E Y S
I I J H D S G M O A O O G H D B Y T F X
O W X T O I S M L X I U K U S L E U N K
U R J N C H T A F Y O J Z N H U I R A R
X E A I C E V E P P N Y P D I E I W T N
A D Z N E A L R A E U X I E P H F H N Y
S S Z G G T R D C O R K Y R M O H I F B
J T H H W E K D K X E C H I E S S T M R
C O C X O N M B I G R E D N N E I E Y G
E R W D F M I E I N K H C G H D R S W Z
P M U K K C N M N Q A K B H C C I O G N
V F N C J F U Y I P Q L A E U M I X C J
H V V S V Z T Q L C W L N R V K B I H H
G E S L T A E M L W U A Y D I K A V T M
R G C P R D M H I W F Z F K G E L D V F
K V H R G P E O E I A C V U B W C S R E
S T G D G O N D I A Y P S D Q H B W W J
```

AVALANCHE	FEVER	LYNX	SHOCK
BIG GREEN	GREEN WAVE	MAGIC	SIOUX
BIG RED	HEAT	MERCURY	THUNDERING
BISON	ILLINI	MIDSHIPMEN	HERD
BLUE HOSE	IRISH	MINUTEMEN	WILD
CARDINAL	JAZZ	ORANGEMEN	WOLFPACK
CRIMSON TIDE	LIBERTY	RED SOX	Hint: the mystery
DREAM	LIGHTNING	RED STORM	word has 8 letters.

Puzzle #6—Super Bowl MVPs

```
B Z L R Z G K M Q R D J F Z Q S E X S O
Q O K D D M Q O G E D R X M B I J I G Y
T X O R L E G B R T L X A G U R U X Z Q
E A N V Y Z F N F F L D L W D R U J Z W
X L P Y D C V B I M S Q R K O A J E G K
H O I N A W L X O N E M N G I H W K N I
X T G A O I L U T Q N W M I T L N S U N
Y L A N G P B R E N R A W I P O A O O E
D S J M B W T V I Z O H M T S O O S Y N
A Z I L A R D Q C N R S F K E C R R R F
R Y P I E N O U M E L D C N J E O I P O
B Z S C V W Q W O L D A S O D B N T D W
I K A D E C I R N L J R M N W A P B T A
P Y O R R A T S T A U B A C H T V H F B
E Z E M O E L W A Y S I I W Y C Y I J V
G H O D I P Y K N W K J L E I D N J S C
Y I E W Y W N T A M M A L X Z S P A I J
B Z F Q S O O N A Q G Y I P H F U G R K
O Z C F S T N N Q L D W W R V D W V Q B
W U Z C H P L I H Z F X X B K D O R Z W
```

AIKMAN
ALLEN
ANDERSON
BRADY
BRANCH
BROWN
CSONKA
DAVIS

DAWSON
ELWAY
HARRIS
HOWARD
JACKSON
LEWIS
MANNING
MONTANA

NAMATH
RICE
RYPIEN
SCOTT
SIMMS
SMITH
STARR
STAUBACH

SWANN
WARD
WARNER
WILLIAMS
YOUNG

Hint: the mystery
word has 8 letters.

Puzzle #7—Baseball Slang

```
Q A R D I B H R U T H G I L N E E R G D
W Q O L F T N N Z N S N S S A P E E R F
S N Q K R R C R C J S A L A M I F G X O
S N L T L T F I O Q H F A K Z C I G O Z
D S F Y I K S R H H T S C Q U K O A S V
C Y B I Z U H L O B E A N B A L L B M T
F N I Q M U C N L Z J H T Z U E S R N F
H H P N B X R R O A E B T E R E X U R L
M R I A G J L E I Z B N I D R X A O O A
D H R Y O Q C E N C L Y R T N C G F C M
C B W S A A U Y S R R A E O Q U W P F E
R N K B V W U A L E U O U N P S O L O T
F F U C D N A H I F E B I G O E M R N H
M O O N S H O T P L G H M N H M O G A R
E E H C T A C S U C R I C R E E T R C O
N M N P S O U T H P A W B H O S R R Y W
U M F A O F B S R T D G P L G W W U H E
P U D E H G U O R O U N D T R I P P E R
X H H Q O S I I D M Q T K M G N H T R X
Q I O R E R B M O S N E D L O G P V P V
```

AROUND THE
  HORN
BEANBALL
BIG FLY
CAN OF CORN
CHIN MUSIC
CIRCUS CATCH
DYING QUAIL

EXCUSE-ME
  SWING
FLAMETHROWER
FOUR-BAGGER
FREE PASS
FROZEN ROPE
GOLDEN
  SOMBRERO
GREEN LIGHT

HANDCUFF
HIGH CHEESE
JACK
LAUGHER
MONEYBALL
PICKLE
PUT AWAY
RHUBARB

ROUGHED UP
ROUND-TRIPPER
SALAMI
SENIOR CIRCUIT
SOUTHPAW
TATER
WORM BURNER
Hint: the mystery
word has 8 letters.

Puzzle #8–Sports Equipment

```
V L K K J T C J L T E X H E H G Q L I F
G G I N E T F W E F E Y Z Y C J D R H K
O N Q A T Z U D Z L V W Q F I M B A W J
Y Y I Z T P T K Q D T L S Y U L A W J U
V P Y O M S C T B Q B T E S M R S W P N
E C O K T J R A C K E T O W O R E C J I
N D Q M N M A A S J P K H B O A S O B F
E N A P M S T A B S I K S Z R T E H Q O
P R X I B E X A T N P S D A P E E F N R
T H S L S J L A Q W E G B F M N T G W M
A J D M Y L E H N M H V E I E I H A T S
U N J F W L L C O E A I E T S P R B W L
P V L S C B B X J R W C S N B M I N L A
A S H X P M H R G L S K E T U S N I P O
N V F A P P F S X N G E E P L K G S P G
G O C P B Z K S T R O H S A C E S O W L
R B G Y O V Z F S G A P Y I M P E R X O
P T S K C X N L I F K W T T E M L E H V
Q Y L Z N I E W R T G S I C C Z O S E E
R X A O N N Q L F N I L Y M C A P F R S
```

BALL	HELMET	RACKET	UNEVEN BARS
BASES	MASK	RINGS	UNIFORMS
BATS	NETS	SHOES	WARM-UPS
CLEATS	PADS	SHORTS	WATER BOTTLE
CLUBS	PINE TAR	SKIS	WHISTLE
GOALS	PINS	STICK	Hint: the mystery
GLOVES	POLES	TEES	word has 8 letters.
HATS	POMMEL HORSE	TOWEL	

Puzzle #9—Chess Terms

```
N F K W T R E E T A M K C E H C L L Q U
T C L O S E D F I L E E Y A K O J V Q M
R E A R V D I P D Y B O N E S R Y V O W
E T N B R N F J K U M V G I N T O V K Q
N A Z C E U A F O A S N N O B Z L F U N
P M M S S L G D T P A C S I C I L I A N
A S O L I B A E R W C A Z Z H G E E N P
S L E L G J R O Z Z R P L Z C T T K A G
S O J C N I M G H V I T M D M A G S D F
A O G C A O U S E G F U O O M R S X J I
N F O L T Z D K N E I R V E H E N E O A
T V O I I W P E P W C E L J D W A D U N
L G O X O F C W R V E A T P O T Z F R C
R N X E N M X E I E T O A I Z E B G N H
N N V G X M E R S S V W Q E N D G A M E
G B C P E Q B W E R N O T I B M A G E T
W O O D P U S H E R M F C Z N H U B N T
G E L D N I W S V X W D D S X V S L T O
C M J S P E O P E N I N G Q I V Z I I P
G R A N D M A S T E R G H A A D A X B O
```

ADJOURNMENT	EN PRISE	MATERIAL	SKEWER
BLUNDER	FIANCHETTO	OPENING	STALEMATE
CAPTURE	FIDE	PASSED PAWN	SWINDLE
CHECKMATE	FOOL'S MATE	PROMOTION	WOODPUSHER
CLOSED FILE	FORK	QUIET MOVE	ZUGZWANG
DISCOVERED	GAMBIT	RESIGNATION	Hint: the mystery
ENDGAME	GRANDMASTER	SACRIFICE	word has 8 letters.
EN PASSANT	J'ADOUBE	SICILIAN	

Puzzle #10—Board Games

```
U E H S A X I S A N D A L L I E S P A D
U U V A O O R T Y R W S R E K C E H C O
V L W H W R E U G F V J C N T S Q H W V
G C B S P A R T E S U O M N E U U K H P
T D S O E J G Y R S Y D B T A T E K N R
Y N U T B I Q D C O D T T Y E R N F U P
C I K S I R R R H K U L D S G O C W I T
A M O Z Q U A O X T E B A S L Z E H H E
M R L E K B S G G R K N L L R O S E R O
O E B I B R I R S R D L E E G E G I N H
L T B L I R Q O U L E H K E L A U D O W
P S E U L P F K A P T T T M Q N W M S
I A T T K C A D N O L A T E C A X M M S
D M A V A I D R Q M R A O A L V O Y A E
T L M T H E M J C T B F I Y C N T P G U
K G A E R C E M S H L V D V O S C S K G
N N V S A J H K U I E N T P I H N A C I
X R W J R R U E F R A E O C E R N G A Z
C R A N I U M E S C L L S T H J T I B V
K S M D Z V H O P S Y P C I Y Z A I R I
```

ACQUIRE
AXIS AND ALLIES
BACKGAMMON
BATTLESHIP
BLOKUS
CANDY LAND
CHESS
CHUTES AND
  LADDERS

CLUE
CRANIUM
DIPLOMACY
GIRL TALK
GUESS WHO?
MASTERMIND
MONOPOLY
MOUSE TRAP
OTHELLO

PARCHEESI
RISK
RUMMIKUB
SCATTERGORIES
SCRABBLE
SEQUENCE
SETTLERS OF
  CATAN
SORRY!

STRATEGO
THE GAME OF
  LIFE
TRIVIAL
  PURSUIT
TROUBLE
Hint: the mystery
word has 8 letters.

Puzzle #11—Monopoly Squares

```
U E P E N N S Y L V A N I A G M K D H A
M E D I T E R R A N E A N V L L R R Q V
U L Y J T V Q X O Z M A T L A N T I C E
E D C A H G E M W A K Z Z W X G O X J R
Z H T V P A C I F I C K D A O K L A A M
C S Q Y H V E N T N O R T F T J I X Q O
S O I Z N N E A M X A E P X A L H D Y N
B E M U E A A Q S O M A D K S H E K H T
C A L M S O P I B O U P A R K P L A C E
O L I R U E O M C A T E N N E S S E E N
N U A N A N M N O G N I K R A P E E R F
N G A T I H I A E C W A T E R W O R K S
E E E L N G C T J C C I K M D G Y E K
C C L Y Y E R T Y T N I H D H G G G N P
T I H B H H I I S C S A R J N R Z W T Z
I P L A L O Q R V D H Y H T W I T R U P
C A W L M P K R O Y W E N C C X I D C J
U G O T O J A I L M H B S L Q E H Y K V
T H U I L U X U R Y T A X T V Z L M Y U
X H D C N O R T H C A R O L I N A E I N
```

ATLANTIC
BALTIC
BOARDWALK
CHANCE
COMMUNITY
 CHEST
CONNECTICUT
ELECTRIC
 COMPANY

FREE PARKING
ILLINOIS
INCOME TAX
INDIANA
JAIL
KENTUCKY
LUXURY TAX
MEDITERRANEAN
NEW YORK

NORTH
 CAROLINA
ORIENTAL
PACIFIC
PARK PLACE
PENNSYLVANIA
STATES
ST. CHARLES

ST. JAMES
TENNESSEE
VENTNOR
VERMONT
VIRGINIA
WATER WORKS
Hint: the mystery
word has 8 letters.

Puzzle #12—Poker Terms

```
O G F G Q R W K B R L D X Q T U R N J H
S J R N X I P R C V I R F W S L Z T O V
H U O E I A L E G U E A N N P Y D H W Q
O B O U U P L D F F M C P H F O L D A A
R Q D Q Z T A A L B U E U O O W Q K O X
T S K Z B E C E M Y H L T C W K M S Z F
S D C B P K Q L O A D O D H X T F F G U
T R A N S C Z P X B N H Z E J O K E R L
A A B E D O F I Q L I O A C G D R N K L
C I P C D P A H S T K G L K D C R N B H
K S R S O G S C L S A G B I F E E J R O
R E A B T J N A C E F C Q L M L T V S U
K E Q Z O R I I N G O J O J I I U I N S
W D V K P A A W W T E Z E M R N T S U E
G V M I X X K I N A E Y E Y M T D E H S
S N T C R A R I G P R S A P U U E G K B
B R D K N O L Q H H H D B F J Q N L P L
I N A E Y L K O O M T D L Q F Q N I L E
V L P R A E Y L A U V O B A D B E A T D
W J R U T N L O R H P S U P Z V O O C Y
```

ALL IN	COMMUNITY	MUCK	SUITED
ANTE	DRAWING DEAD	NO-LIMIT	TELL
BACKDOOR	FLOP	POCKET PAIR	THREE OF A
BAD BEAT	FLUSH	POT ODDS	KIND
BIG BLIND	FOLD	RAISE	TURN
CALL	FULL HOUSE	RIVER	TWO PAIR
CHECK	JOKER	SHORT STACK	Hint: the mystery
CHIP LEADER	KICKER	STRAIGHT	word has 8 letters.

Puzzle #13—Card Games

```
O H K D I S Y I E K I D N O L K D N K E
P W K M P A G M B S G E G Q I B M A C C
G B S I H F C H M A M T L W W R G T A A
G B T I K M C M P U C K J T V Q O N J R
P P S R R T N X W X R C Q K L Y T A K T
D P X K I N Q R F R W N A K C N G F C E
I Y I P X S Y F A O C V I R H S E O A Y
A U N N R A J H S E Y N N G A B T L L M
M A C C O R D I O N J N J E S T N Z B F
D J R A R C R D Q X D F Q T O B O K E R
L G O F I S H U L D S K H O N R M E D E
O A J Z K H W L Y E P G Q C E P D U I E
E K S Q Z L Q U E U I V J K P E R Q R C
G C E B B O K R P E D F O B R H A I T E
A A D R H O R V Y B E P N H E B C Z I L
B N A I N Q S Z R Q R F C A Q K E E T L
B A P D C F A I A M Y U R G C H E B E C
I S S G U R N I M U E T A Y U J R A L E
R T L E C A A L I I S L U N Y W H I S T
C A A F Y O U V D V Z V E R P I T R H Q
```

ACCORDION	ECARTE	KLONDIKE	SPIDER
BEZIQUE	EUCHRE	LET IT RIDE	SPIT
BLACKJACK	FAN TAN	OLD MAID	THREE-CARD
BRIDGE	FREECELL	PINOCHLE	MONTE
CANASTA	GIN RUMMY	PITCH	WHIST
CANFIELD	GO FISH	POKER	YUKON
CRAZY EIGHTS	GOLF	PYRAMID	Hint: the mystery
CRIBBAGE	HEARTS	SPADES	word has 8 letters.

Puzzle #14—Puzzles

```
E D J V L S Q I R M P T Y Z C R M Q E C
N S X L E M C S J I G S A W N A Z B R H
S T O I B A V L V C L W U Y R L A Y Q I
H O T E U R S I X A Z N W G M K P C E T
M D U J C G O T O N Y N O D I T Y B F O
A E W E A N Y H C W E N E R I H I H B R
R H K M M A E E H I O E U C X S O U P I
G T W W O T R R Y N T N T T S U N O Q H
O T O K S O V L E G E S H F A K A R I A
T C R K F R Q I O F P K O G I S H U H Z
P E D N Q U I N W I F F N R L F F Y S J
Y N S I Q K G K H Y S I J E C R O S A V
R N E G X A E S T F G C D B K A R A H S
C O A H D K E E K A W A Y E H Y E M F H
R C R T V L U K O D U S F A H E W N D I
R A C S T E X U J U M B L E G T O G P K
V P H T C R O S S W O R D P Y N T V A A
T T A O P E G S O L I T A I R E X O R K
M B R U N E B U C S K I B U R G M G P U
A X F R L O G I C P R O B L E M H A E S
```

AKARI
BATTLESHIPS
CONNECT THE
  DOTS
CROSSWORD
CRYPTIC
CRYPTOGRAM
FIFTEEN
HASHI

HEYAWAKE
HITORI
JIGSAW
JUMBLE
KAKURO
KENKEN
KNIGHT'S TOUR
LOGIC PROBLEM

MASYU
NONOGRAM
NURIKABE
PEG SOLITAIRE
RUBIK'S CUBE
SHIKAKU
SLITHERLINK
SOMA CUBE

SPOT THE
  DIFFERENCE
SUDOKU
TANGRAMS
TOWER OF
  HANOI
WORD SEARCH
Hint: the mystery
word has 8 letters.

Puzzle #15—Game Equipment

```
R B X U D A P E R O C S L C A Z V H K H
W E W W V H R P R Q A N R S D Q B K Z C
D V N A I G Y P E A Y S N E S T O E A G
Q E K N N Y O Y M N C J E I Z O H R L V
Z D J Z I A R P E R C K G S R Z D C P L
A G J E B P Z S O Z X I S N U S U C A C
D D R A O B S K D H F K L B H O J B W E
F L I X B C U B I R S N U S O H H R N D
R S N G L L H V T N Z I L O U C H E T O
J K C B G X F I E B G G B D R K U Y I M
S M T G A Q G Q P O S H R Y G C I T L I
C N D S A N I V M S E T F I L M X H E N
F P S Z X H X V R A L B R P A C F L S O
T I R Q K V E E Y B B D S A S U L K S E
O T Z J Z X K H A Z R O I R S D T A H S
K D P I E C E S G B A H E B E Q T T Y U
E L J B E J P P M J M M K X B K J Q X W
N A K H H O T E L S I D I S C S R O J O
S E C I D O D E G T T Q J M H K V A K X
D R A W J T I Y O S B Y Q U E E N G M R
```

BELL	DICE	MARBLES	ROOK
BISHOP	DISCS	MARKERS	SPINNER
BOARD	DOMINOES	PEGS	TILES
BUZZER	HOTELS	PENCILS	TIMER
CARDS	HOURGLASS	PAWN	TOKENS
CHECKERS	HOUSES	PIECES	Hint: the mystery
CHIPS	KING	QUEEN	word has 8 letters.
CLAY	KNIGHT	RACKS	

Puzzle #16—Game Actions

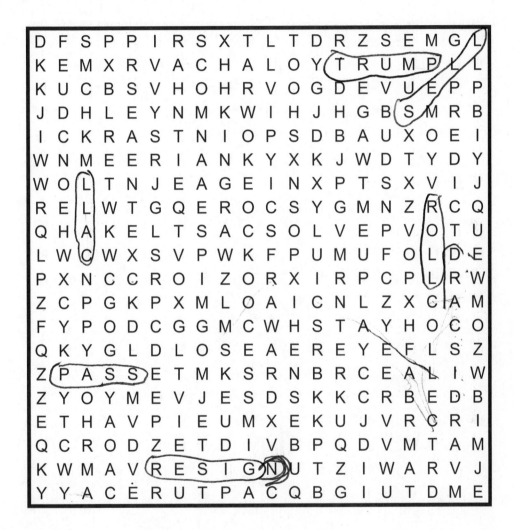

```
D F S P P I R S X T L T D R Z S E M G L
K E M X R V A C H A L O Y T R U M P L L
K U C B S V H O H R V O G D E V U E P P
J D H L E Y N M K W I H J H G B S M R B
I C K R A S T N I O P S D B A U X O E I
W N M E E R I A N K Y X K J W D T Y D Y
W O L T N J E A G E I N X P T S X V I J
R E L W T G Q E R O C S Y G M N Z R C Q
Q H A K E L T S A C S O L V E P V O T U
L W C W X S V P W K F P U M U F O L D E
P X N C C R O I Z O R X I R P C P L R W
Z C P G K P X M L O A I C N L Z X C A M
F Y P O D C G G M C W H S T A Y H O C O
Q K Y G L D L O S E A E R E Y E F L S Z
Z P A S S E T M K S R N B R C E A L I W
Z Y O Y M E V J E S D S K K C R B E D B
E T H A V P I E U M X E K U J V R C R I
Q C R O D Z E T D I V B P Q D V M T A M
K W M A V R E S I G N U T Z I W A R V J
Y Y A C E R U T P A C Q B G I U T D M E
```

CALL	DRAW	PROMOTE	SOLVE
CAPTURE	FOLD	RAISE	SPIN
CASTLE	JUMP	RESIGN	STAY
CHECK	KING	RISK	TRUMP
COLLECT	MOVE	ROLL	WAGER
DECLARE	PASS	SCORE	Hint: the mystery
DEVELOP	PLAY	SELL	word has 8 letters.
DISCARD	PREDICT	SHOOT	

Puzzle #17—Classic Video Games

```
K N V C E A R K A N O I D G N W E S N V
S O N I C T H E H E D G E H O G T E D B
N O G A R D E L B U O D M X V H Y R Q P
P L O L D N A M M O C E L I S S I M V M
Z T U L A R L A O V U S O J I A S S N O
R P H B U R G E R T I M E P A C M A N R
Y E S E C A T T P I T F A L L Q M G Z T
O S Z R L A T N U H K C U D J N N P A A
B E T A E E S F O O G X E V I O U S X L
R E G R B D G T I C F N I F P G M D X K
E R K V E T A E L N Q Q O S R N D E O O
P E B I V E A V N E A B C K T O O U N M
A S F F B X T J N D V L E O Y E G R G B
P D T P O E Z F K I O A F R L E T G M A
Q B O E K T T P I X E F N A T U K R E T
F P E O W S W I V G Z C Z I N Q M N I R
U S W F M D F J C J H E A E A T W N O S
H I O Q I V G W O X W T M P L O A A S D
Q M I L L I P E D E E R E S S D C S K Y
I O S U P E R M A R I O B R O S A A Y N
```

ARKANOID
BURGER TIME
CASTLEVANIA
COLUMNS
CONTRA
DIG DUG
DONKEY KONG
DOOM
DOUBLE DRAGON

EXCITEBIKE
FINAL FANTASY
FROGGER
GALAGA
MILLIPEDE
MISSILE
  COMMAND
MORTAL KOMBAT
PAC-MAN

PAPERBOY
PITFALL
PONG
Q-BERT
SONIC THE
  HEDGEHOG
SPACE INVADERS
STREET FIGHTER

SUPER MARIO
  BROS.
TETRIS
THE LEGEND OF
  ZELDA
XEVIOUS
ZAXXON

Hint: the mystery
word has 8 letters.

Puzzle #18—Party Games

```
M U I N A R C S V C A R N E L L I P X D
K T W E N T Y Q U E S T I O N S E I M M
M N K O E L T T O B E H T N I P S C A E
U X I C O N S E Q U E N C E S N E T R O
S H T P S Y C H I A T R I S T S Y I I N
I S R J U Q F H T E Q B U V O T F O O V
C C I O S E I M N B G A U B I R X N P F
A A V S C R U P L E S R Q R A W Z A A H
L T I E I K Z W E B S N B Z S B F R R O
C T A S S J B N E E O E A I J T E Y T T
H E L A S N M A D R L T V P I Y S L Y P
A R P R O W Y A N E E C T Y D T A B O O
I G U H R N R X C D M W K I A R C G F T
R O R P S A E B L P Q Y O I C T A X S A
S R S H H C I G A M K C A L B E K G S T
E I U C G F F R W L R Q Q M F M L Y O O
X E I T W R T R U T H O R D A R E L X N
N S T A T I D D L Y W I N K S F I W I J
D W A C K F F U L B S N A M D N I L B F
T Z Y A G O V S K H S A D R E D L A B P
```

BABEL	CELEBRITY	PICTIONARY	TABOO
BALDERDASH	CONSEQUENCES	PSYCHIATRIST	TIDDLYWINKS
BLACK MAGIC	CRANIUM	ROCK BAND	TRIVIAL PURSUIT
BLIND MAN'S BLUFF	HOT POTATO	SCATTERGORIES	TRUTH OR DARE
BOTTICELLI	MAFIA	SCISSORS	TWENTY QUESTIONS
CARNELLI	MARIO PARTY	SCRUPLES	WEREWOLF
CATCH PHRASE	MUSICAL CHAIRS	SNAPDRAGON	
	OUTBURST	SPIN THE BOTTLE	

MUSICAL CHAIRS

Hint: the mystery word has 8 letters.

7 Books

Puzzle #1—American Authors

```
X P C H H L O R L H T M O B U C V J G I
E C N V F O E A E S I V M E Z F J V C R
E B E L L O W M O R R I S O N S X K U T
Z T G W N S I R Q J S R C Q A Z S R F Z
B Q R U T N F D A V E V L L T T O C L A
S V S A G K P T W N E I I N O T R A H W
D A I W H P D W K Z T N I W E U S W P T
D T A E C E L A N E G G E T R I T H F E
F Y F C H K K I E E L R Y V C K E I C N
V K N A Q I P N R W V I O L I H I T H R
O W A U W D I C K I N S O N G J N M U O
N E S O N P L I M V N D K T F W B A Z H
N N M R K U H A E Q R E H T A C E N Z T
E O M E R L P P R J E A A E W R C O Z W
G S O K L E W E K E N M K S O C K O U A
U R U X X V S O T G G A H H W I X Z P H
T E N A R C I I E O J Z T O L E A D J L
O M X B C J F L E X P P T L O N D O N R
R E N I O M O Z L R L A Z I P E K X K I
R E N K L U A F Y E D T C X F Q Q N O W
```

ALCOTT	ELIOT	IRVING	TWAIN
ANGELOU	EMERSON	KEROUAC	UPDIKE
BELLOW	FAULKNER	LONDON	VONNEGUT
CAPOTE	FITZGERALD	MORRISON	WHARTON
CATHER	FROST	SALINGER	WHITMAN
CRANE	HARTE	STEINBECK	Hint: the mystery
DICKINSON	HAWTHORNE	STOWE	word has 8 letters.
DREISER	HEMINGWAY	THOREAU	

Puzzle #2—British Authors

```
B E U J E V A U S T E N Y E L L E H S L
Z U U L G P E A E V Q Y W V M G T W Q N
X A R G X O O R L L O R R A C P I X E N
R B H N F U P P N G V L B R P F M E E O
W G E Z S K D C K E S J D B T Q W C S S
H N B S H A K E S P E A R E H O Y B N Y
T I E T O V Z E G O C A S A L O J Y E N
R N B E R B V N C X S X T R J E O R K N
O W E V Z N G P K V M G A R O E U O C E
W O E E M S G I J I E M E B S F K N I T
S R W N N R R H A G X C K T A H N A D S
D B M S T E G E D K U W A H I C G D L S
R E J O P I I I S A I E E C S N O J N B
O I N N X W R K H N Y Z A C I S L N O V
W X Q Z E E R C L W E V M L N D M A T F
R V J Y L O N O V O D P P L E E D V L M
A T D O W Y I X W O T I S J V C R Q I B
C M C G Y J V P N L K W D A V W P W M O
H H Q U C U K N W F N R P Q M S M A A H
D N X R X Y E L C O N R A D E Q F C W L
```

AUSTEN	CONRAD	MILTON	TOLKIEN
BACON	DICKENS	POPE	VERNE
BLAKE	DONNE	SHAKESPEARE	WOOLF
BURNS	JOYCE	SHELLEY	WORDSWORTH
BYRON	KEATS	SPENSER	YEATS
CARROLL	KIPLING	STEVENSON	Hint: the mystery
CHAUCER	LAWRENCE	SWIFT	word has 8 letters.
COLERIDGE	MARLOWE	TENNYSON	

Puzzle #3–Poet Laureates

```
P W O O Z I S U Y V C U D F G G H I O M
B Z V P X O N T G N R U Y X T W Q A W R
Y O Y I E E B R I D G E S P I H K I D E
I N L U D R S V V E A O A L R A C L I B
P L V S N N O I T O M E B U I W M P G B
J H U O E N R I R M L U H L S Q X V X I
N E K U R P E V O D R L I E C T N R N C
A R J T R E J K U N I T Z W T O I C W M
M M W H A K M A A X R O C C S I I N A P
E O D E W G V E C Z M Z N Y K V H B R I
J E V Y L R Y A N H V A N D U Y N W T N
T N L U A B E H I T U N B C D L J X O S
E G C C I M I S H P E G O H O E N V N K
B K Q K T N T C O T B P H Z S L C D N Y
T X J N O R S X L O B R V E U X L L R H
O H E M A Y S O L Z K F O X S Q A I H P
Z H Z N B H A H T R O W S D R O W A N U
C T D L L A H D A Y L E W I S R D S O S
M A S E F I E L D F C D T K P K N T Z Y
H Q W L B U A O M U L N A H U T Y B U Z
```

AUSTIN	EUSDEN	MOTION	WARREN
BETJEMAN	GLUCK	NEMEROV	WARTON
BRIDGES	HALL	PINSKY	WHITEHEAD
BRODSKY	HASS	RYAN	WILBUR
CIBBER	HUGHES	SIMIC	WORDSWORTH
COLLINS	KOOSER	SOUTHEY	Hint: the mystery
DAY-LEWIS	KUNITZ	STRAND	word has 8 letters.
DOVE	MASEFIELD	VAN DUYN	

Puzzle #4—Nobel Prize for Literature Winners

```
N R P L H A W N F F I B M A R Q U E Z O
P O U X X O E N D R E S E O I M O J G R
F R S S Y L T A U E G L D E E J H U H E
D H U I S Y R M S M O J I O L R N P E G
Z K Z D R E B A G I G W G O N P T Y J N
Y X N D H R L E L D N T O E T I H A J I
S E D J S O O L M R B B R L T N G W C S
Y X A O Q H M M D O M U E K L T P G F F
S N L T E F T M W G D H P G A E R N R R
T D P S S S T G E A T T Z J S R B I T L
E A S H A E C N A R F O F W A C A M U S
I E Q V G Q C D Q R B E C K E T T E G W
N R L G H U D I N X L J Y E N A E H N U
B E M O F A U L K N E R N P L I T Q I G
E H K L Q L L A P G F O L R E G A L L J
C B T D S I G U R V K E R T E S Z G P I
K U G I E X V S P J C N K K P R A E I E
D C S N Y S T I N E H Z L O S X B X K I
C K O G Z N L E W I S G P N J K G V F Y
T S H A W M L S A U S T Y M D Y J W R T
```

BECKETT	GORDIMER	MANN	SHAW
BELLOW	HEANEY	MARQUEZ	SINGER
BUCK	HEMINGWAY	MORRISON	STEINBECK
CAMUS	HESSE	NERUDA	SOLZHENITSYN
ELIOT	KERTESZ	O'NEILL	YEATS
FRANCE	KIPLING	PINTER	Hint: the mystery
GIDE	LAGERLOF	PRUDHOMME	word has 8 letters.
GOLDING	LEWIS	RUSSELL	

Puzzle #5–One-Word Titles

```
T Q I G V V T H G I N U R C I H U X W T
P E B I D L C W N K S L J A X J Q U G N
J D U S J P M G I B A Y Q N T K F C N H
G E L C A Y C K C V M S U D Q U E M I X
F A C C E B E R A F O S M I R H O N V X
N Z N A C M W S F A C E O D T M H J I U
F I L O T T I J R U X S W E D U N E G S
L O E Q C S T R U S N K B L H E A R A C
O I U T J I O E S T F C E E D D V J T I
W E J D S F M A L A A A X L L A I P I M
N I P N I N S O C M D U A K X O R I L O
E F N S A W E T N E A W U N C A V F O N
P P X N X L O K R O Y H Q I H E N E L O
P N C S I T K S N A T X J L O S Z T D K
E T Y E U N H R Z A W P F B K U Y V I A
T F M M Y I G O V J R A Y M E A B W U E
S M D Q P U F R D B M F A R B N R T P R
A M B A B B I T T P R E Y J C V G M Z F
S I D D H A R T H A E J Z Y D M M G R Z
W E L W A I Z E H C H C U B J Q W Y P I
```

BABBITT	EMMA	LOLITA	STEPPENWOLF
BELOVED	FACTOTUM	MACBETH	SURFACING
BLINK	FAUST	NAUSEA	ULYSSES
CANDIDE	FRANKENSTEIN	NIGHT	WALDEN
CHOKE	FREAKONOMICS	PNIN	WINNING
COMA	GIVING	PREY	Hint: the mystery
CRYPTONOMICON	HAMLET	REBECCA	word has 7 letters.
DUNE	LEADERSHIP	SIDDHARTHA	

Puzzle #6—Names in Titles

```
Y O J G G T H A R R Y P O T T E R D M U
R E U H D O E O W E N M E A N Y N G U X
A M T G K M E U N K F C G Z B F L F D K
V O E K M S Y A R G N A I R O D N D D M
O R I A P A N E T O X I U Q N O D R L R
B T L U O W N T X Y A O Y S I V A M E H
L S U O R Y I H U A N O S E T Q L O I Y
A I J G T E F A M A C B E T H U P R F D
D W E A N R Y N E D B U Z B F Q S E R E
Y T R V O F R F L A T L H F V D M A E L
C R Y I Y Q R R X I I E P C U H C U P L
H E E H C H E O E S F N L Q U A O T P Y
A V E Z N Y B M R Y L N O M L C R X O K
T I N R W S E E D M Q M D T A U I A C E
T L A D V G L Y R I S M F B N H O W D J
E O J O X K K X A L T O K S Y A L S I R
R U B Y Z P C D C L A U D I U S A M V D
L Y P K N R U C U E I E Y D G B N P A K
Y B S T A G H H L R Z C Y O Q S U A D S
E Y B K T G V R A G L D E M A N S X Z U
```

ALICE
ANTONIA
BOVARY
CLAUDIUS
CORIOLANUS
DAISY MILLER
DAVID
  COPPERFIELD
DON QUIXOTE

DORIAN GRAY
DRACULA
EMMA
ETHAN FROME
FAUSTUS
GATSBY
HAMLET
HARRY POTTER

HUCKLEBERRY
  FINN
LADY CHATTERLY
MR. HYDE
DR. JEKYLL
JULIET
MACBETH
DR. MOREAU

OLIVER TWIST
OWEN MEANY
PORTNOY
ROMEO
TOM SAWYER
DR. ZHIVAGO

Hint: the mystery word has 8 letters.

Puzzle #7—Genres

```
Y R T E O P O G V Q F A W M F K Y P U D
L N C L A C I N H C E T T O E I T U A M
A Z S F I E C N A M O R F M J L E K Q K
C E S P I O N A G E G J I N S E M A G M
I M I K D G F Y S A I R H T P D R Q Q Y
D S N E R D L I H C C F O A A H L T M S
O T Y W E S T E R N I I I R Y S Z B H T
I P J S B P H C V Y W E L C R D I W I E
R E F E R E N C E G J R N F S O E V S R
E S T Z B Y X Y P O P H P T G E H M T Y
P U L G V E P D G L M Q J R I U P Z O F
R S U Q H L B E Z O O K A K W F H Q R C
E P D K O A T G X H X P X I W F I V I A
F E A V W T N A J T H Z K L X C L C C R
A N G L T K R R A Y W T J B P X O I A U
N S N Z O L I T X M W R E K F Q S U L J
T E U I K O O O E T A H Q D Y Q O G K Z
A F O Q V F M O T E R R P X C A P E Z U
S Y Y I Q J E A A P N S D D W V H F L O
Y X V X R A M R E L L I R H T P Y T N T
```

BIOGRAPHY	GAMES	PHILOSOPHY	TEEN
CHILDREN'S	HISTORICAL	POETRY	THRILLER
COMEDY	HORROR	REFERENCE	TRAGEDY
CRIME	HOW-TO	ROMANCE	WESTERN
DRAMA	MEMOIR	SATIRE	YOUNG ADULT
ESPIONAGE	MYSTERY	SCIENTIFIC	Hint: the mystery
FANTASY	MYTHOLOGY	SCI-FI	word has 8 letters.
FOLK TALE	PERIODICAL	TECHNICAL	

Puzzle #8—Children's Authors

```
C L L N C I T N B N T V M R Z Q T C W S
W H S B U F R U H A X U I C L E A R Y S
T L D G Y M J Y F Y A C A R R O L L B U
A I B V O J E L P B L I B L Y T O N L E
V U B L S N L R H S R I H L J O D S U S
U W P S B S E K O A K O O Y H B F D M R
E I E N E Z A R E F D M W N C M W B E D
N L R I Y N S T G I F R Y L N O D V Y S
A D R C C I I Q R D E C P Q I I D R N D
L E A K W H L E I T N I F Q M N W A E E
L R U E W G N X T Y N I D G A O G N S B
I A L T V T D O S S T A L H L C K S R R
V C T R S Y P G M Y R N M W P M R O E U
H O G A C R E E C H N E A L X W W M D N
R L K Q Z R I X W N I L V O L Q O E N H
T L A X R O P V O K K O U L U U M T A O
J O G E U U P R A B P Y Y W I L P D J F
W D D G U Z H A M W K H W S F S O Q I F
N I L D N T Z J C V Q A R E Y D H C U N
V G W C G A L S G C I P G R K N I Q Q S
```

BAUM	DE BRUNHOFF	NUMEROFF	SPYRI
BLUME	DR. SEUSS	PERRAULT	VILLANEUVA
BLYTON	KASTNER	POTTER	WHITE
CARROLL	LEWIS	PULLMAN	WILDER
CLEARY	LINDGREN	RANSOME	YOLEN
COLLODI	LIONNI	ROWLING	Hint: the mystery
CREECH	LOWRY	SILVERSTEIN	word has 8 letters.
DAHL	NESBIT	SNICKET	

Puzzle #9—Shakespeare Characters

```
I O W O U Q N A B P U F F H G K J U J G
H D N Y B R U T U S U B F K A L O N S O
U K X C Z E Y V T S L N A M E T A P B A
Q J G T N B O Z J U D A T S H G W O R W
U O I T A R O H X I E B S E E E T P R Y
R U R L X L B D F V H I L R R T F C D B
K A T T L S T D B A E L A M O F T O E J
Q I A R H S I H T O A F M U C G R S D
J H I Y R N X P M C Q C S D R L O D D C
T I T U S A N D R O N I C U S E N E E Y
K T R A D L A T A O N A S T P O E L M L
K I O P S I A V X N M F D E G P R I O E
I S P C L M Z H S Y K E K L Q A I A N R
A S J E Z F S U E S V J O M W T L Q A G
W Q H J U L I E T C H U U A U R B Q A B
O P G O D S P J B W N Y D H D A G T N O
O G Y O S B Z T K R L I L A E M Y W T E
T B A A M A C B E T H P R O D B E T O T
K E C I W O F A S E M T D P C S F P N F
N D U N C A N E K K F F Q K D K X G Y O
```

ALONSO	DESDEMONA	MACBETH	ROMEO
ANTONY	DUNCAN	MACDUFF	SHYLOCK
BANQUO	FALSTAFF	OCTAVIUS	TIMON
BOTTOM	GONERIL	OPHELIA	TITUS
BRUTUS	HAMLET	OTHELLO	ANDRONICUS
CALIBAN	HORATIO	PORTIA	TYBALT
CASSIUS	IAGO	PRINCE HAL	Hint: the mystery
CLEOPATRA	JULIET	REGAN	word has 8 letters.

Puzzle #10—Literature Elements

```
T P O N O M A T O P O E I A D C K F P U
C X C N E U E D Z M S I L E L L A R A P
T S I W T T N T S C W H D I C C O I V Y
N A X G D M N B A D X G J W M T F O I L
E O E U G O L O R P N G Y V A I D V C F
P U I B T H F K H H H M N G B X S H R T
E M G T P N Y U T V D O O J A C G F C S
R P N O I W E V O X P N R M S O N L O I
S I I H L S C M M I I T I T N N I A E N
O X W L B A O M E S D L I K E F T S K O
N Y O B O D I P T U C M S I F L T H E G
I A D X L G C D X C O Y S H H I E B L A
F L A X W A U Y B E N N A I E C S A O T
I P H F A A L E C E Y N E O L T C C B N
C D S N R U P L C B G R P D D O G K R A
A R E X R K H D E E I F I J R V B Z E B
T O R P T Z O I R G Y M Y N O T E M P T
I W O C L C I N T R O D U C T I O N Y M
O U F R H O M C A Z U R T G P W R A H S
N V W E S M T I D K L O Y S C E N E R Y
```

ALLEGORY	FLASHBACK	ONOMATOPOEIA	SIMILE
ANTAGONIST	FOIL	PARALLELISM	SYMBOLISM
CLIFFHANGER	FORESHADOWING	PERSONIFICATION	SYNECDOCHE
CLIMAX	HYPERBOLE	PLOT	TWIST
CONFLICT	INTRODUCTION	PROLOGUE	WORDPLAY
DENOUEMENT	IRONY	PROTAGONIST	Hint: the mystery
DIALOGUE	METAPHOR	SCENERY	word has 8 letters.
EXPOSITION	METONYMY	SETTING	

Puzzle #11—Where to Read

```
M K X T F D O R Y U Q H B X N E L Y Q R
O T M O O R M R O D P H O I L I H S C O
O R T N S O I M U Y O S C S O F A Z B L
R O E P H F R J C N O I T A C A V N O A
S P O A R N L E K O L A U M E W F F O W
S R U T E J N A X C S Z P M K B U G K N
A I S I C A E S L L I M G L C J T F S C
L A U O L C C Y I A D Y D X E S E B T H
C C B P I M A C B B E P T G D T R M O A
X I R X N N R H R I N V N Q T U M O R I
H I E M E P R A A S B U N B S D I O E R
A C T E R U E I R J O S C T T Y N R H D
O G U U K B T R Y L J B I D A H A G C N
V V M O N L L I P H A T E W T A L N N J
T Z M D C I J X N D S F L A I L U I E I
K S O J R C A Z Y B A Q L V O L N T B R
V U C P H P V R T C E H E P N L V I Z J
E Q M J B A B L T N O D K K I I K A C K
W Y S E G R K G A D I H K N O B B W Y J
T W D K K K E U F D N L E I F R H D T G
```

AIRPLANE	COMMUTER BUS	LIBRARY	STUDY HALL
AIRPORT	COUCH	LOUNGE	TERMINAL
BALCONY	DECK	ON VACATION	TERRACE
BEACH	DORM ROOM	PUBLIC PARK	TRAIN
BENCH	EASY CHAIR	PATIO	WAITING ROOM
BOOKSTORE	IN BED	POOLSIDE	Hint: the mystery
CAFE	IN LINE	SOFA	word has 8 letters.
CLASSROOM	LAWN CHAIR	STATION	

Puzzle #12—Playwrights

```
L W Q T H C E R B U L J S U X Y R B X Z
E V A Y E D R A P P O T S C H M O Z B Z
V L T H B D A I L W U Z D R A P E H S D
A H T I S V O L L I E N O M O Z S S F D
H N E E T O K Z N E S B I P A I L R U M
M P K F E Q H W N W E K V Y M M A A I H
V I C S U B W V Z P L F Y O D C E L B G
N N E M R Y L A V K C U N U I R L T V X
H T B A I A J A S A O G Y N A E W A M R
Q E A I P F D F H W H A E O R J Z T B F
D R N L I S X Q A H P R S W L C G D Z U
I X E L D P B F K H O D R Q D H Q U G T
C L W I E X J E E W S K S P B E C K P R
U I O W S Y Q R S S I Q M C G K H S D E
D S L Z M Y D E P F B L W M V H I J N Y
P Y R U U H K I E Q K W D S A O U Y S X
Z T A H V X V L A U L R A E Q V J B L N
D J M M U I C O R Y Q E G N I U P G K A
G H V H M X Q M E S S T R I N D B E R G
I O N E S C O W A R D W I L D E R M G B
```

ALBEE	HAVEL	MOLIERE	SOPHOCLES
BALZAC	HENLEY	O'NEILL	STOPPARD
BECKETT	IBSEN	PINTER	STRINDBERG
BRECHT	INGE	RACINE	WILDE
CHEKHOV	IONESCO	SHAKESPEARE	WILDER
COWARD	MAMET	SHAW	Hint: the mystery
EURIPIDES	MARLOWE	SHEPARD	word has 8 letters.
FUGARD	MILLER	SIMON	

Puzzle #13—Styles of Poetry

```
I G I U Z V E X I M L D C E S Z V Q I C
Y O T R I T I N A D A P V H P C K S V W
Z Y E E V H G K D A Z R D U M A O H I H
Q K E M O R D N I L A P Q N I N H J L C
T M K T W A G E A L H E Z V N R U S L L
L R N W M J P P N A G D S E S T I N A E
L E I A G I Y F O B C I T S O R C A N R
L E N O T G C E S R E V K N A L B I E I
S T X A L Q X N D K M V F B R D U P L H
E K P H T E R X N M C O W U T E I A L E
T H N Q M R T I S S Y I N T U Y T N E W
E B H Y X X A E E P U N R O U H E T Q B
C W A C W R D Q W L H X A E R V N O E L
R Z I S T A W O D G E U M H M H I U X L
E S K A I B C I N Q U A I N P I Y M Q Y
T Q U E P A L A C O U P L E T I L M S D
J Q L R E T S I W T E U G N O T P O E O
Y P P Z M R D L J P K Y R I E L L E J N
T P Y B O S C A T S T D D M X F L G H O
D O R S I M B R A V E S R E V E E R F M
```

ACROSTIC
BALLAD
BLANK VERSE
CINQUAIN
COUPLET
CLERIHEW
DAMANTE
DORSIMBRA
EPIPHANY

EPITAPH
FREE VERSE
GHAZAL
HAIKU
KYRIELLE
LENTO
LETTER
LIMERICK

MONODY
MONORHYME
PALINDROME
PANTOUM
PLEIADES
SESTINA
SHAPE
SONNET

TERCET
TONGUE
 TWISTER
TRIOLET
TRITINA
VILLANELLE
Hint: the mystery
word has 8 letters.

Puzzle #14—Humorists

```
F I S N S E E R O E O G M E N C K E N B
V F I E Q N P T L A T J U F U D Y G Q K
N L C L O R X E S U O H E D O W T E A X
I J C L B J F U I I M O N L K E S V X H
A Q T A S K B U C H W A L D R H S P B D
P C R T N S E W K F M L S U R X P A K E
Y R N V F T R C C F P K E I E A J I R K
Y L V O N N E G U T A S N C C F R L X R
Q H L H D B Y A J K C E R A C R N U L U
G H J E M E K Y Q S R E Z S N V I A S O
J C S O K K E S Z T I W O B E L T X F R
U M B A W H E J J B J K N R S D R C E O
L E O N N R E I S Y L I Y E T H A M L T
S G F H Y Q F I L E L F E K W L M R M Z
R H V R E N D R A L Z I D R A A F J I Y
E I B J T G J I I H O K N A I D S L O S
G D R A Z Z I R G C N R A P N G A F B A
O B L O U N T J R N O Z H Q Y T G M X R
R K F M W K J E R E B R U H T L X T S K
A B H U X U V S Z B D F P X A C S X F D
```

ADAMS	CAPP	MARTIN	THURBER
ALLEN	ESAR	MENCKEN	TRILLIN
BARRY	HANDEY	NASH	TWAIN
BENCHLEY	KAUFMAN	O'ROURKE	VONNEGUT
BIERCE	KEILLOR	PARKER	WODEHOUSE
BLOUNT JR.	KELLY	ROGERS	Hint: the mystery
BOMBECK	LARDNER	SEDARIS	word has 8 letters.
BUCHWALD	LEBOWITZ	SHRINER	

Puzzle #15—English Class

```
Q U M K Q K Q Y G A N O R U F O H P L L
U D G Z K A G U R C O M P O S I T I O N
R E A D I N G P A F A S M E G B R H C V
V J I Q K B O G D Q Y S C L A S S I C S
U V M Y U P N E E V A A S K S E D S E C
F G K B Q V B H S N S J Y I E M T Y T F
M T A U Z A Z A L Y S A R R G U P Y H N
R B I K T G Y S N R E H R Y D N T O W V
D Z E E J Y T O A A O A R E O I M L Z O
R C X I Y N E Q G M M A N I V E H E B S
A R J P E E D N S M L T S I W T M S N D
O C U M Y X I R A U S S T O G D S L S T
B A M V L L B R B S U A R W N N I E L M
K O R H L Z G A B C E K V K I P C V I T
C A E E P T C G S R V W B D N V I O C Z
A A P L H O T I C X B J H F R X T N N O
L S A A V C D S I S Y L A N A Z I B E E
B Y N S D H A N D O U T P O E T R Y P X
S T Q T C W S E R H I X W F L S C H W A
V T X H S H O R T S T O R I E S Y E I M
```

ANALYSIS

ASSIGNMENT

BLACKBOARD

COMMENTS

COMPOSITION

CREATIVITY

CRITICISM

DEBATE

DESKS

DISCUSSION

ESSAY

EXAM

GRADES

GRAMMAR

HANDOUT

HOMEWORK

LEARNING

NOVELS

PENCILS

PLAYS

POETRY

POP QUIZ

READING

SHORT STORIES

SPELLING

STUDENTS

SUMMARY

TEACHER

VOCABULARY

Hint: the mystery
word has 8 letters.

8 Holidays

Puzzle #1—Holidays

```
B J M G U Y F A W K E S D A Y T R H F A
Y A D S N A R E T E V K Q W D N J K P N
W A O F Y D G J A S H W E D N E S D A Y
F I N T A S L A Y Q D A E A R T H D A Y
K E T H A L N G R O U N D H O G D A Y G
G N E E W O L L A H Y Z F L A G D A Y D
P P L A B O R D A Y S A M T S I R H C H
B A H C T F U D R A M A D A N K E A H K
Y D U M A L M A F R U P P I K M O Y L H
F A J V Z I D D N S I I M H P D I A X T
Y A D H T R I B S R J G N I K L M D U F
Y X Y G K P N E W Y E A R S D A Y L I A
V F I B N A Z X W V Y A D R O B R A H T
B T J L F I M O T H E R S D A Y E I A H
F O B Q S C X W P A S S O V E R A R N E
B P Y L U J F O H T R U O F P B S O U R
W X U C O L U M B U S D A Y K T T M K S
V J D R H A N A H S A H H S O R E E K D
P R E S I D E N T S D A Y W B B R M A A
I J A D B M T H A N K S G I V I N G H Y
```

APRIL FOOLS' DAY	FATHER'S DAY	KWANZAA	RAMADAN
ARBOR DAY	FLAG DAY	MEMORIAL DAY	ROSH HASHANAH
ASH WEDNESDAY	FOURTH OF JULY	MOTHER'S DAY	THANKSGIVING
BOXING DAY	GROUNDHOG DAY	NEW YEAR'S DAY	VETERANS DAY
CHRISTMAS	GUY FAWKES DAY	PASSOVER	YOM KIPPUR
COLUMBUS DAY	HALLOWEEN	PI DAY	Hint: the mystery
EARTH DAY	HANUKKAH	PRESIDENT'S DAY	word has 8 letters.
EASTER	KING JR'S BIRTHDAY	PURIM	

Puzzle #2—Halloween Costumes

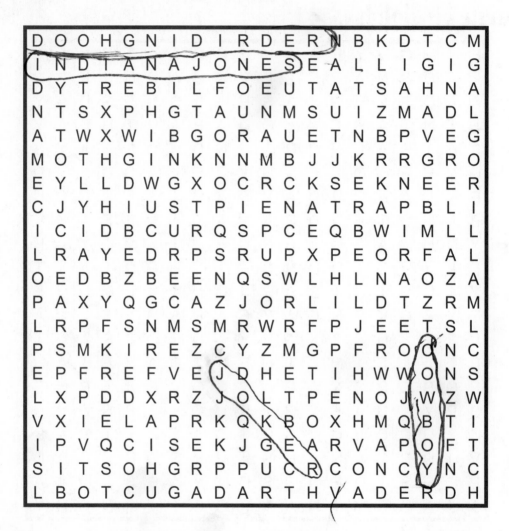

```
D O O H G N I D I R D E R N B K D T C M
I N D I A N A J O N E S E A L L I G I G
D Y T R E B I L F O E U T A T S A H N A
N T S X P H G T A U N M S U I Z M A D L
A T W X W I B G O R A U E T N B P V E G
M O T H G I N K N N M B J J K R R G R O
E Y L L D W G X O C R C K S E K N E E R
C J Y H I U S T P I E N A T R A P B L I
I C I D B C U R Q S P C E Q B W I M L L
L R A Y E D R P S R U P X P E O R F A L
O E D B Z B E E N Q S W L H L N A O Z A
P A X Y Q G C A Z J O R L I L D T Z R M
L R P F S N M S M R W R F P J E E T S L
P S M K I R E Z C Y Z M G P F R O C N C
E P F R E F V E J D H E T I H W W O N S
L X P D D X R Z J O L T P E N O J W Z W
V X I E L A P R K Q K B O X H M Q B T I
I P V Q C I S E K J G E A R V A P O F T
S I T S O H G R P P U C R C O N C Y N C
L B O T C U G A D A R T H V A D E R D H
```

ANGEL	GORILLA	PIRATE	STATUE OF
BATMAN	HIPPIE	POLICEMAN	LIBERTY
CINDERELLA	INDIANA JONES	PRINCESS	SUPERMAN
COWBOY	JESTER	RED RIDING	TINKERBELL
DARTH VADER	JOKER	HOOD	WITCH
DEVIL	KNIGHT	SCARECROW	WONDER
DOROTHY	LADYBUG	SNOW WHITE	WOMAN
ELVIS	MAID	SPIDERMAN	
GHOST			

Hint: the mystery word has 8 letters.

Puzzle #3—Holiday Food

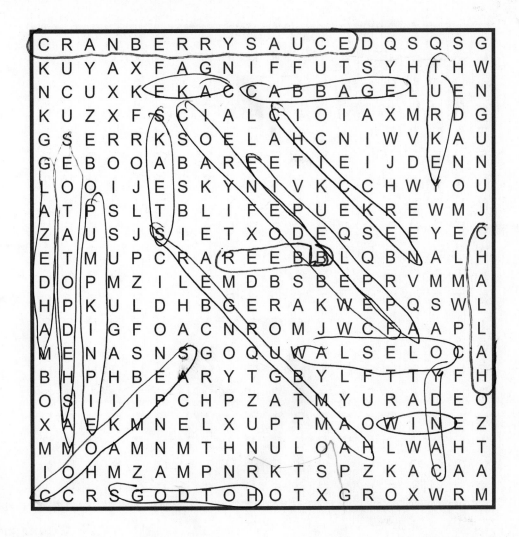

```
C R A N B E R R Y S A U C E D Q S Q S G
K U Y A X F A G N I F F U T S Y H T H W
N C U X K E K A C C A B B A G E L U E N
K U Z X F S C I A L C I O I A X M R D G
G S E R R K S O E L A H C N I W V K A U
G E B O O A B A R E E T I E I J D E N N
L O O I J E S K Y N I V K C C H W Y O U
A T P S L T B L I F E P U E K R E W M J
Z A U S J S I E T X O D E Q S E E Y E C
E T M U P C R A R E E B B L Q B N A L H
D O P M Z I L E M D B S B E P R V M M A
H P K U L D H B G E R A K W E P Q S W L
A D I G F O A C N R O M J W C F A A P L
M E N A S N S G O Q U W A L S E L O C A
B H P H B E A R Y T G B Y L F T T Y F H
O S I I I P C H P Z A T M Y U R A D E O
X A E K M N E L X U P T M A O W I N E Z
M M O A M N M T H N U L O A H L W A H T
I O H M Z A M P N R K T S P Z K A C A A
C C R S G O D T O H O T X G R O X W R M
```

APPLE PIE	COLESLAW	ICE CREAM	PUMPKIN PIE
BEER	COOKIES	LATKES	RIBS
CABBAGE	CORNED BEEF	LEMONADE	STEAKS
CAKE	CRANBERRY	MASHED	TURKEY
CANDY	SAUCE	POTATOES	WINE
CHALLAH	GLAZED HAM	MATZOH	YAMS
CHAMPAGNE	HAMBURGERS	POTATO CHIPS	Hint: the mystery
CHICKEN	HOT DOGS	POT ROAST	word has 8 letters.

Puzzle #4—National ___ Month

```
R B V F S P E T W E L L N E S S M W S S
N O T O I L E T T A N K R E P A I R T Y
N U S S E N E R A W A E N I E F F A C G
S R H R Y D O O F L U O S R N P M K N O
R B Q P P N P I O H P H C E V P F I K L
E O F C W I R V B E A E D L C F T C V O
K N G W A G A F D R C R S O F I A C M T
R H D W E T Y N E I A X L Y R J S E S E
O E D C R S F A O G F L V W E C N E P M
W R K I E P S I Z O E B L L I T V G I S
L I P O E T R Y S C C E P N O R R B N O
A T T O O K V T T H V P C R A B V S A C
I A I R P B E I W O A I I H L T N P C S
C G Y O M R N K N F P N C V V H Y J H J
O E R I C G O I M A G I H T A H J H L H
S K Y A I D K S E V N Y J O F Y H I O C
M X R M Q K N E R A R H W L B O O J V P
I E B D R E D B G G W Y X M E B J B E B
L G O O D C A R K E E P I N G T Y V R X
E R I A F K O O B F I B E R F O C U S I
```

APPLEJACK

ARTS AND
  HUMANITIES

BOOK FAIR

BOURBON
  HERITAGE

CAFFEINE
  AWARENESS

CATFISH

COSMETOLOGY

FIBER FOCUS

FOSTER CARE

GARDEN

GOOD CAR
  KEEPING

HISPANIC
  HERITAGE

HOBBY

MENTORING

NOVEL WRITING

ORGANIC
  HARVEST

PET WELLNESS

PIANO

PICNIC

POETRY

PORK

PROSTATE HEALTH

SHARE A STORY

SMILE

SOCIAL WORKERS

SOUL FOOD

SPINACH LOVERS

STAMP
  COLLECTING

TOILET TANK
  REPAIR

Hint: the mystery
word has 8 letters.

Puzzle #5—On Vacation

```
R E L A X A T I O N V Q I U J I M L K S
Y T J Z D R T H J D N A S L M W T H G D
V L L O O P V X J U U G Y O C E R S A N
X I E S U N B A T H I N G B U B A I K E
Y A Z T X D A I R P L A N E H E V G S I
T L D T O G N E N U W V P N A A E H N R
Q Y I F N H R A B J J H U K W C L T O F
E V L M E E Y A L B R Q N F A H P S W F
L O C W A R M V F S I W Q G I W R E B D
G O E R U F A N C B I R E F I X T E O N
Q J C C U G X Z I H C T A C O E P I A E
J Q M W N I C K X A A C R C G O E N R G
R R Y I A O S A F W T L L G R N C G D X
C E N T H H V E A I Q R E U U A C A I G
N I A C W F S Y R B I K E T H I K I N G
D K A D P N S J Q E F I L T H G I N G A
Q I S W I M M I N G H S P I N X I P Z B
T J Q K G N I I K S R T R O S E R Q L E
Y U M X B J G N I R U O T A H Y L Y X T
D I S N E Y W O R L D Q K Y Y P N S P S
```

AIRPLANE	ENTERTAINMENT	HOTEL	SKIING
BEACH	EUROPE	ISLAND	SNOWBOARDING
CAFES	FAMILY	NIGHTLIFE	SUNBATHING
CARIBBEAN	FRIENDS	POOL	TOURING
CHALET	GETAWAY	READING	TRAVEL
CRUISE	GOLF	RELAXATION	Hint: the mystery
DINING	HAWAII	RESORT	word has 8 letters.
DISNEY WORLD	HIKING	SIGHTSEEING	

Puzzle #6—Christmas Carols

```
W C Y X D W E E H T O T L I A H L L A A
A R E G N A M A N I Y A W A M S U S S X
T A Y V D L D E X E K E W Y X Q H L L V
I S F E O L A I W S I L V E R B E L L S
G S E T K T R S V Q N V H P M U P A E T
T B F L C N H O T A I Y Y D L Y M H B H
E H O L E D O E W C N W O D H B T E E E
N D G O T D S D S E H Z T U W Y Y H H F
U Y I I V C I O E E H R I H L Z K T T I
R J B R N J J F T L R T I L I N F K F R
H I P A H Y Y Z E A T V O S E N O C O S
P N F I B G L H G T N T A T T F Q E L T
L G X U G A I O N X S N I N Y M E D O N
O L Z J L J T E H G G E E L T O A M R O
D E H O O V P N L O A S D N C K J S A E
U B O T D F T L A S U L G A B R I A C L
R E Z S K J P W N S D R P G A A D N Z K
N L I S A W T H R E E S H I P S U V G S
U L J E F R O S T Y T H E S N O W M A N
R S N U L P W S I L E N T N I G H T U R
```

ADESTE FIDELES
ALL HAIL TO THEE
AWAY IN A MANGER
CAROL OF THE
  BELLS
DO YOU HEAR
  WHAT I HEAR?
DECK THE HALLS
FELIZ NAVIDAD
FROSTY THE
  SNOWMAN

GAUDETE
GOOD KING
  WENCESLAS
I PRAY ON
  CHRISTMAS
I SAW THREE SHIPS
JINGLE BELLS
JOY TO THE
  WORLD
LAST CHRISTMAS
LITTLE DONKEY

MARY, DID YOU
  KNOW?
O HOLY NIGHT
O TANNENBAUM
RUN RUDOLPH
  RUN
SILENT NIGHT
SILVER BELLS
SLEIGH RIDE
THE FIRST NOEL

THE HAPPY ELF
THE LITTLE
  DRUMMER BOY
THE SERVANT KING
UP ON THE HOUSE
  TOP
WHAT CHILD IS
  THIS
Hint: the mystery word
has 9 letters.

Puzzle #7—Easter Egg Hiding Places

```
W W S O L S R N B U V R T V H Q Z W V M
W O F U D L F R E K O S Y B E N C H R P
Y P O L J M W T H D C F X O C H E B M I
R B G D O R U P H A R F L E H S Z S S L
S I Y Q S E U C E B R A B D Z U H E T L
I R Z Z P T T E L U L V G U F B U N E O
P D Y K Q T F X S A P W F Y M P J I D W
Y H Z T W U G I E A X C O Q O P T V J N
E O P C E G A B Z T O I A B Q T E H X W
J U K L J N A J R S B S O A R O K R W D
R S A O A T I E H J L D N T E K N A L B
E E J N F N E B L F I U I R Y P Q Q P F
W J F I L G T J A R A N Y R U Q L F U W
A C O A Y Q R Y G C M J F C T T R Y K T
R M G I E Q I G R A S S A U K V P F J D
D E B A S B A A L N C E H E F W E A I S
I I U N E I H O P R T F S S A N D B O X
E N R S B M C J O C A I S F C C O U C H
A F H H L F I C Q J R E D E E F D R I B
X Q S L C T K A B W I N D O W S I L L E
```

BENCH	CHAIR	MAILBOX	TEACUP
BIRD FEEDER	COUCH	NEST	TREE
BIRDHOUSE	DIRT	PILLOW	VINES
BLANKET	DRAWER	PLANT	WINDOWSILL
BOWL	FENCE	ROCK	WOODS
BUMPER	GARDEN	SANDBOX	Hint: the mystery
BUSH	GRASS	SHELF	word has 8 letters.
CABINET	GUTTER	SHRUB	

Puzzle #8—Valentine's Day

```
M Z W M P O N E T Y U C C G E R D Q J M
E E D L G K F S C S K R J L G F A V R J
V A S L Q I V S W M T Y Z O C A R I N G
O I Q T W S G U H E F R H S G X L T V F
L D R E L D D U C F E X A E J L I W J D
K B V Y I F E S R F T T C E N O N W N M
W V P N P M X O E M B N I A H I G E G R
C Q N K B I U C Q L A S N E I S I I H A
J E D R T C H S A M O Z H C Y R F O Y E
R U A W X S A S O S B G I D F T L A V B
T C N Q E Y R R N B E U K Y S D U E K Y
E E E S W E S S D O H T O P I C N I C D
B Z S M C N G N H S I B A N E E K U P D
X I J N U O B O S H L T G L G T P Q K E
K Q Q G S H A F U E O H A N O I M U B T
D Q G E S H B K R C A E I L D C B O E X
L L S C I U E H C N L O Y W E R O W A C
E O L Y T A Q G D P O E R H Y R V H U U
R O C C R S N S S W D H U S B A N D C J
S G I R L F R I E N D U S I Q B F Z O A
```

BEAU	CUPID	HONEY	SNUGGLE
BOYFRIEND	DARLING	HUGS	SWEETIE
CARDS	DINNER	HUSBAND	TEDDY BEAR
CARING	EMBRACE	KISSES	WIFE
CHOCOLATES	GIFTS	LOVE	WOOING
COZY	GIRLFRIEND	PICNIC	Hint: the mystery
CRUSH	HEARTS	RELATIONSHIP	word has 7 letters.
CUDDLE	HOLDING HANDS	ROSES	

Puzzle #9—Macy's Thanksgiving Day Parade Balloons

```
T Y X R Y G Y N N U B S G U B K M X U E
Y O X E O C X F D E N J K M H H R E E Y
Q G I R B S G E S U O M Y E K C I M F S
S I D O R H T O G W Y Q A T R Z A O Q R
P B L L R Y J G O F P Q U V J H O K B R
I E E P A J L D R O F F I L C G S Z I A
D A I X E E L L X E R B I G B I R D W P
E R F E B H V K G W O C E H T E I S L E
R Q R E Y S B N W O R B E I L R A H C E
M N A H E U P F E L I X T H E C A T C S
A R G T K N N A Y D E G G A R C S A F X
N W J A O H T O X R E H T N A P K N I P
S T V R M E E X O H B E T T Y B O O P I
U Y K O S V S I X H O U N D E R D O G Q
P I K D I S C O O B Y D O O J H W L T Y
E K K L W M N H E L L O K I T T Y G V L
R C O W O F A O G B I S I A P M X T L V
M A X F T I X G O R F E H T T I M R E K
A J S M H L S V X P B O B E G N O P S Q
N F L U V F M N E A Y R I O S E K P Y S
```

BETTY BOOP
BIG BIRD
BUGS BUNNY
CHARLIE BROWN
CLIFFORD
DORA THE
　EXPLORER
ELSIE THE COW
FELIX THE CAT

GOOFY
HELLO KITTY
HUMPTY
　DUMPTY
KERMIT THE
　FROG
MICKEY MOUSE
NESQUIK BUNNY
OLIVE OYL

PIKACHU
PINK PANTHER
RAGGEDY ANN
RONALD
　MCDONALD
SCOOBY-DOO
SHREK
SMOKEY BEAR
SNOOPY

SNUGGLE BEAR
SPIDER-MAN
SPONGEBOB
SUPERMAN
UNDERDOG
YOGI BEAR
Hint: the mystery
word has 8 letters.

Puzzle #10—Christmas Spirit

```
X S Q T R Q R E G G N O G G B W Q V P G
X N Z X M A B D K B H E O T E L T S I M
I O J K B G Q Q K I C P K W N C G J S I
C I K X B R Q N S S R Q F V O I R L N C
N T B M M R T A T E U H H O N F O G L H
U A R K V Q S O S I H I K G S R G S F I
T R S I Y W C E U J C I E Q A I S V E M
C O V T J K N Z E C E R L C Y E W P U N
R C H Y I T U S X S B V N L M N R W O E
A E E N S M U H M R L C I G V D E Z U Y
C D G M P S I P E N V M G O A S E Y O X
K S L I A S S A W I A A U O C C D V T M
E S A M W M D F S F E Z J S A I N R T C
R W I N O I W E J V F S J E T S I H I T
S L N I T V N S I J B Y E E I D E L N P
K Y J B O A L T Q R I J V B O I R I S Y
T I E L V E S T E O Q A I U N N S G E X
R K W Y I E X R R R P A R T Y N W H L M
P B Y G F D N G E E C F W K O E Z T T W
A J H G O Y W S F D E J Y W L R A S S J
```

CAROLS	FAMILY	MISTLETOE	TINSEL
CHIMNEY	FESTIVE	NUTCRACKER	TREE
CHURCH	FRIENDS	PARTY	VACATION
COOKIES	GINGERBREAD	PRESENTS	WASSAIL
DECORATIONS	GOOSE	SANTA	WINTER
DINNER	JESUS	SLEIGH	Hint: the mystery
EGGNOG	LIGHTS	SNOW	word has 8 letters.
ELVES	MILK	STOCKINGS	

Puzzle #11—Halloween Candy

```
X N T A X A X B E R J S O P K A S K W I
M T P I T C Y L S K H N E L A D G M T I
F G W M B A O O L R I Q A B R Y L O Q Y
J T U E A H K O J F A D S E U E D A P M
S U H M H N J T B D I M N N T J E A K L
X R J E D J D U I R N R I A I B U S Y C
J J E Y R R R M N K S O E T E C O J E I
A O X L F S O T S I U S M B N K K Y Y S
W P M I Z R H P N N O F E L A X I E I X
B R I S T Z U E S T E R B L A L Z M R G
R C D E N S I I Y I G G M A T S L C B S
E S A I X U Y W T S A M H I B T Z S K Z
A T G T F V N X T S R O U X N Y I R Z E
K A C R Z W P S I V T U L P O T R K O J
E R X A U U A P M P U N W R T A S U S N
R B P M Y T N E L P N D O O G Z G Y T N
S U P S A H C N U R C S R V R P K T N H
I R L O H H E N R Y A U F R I I R F X Q
N S I N F H W O M S W E E T T A R T S P
Z T Z V M U G E L B B U B J X K G E G E
```

ALMOND JOY
BUBBLE GUM
CRUNCH
FIREBALLS
GOOD N PLENTY
GUMDROPS
HERSHEY'S
JAWBREAKERS

JUNIOR MINTS
JUJUBES
JUJYFRUITS
KIT KAT
M AND MS
MARS
MIKE AND IKE
MOUNDS

NERDS
NUTRAGEOUS
OH HENRY!
PAYDAY
PIXY STIX
REESE'S
SKITTLES
SMARTIES

SNICKERS
STARBURST
SWEETTARTS
TWIX
TWIZZLERS
Hint: the mystery
word has 8 letters.

Puzzle #12—St. Patrick's Day

```
Y S E V E N T E E N T H E Q J R P D E Q
J B C I X B U G O Q H N F A G W V G J U
Y U F T T A S E T I P W A T E R F O R D
R P R I D E T S A F L E B D R M X G R F
L E I Y X S D A U L W K V U R B G I N X
N I E W D W U Y K P S C E B M G N Q J F
U Q F B N H B C N G Y H W L T K E T N E
A E A M A A I B I W E C P I L M E I R E
H L X J L R I J L U L R I N G Y R I Y B
C I M O E L H E A Y I A V V H T N N H D
E T K M R S E V J T A M W P W G N R G E
R Y I Z I E E J T C B N Y B O E G J R N
P L H R S D I N R G S P W B K Q Z U M R
E K I T D A N N Y B O Y R L Z J T G J O
L Z O E M R E B Z F C A I U C L Q J Y C
V U A X G A K M Y N G K Y U U F S A P L
T X R Q J P S X G H E Y B C R K W Y I O
G U I N N E S S Z S O E X L F L R B T V
C A B B A G E H C K C O R M A H S O Y E
Q E X P Y P E R E V I R O G A C I H C R
```

BAILEY'S	CULTURE	IRISH JIG	PUBS
BEER	DRINK	KELLY	SEVENTEENTH
BELFAST	DUBLIN	KILKENNY	SHAMROCK
CABBAGE	ERIN GO BRAGH	LEPRECHAUN	STOUT
CHICAGO RIVER	GALWAY	LIMERICK	WATERFORD
CLOVER	GREEN	MARCH	Hint: the mystery
CORK	GUINNESS	PARADE	word has 8 letters.
CORNED BEEF	IRELAND	PRIDE	

Puzzle #13—Independence Day

```
H Y I E B E Z Y Q G Q D H T F O V N O E
C B U Y Z Q T K U A U B A T O C R T T A
Q D A C I R E M A L L V A D R S U U N O
N I G P A B B C V F T E R M U U L U C E
H B E P E J H A Y G I L H N R A O O J J
N D A A Q S O L D I E R S U S R O F O B
P O C R W E W V I K S H D N O K X Q U Z
A H I O B W G I Z F I R E W O R K S T C
R I J T Y E O G T N D E V U X A G G D E
A Z W I A Z C W E T O J T D P M H I O C
D J L S H R A U O R K P T B B G A W O N
E O Z V L R B B E K S T E A K S M R R E
P C V D M A S E L C N U F E M M B Z S D
E D I R P M R G L S M J R C H E U Y F N
B A S E B A L L K E G R E F I P R T Y E
P A T R I O T I S M C O E L L V G R L P
V E T E R A N S A F I B D M J G E E U E
E P J L Y R T N U O C Q O T M T R B J D
E U F O X W Z R D A Q S M X O U S I J N
M D M J Y R A S R E V I N N A H S L B I
```

AMERICA	FIREWORKS	LIBERTY	STEAKS
ANNIVERSARY	FLAG	OUTDOORS	SUMMER
BARBECUE	FOURTH	PARADE	SUNSHINE
BASEBALL	FREEDOM	PARTY	VETERANS
BEACH	HAMBURGERS	PATRIOTISM	WARM
CELEBRATION	HOT DOGS	PRIDE	Hint: the mystery
COOKOUT	INDEPENDENCE	SALUTE	word has 8 letters.
COUNTRY	JULY	SOLDIERS	

Puzzle #14—"Auld Lang Syne" Words

```
E N I K L D V B M C X P Z P Y K H V D P
Z G U I D W I L L I E W A U G H T N B A
B R Q Q Z V R I S V A P N O Q E A D U I
R N D W Z W O E J S W A H T L H N O R D
Y T S U R T R Q V U V W W S N E H I N L
S X Y Z S V K M T E O S L T C N Y M D D
M K L V N R Q N Y Q N M O N U I K P D A
R M E N A H O B J V E Z E I J M Y Q L I
J F R P W K I N D N E S S P R C A B U R
X Y U M O W G T J R I G H T D B U J O T
L R S H G J W T N X Y G M S D G O G H K
W A N D E R D P F Q T F O P G W I G S R
I E N Z W D F O R G O T R Q N Y U M Y H
S W S G L D H F Y X J C N P S O T S N P
A C Q U A I N T A N C E I I R A F Y O S
S R A V Q A Z R P M F C N B T I Z N M P
N D O B D T R O V I D J G H W S U E G C
G R B R A E S A E N Y U I V V Z E I I D
D O P C Q F O R X D F N P P V W J A Z C
V N P Q P L E D T A E T M J D J E V S C
```

ACQUAINTANCE
AULD
BRAES
BROUGHT
BURN
DINE
FIERE
FORGOT

GOWANS
GUID-WILLIE-
　WAUGHT
HAND
LANG
MIND
MINE
MONY

MORNING
NEVER
PAIDL'D
PINT-STOUP
RIGHT
ROAR'D
SEAS
SHOULD

SURELY
SYNE
THINE
TRUSTY
WANDER'D
WEARY

Hint: the mystery
word has 8 letters.

Puzzle #15—Giving Thanks

```
G A S I B L I N G S U K F F R I E N D S
T O G E T H E R N E S S W H L N K Y V O
K E Y Z J D P L C N L R Q J D I L D W G
V C X N E H E I Z N F Z R D N V A H B S
V E U P E F G Z H R W I J D A J U S E Q
E V M L E Y E R I S V A N Z N M G M J O
Q O P B Y R L C P C N E K O Z A H Z A L
G L E F A M I L Y G S O I J V Z T A D Y
Z C T Q S I V E M S T T I S J C E N R C
A X S A E O I Y N X A U Y N K Q R Q J H
E U S U I U R J F C I G R S A P W W K H
S S P L H W P R U P E T H E S P P P A Y
K N H L I E E D L I R W I S G E M H P T
S N O S E E E H V O R K T U M C O O D I
J T D S D A E H F S E I R O M E M Y C L
T O N O S A S M C E E T H P J K O W G I
M W M E L E O U F W R M R S T U Z C C B
E X R T R C L I R R A H V R T F O O D A
Y C H X E A L A Z E C Z C H I L D R E N
S S E N I P P A H Y G G P F A C C H O T
```

ABILITY	FOOD	LIFE	SIBLINGS
CAREER	FREEDOM	LOVE	SPOUSE
CHILDREN	FRIENDS	LUCK	TOGETHERNESS
COMFORT	HAPPINESS	MEMORIES	WISDOM
COMPANIONSHIP	HEALTH	PARENTS	YOUTH
EDUCATION	HOME	PETS	
EXPERIENCE	KINDNESS	PLEASURE	Hint: the mystery
FAMILY	LESSONS	PRIVILEGE	word has 8 letters.

Puzzle #1—Whales and Sharks

```
T D F D L B V N A V F Q U Q U J A V K U
M T T K H J Y F R T A K A W J C S K Q N
X Y L K C I R P U I G U L P E R Y J Z H
Z P C L H F E L H N U R S E C P N X T K
Y R Q S O R R B U L L H E A D Y P B Y I
V W T R B W E M M C E L S E T Y F V M T
I A J Y I E T C P G B X A L M E D W G E
U A A J G T T C B F J T L B J Z K F Y F
A R P E E I U Y A K T W P M S C N C P I
G T I O Y H C E C Y T Z D A G P H M O N
A P K S E W E S K T H G I R C W E D D P
A N G T D T I O Y K G K K B Z Y K R T B
Z L G G E A K N B T I B I I H E M O M O
T L J E L E O P W O L O O B M A B N M W
G H D F L R O R M B L B B X M Z H R T H
H J I G I G C A S R I L G U I I H J A E
V H P G R Q G H L Y A U N Q S U N T G A
S B F W F P S D D T E R V B E A K E D
B L U N T N O S E N A R W H A L W E G
Q B O T T L E N O S E O U S F Q P D Y T
```

ANGEL	BOWHEAD	GULPER	RIGHT
BAMBOO	BRAMBLE	KITEFIN	SHARPNOSE
BEAKED	BRYDE'S	MINKE	SPERM
BELUGA	BULLHEAD	NARWHAL	TAILLIGHT
BIGEYED	COOKIECUTTER	NURSE	ZEBRA
BLUE	FRILLED	POCKET	Hint: the mystery
BLUNTNOSE	GRAY	PRICKLY	word has 8 letters.
BOTTLENOSE	GREAT WHITE	PYGMY	

Puzzle #2—Seas

```
N X O A X R R U K D K T I R I S H H U Q
F U X S E C B A Z H N H W D G U T N C M
X Y U R I G R O H F T A D C G R L D A Z
Z D L T D A E Q T U T H L J O O U R Y G
F Y L Z B V Q A X S H J N C O M H N N
S A E I N A T L N Y N X R N E A M I A O
B K A O U K O R N S A I I A R E R C A R
V N N R C R L A Q F Y L A A C E R K N W
E I Z A D R I A T I C P E N B I U G I E
N U L O E R L I R O D A R B A L A X H G
I B W C U B M I H E Z H R K X C N N C I
T U B G O O B Z X V O S S A G R A S H A
N M I O R H K I X L H Y Q Y R C I G T N
E L V E L Y R H R R C P L T I H N S U W
G U P R A O E F P A J A H T V N E T O W
R D N A R O B L A B C W L R A N H N S B
A A D W O Z R E L J U E H I J Y R E H R
W V J S C O V F D O C M N I S V R R A J
N M G O X G Z B B Y W O X H T T Y A R J
H N A E N A R R E T I D E M J E T B X F
```

AEGEAN	BOTHNIAN	LIGURIAN	SOUTH CHINA
ALBORAN	CARIBBEAN	LINCOLN	THRACIAN
ARABIAN	CELTIC	MARMARA	TIMOR
ARGENTINE	CORAL	MEDITERRA-	TYRRHENIAN
BALTIC	GREENLAND	NEAN	WHITE
BARENTS	IONIAN	NORTH	YELLOW
BERING	IRISH	NORWEGIAN	Hint: the mystery
BLACK	LABRADOR	SARGASSO	word has 8 letters.

Puzzle #3—Rivers

```
C J K D T I G R I S I E G L P H W G G G
J R X U S V O L G A M M A Q V L C B E A
O R E G I N Z R M R A R E Y U K O N M Q
Y H B C J N M U I B U O E K N Z T I W M
E N I E S B D I Z N O D A R O L O C R I
C D I O B A R U S W O L L E Y N E O H E
A R J A R S Z A S S K C L B O K G N I R
R W T Y G O S K H A I Q O X B A I G N E
E K A O P M S U S M P S A H Q W I O E H
P Z G A N G E S A K A K S K A V N O U D
E E L M D F M N M Y K P L I Z E B M A Z
I I I I D H P T A I J O U S P Q A B K I
N W L N R V O U Z H W S E T V P L E N A
D P I S K Y N U O A R W E Z R S I F E X
B O R K Q F R Y N M P B Y M T A Z Y N R
A J Q R O W D I N W U H J T A G H F O N
O W G J A X L Y S N N R Q E P H N Z H A
P B S S X E I T A C S V E W N X T A R E
R I O G R A N D E S E T A R H P U E Y G
L H Z E W G Y L P H A F T M P V P O Z K
```

AMAZON
AMU DARYA
BRAHMAPUTRA
CONGO
DANUBE
DNIEPER
EUPHRATES
GANGES

INDUS
LENA
LOIRE
MEKONG
MISSISSIPPI
NIGER
NILE
OHIO

ORINOCO
RHINE
RHONE
RIO GRANDE
SEINE
THAMES
TIGRIS
URAL

VOLGA
YANGTZE
YELLOW
YUKON
ZAMBEZI
Hint: the mystery
word has 8 letters.

Puzzle #4—Lakes

```
G L V O S T O K D M Z Y E H C A H X H M
M Y Z M Z L R O P N I A L P M A H C T G
S C F S I U G M W R F O G K H P S A Y G
G M C N J R R H U R O N L E H S N P B O
Y A A L G X E D Y G Y A S B N G A M A N
A N S Y C F A S R A D G T V A E P U I S
R I P V K C T O S O S U T N I F V N K Y
D T I L N N S A G A O L Y A G T I A A V
W O A F O Y A A M B N I E G A V C R L M
G B N V B L L Q Q T K W I E G I T O G A
G A F Q L L T K X A O D I N S J O I G R
L E Z D F O K P A R A L Y O U N R R R A
K E P D A H I M U T L W V T L Q I E V C
L Y A I J F Q R G J J A Z I N E A P T A
K R L A N C I W A L A M F T Y P Y U D I
K E B E I N K Q R T V Y A I P C Y S K B
U E E P Q M I S A M N H J C X S M M L O
Z C R A T E R W C E O O N A G I H C I M
S B T I K Z J U I E S W B C Z R W V X V
X F I D E R Q J N L Q Q O A K Q P Y I L
```

ALBERT	GENEVA	MICHIGAN	TITICACA
ARAL	GREAT SALT	NASSER	URMIA
BAIKAL	HURON	NICARAGUA	VICTORIA
CASPIAN	LADOGA	NYASA	VOSTOK
CHAMPLAIN	LUGANO	ONEGA	WINNIPEG
CRATER	MALAWI	ONTARIO	
ERIE	MANITOBA	TAHOE	
EYRE	MARACAIBO	TANGANYIKA	

Hint: the mystery word has 8 letters.

Puzzle #5—Water Words

```
H U D F H E H N G A Q B E S K R Y P D I
O F C I N H W D N G N I Y A R P S T M F
L C H A N Y B B I V S P R I N K L I N G
O L V Z N B N T H G B R D L B M J J V J
P E I G X O B C T A L O M I M Y M Y R Z
O A K N Z H E B A Z M W F N D Y L A K E
C N W I F G N I B U T I A G N H R C I Q
R I V S L R S O N I G N I R E W O H S G
A N S U O U I L D G Z G O N K M O T N M
M G V O A V H O I D R I N K I N G I A B
S P N D T O L P S G R U Y I N H H N D O
F O R D I N G R S T N H G F D S Z G I A
P S A Z N W H E O W B I J C A A P B L T
D R W V G K E T L A O Q D L R O W L U I
L A X I H T A A V S G K P I A X F X T N
W C H M M Y Q W I H W S H T L X L Y I G
D I G P U M Z G N I K A Y A K S O O N W
P N D R E D I N G N S K I I N G Z W G S
U G R I N S I N G G X E Y D I V I N G C
S Q U I R T I N G V I C Y N A Z O A I H
```

BATHING	FLOATING	SHOWERING	TUBING
BOATING	FORDING	SKIING	WADING
CLEANING	KAYAKING	SLIDING	WASHING
DILUTING	MARCO POLO	SPLASHING	WATER POLO
DISSOLVING	RACING	SPRAYING	YACHTING
DOUSING	RINSING	SPRINKLING	Hint: the mystery word has 8 letters.
DRINKING	ROWING	SQUIRTING	
DIVING	SAILING	SWIMMING	

Puzzle #6—Words Before or After "Water"

```
A U X M W B Z E Z O X I X F V P H B P J
A N T S A H P P W H I T E U P R H G B D
R E L O O C N I S A C C O M X U Z D O J
D G T X O N R F D G W I P Z G Z S W T C
A C O L D L R E W O T I R A S P N P O C
E A B U F F A L O F O U N T A I N I I T
R P R E S S U R E B L I E X J M K S L O
T I P G W K I O X E O R H B T A L T E L
X R K B H W Z S A E P C B O Q N G O T M
L A R E N I M E H W T S Z T O N M L K M
B D Y D Z U U X I O Y A E T I K K O K R
B G S P S D R I N K I N G L R A Y D H A
U A Z I X C Y T W F Q V K E T R J R U L
E R C T S R L E H S E R J D S Z G W U O
I A I I N S D H T W A N M R D N E N E I
H O L Y C S A U W P D L O H I H F R V M
J A V N Y K B L S M O P D N R R L A F G
H D R A H R A L G X A A N E Y E C M K X
C Z R E L O W X J V I U M P I F L O W E
U G U E F W I V A L R J W K W U D H L O
```

BOTTLED	GLASS	PISTOL	TOWER
BUFFALO	HARD	POLO	TREAD
COLD	HOLD	PRESSURE	VAPOR
COOLER	HOLY	ROSE	WHITE
DOWN	JERK	RUNNING	WORKS
DRINKING	MINERAL	SELTZER	Hint: the mystery
FLOW	MOCCASIN	SPARKLING	word has 8 letters.
GATE	MUSIC	TOILET	

Puzzle #7—Vessels

```
M R F U A M O T O R B O A T Y S D H O W
A A R S W I A P E T Q P A V A I D B H F
D P R F F I R N O U F V O M W I N D B S
K A Y A K M I C T E C A P P L R B J C M
Y Q S S N R M A R C J A R V I B N H E T
E H T A A C O R R A N H Y G D S O G A Y
B E G M I B I U F T F H Y D R O F O I L
J S B N G L I S E I D T J O N N B E C D
W U A U I S B K E T C H C E U R Q U R M
S A T E E D G O X D N X R A E T H C A Y
D C T R P R G B A A O V F V R L P Z D R
O K L E T H C S R T O T I E Y R O D C E
X G E K R S Y A J A T R X A L N I U A Y
O M S L P T M D J O N Q K B T Q T E R O
W R H L Z A A I D B O C T G N T K W R R
X A I K T E U X J E P Q R Y E Z H R D T
E E P A M U B V I F H J T R A W L E R S
C B C W D Y H G N I G W P U K H T C C E
V N C J R E P P I L C Y R R E F Z L U D
V P Q T Z F T Y K J R G C V C C A N O E
```

AIRCRAFT
   CARRIER
BATTLESHIP
CANOE
CATAMARAN
CLIPPER
CRUISER
CUTTER

DESTROYER
DHOW
DINGHY
DORY
FERRY
HYDROFOIL
JET SKI
KAYAK

KETCH
LIFEBOAT
MOTORBOAT
PONTOON
RAFT
RIVERBOAT
SAILBOAT
SAMPAN

SUBMARINE
TRAWLER
TUGBOAT
WATER TAXI
YACHT
YAWL

Hint: the mystery
word has 8 letters.

Puzzle #8—Famous Ships

```
Y S A N T A M A R I A E T V C O J U E T
Z D I S C O V E R Y E W O O J L J P Q E
I E K O N T I K I P M A Y F L O W E R A
H X H I X H W W S C V D Y R O T C I V T
A X T J O F P L F I L M Y I F V U W M
T O Q M B T A N D R E A G A I L G C F L
R N A E I R X Z I B E R H P O Y O O X U
M V Z D G S T O P L F E N P C I L N X S
K A P G X I S H V I X G C O J N D S O I
U L W X M B C O P V N Z I M C G E T U T
M D C I Z L M E U C O T N A U C N I N A
A E N C N T Q A A R Z I A T T L H T J N
R Z J E K U R M I X I F T T T O I U N I
Y X I Q O I I I P N V D I O Y U N T A A
D V R D Z R L K P T E N T X S D D I U N
E H A O R Y W L Z T Y U H J A Z J O T J
A M N E L N Y M C V O M Q K R S Y N I Z
R A M E L G A E B M X D L K K S N O L L
E G L C F A U U E N T E R P R I S E U G
Q U E E N E L I Z A B E T H C N L B S M
```

ANDREA GAIL	ENTERPRISE	MARY DEARE	PINTA
APPOMATTOX	EXXON VALDEZ	MAYFLOWER	QUEEN
ARIZONA	FLYING CLOUD	MISSOURI	ELIZABETH
BEAGLE	GOLDEN HIND	MONITOR	SANTA MARIA
CONSTITUTION	GRAF SPEE	NAUTILUS	TITANIC
CUTTY SARK	KON-TIKI	NIMITZ	VICTORY
DISCOVERY	LUSITANIA	NINA	
EDMUND	MAINE	PEQUOD	
FITZGERALD			

Hint: the mystery word has 8 letters.

Puzzle #9—Sailing Terms

```
M L T U J F G A N A W D C A P D A L D P
D O R E E F I N G O X C N B H A G W J T
O G O T R E D D U R X Z E A Z X A L X Z
G C E V E N K E E L U M Z F Z B L J B P
W V B G Z J W T L P V Z Z T E W L E S E
A R I O D F B D O C U H I P N X E M K O
T F L R Y A R D A R M O M W I Q Y A M M
C C G N M A E E N I J L O L T H W M T S
H C E A Y L Q M F G M D O M H Z T A L T
X B F L K H V G E C N Z T I H T R E A A
D T A C J P D V Y E W L S S A V O B S R
F H A C K R A E T A C I L S A D P A D B
A T Q A A E S T Z L L K T S Y M W A L O
S K Z W H O A L Z J G E J Y R E P X O A
M P E S K B D U N H R N B C I S T O F R
A E M N B P L P X N U T I G G Z B Y T D
L H O M N N W Y G D A G H K O X F S C I
C T L I V P A A Y K C O L B A K C O H C
S O K W I N D L A S S P A N K E R F U X
J I G G E R L L A B M I G D Z R F P D H
```

ABAFT	DOG WATCH	OLD SALT	TOPMAST
ABEAM	GALLEY	PORT	WAKE
ASTERN	GIMBALL	REEFING	WINDLASS
AWEIGH	HALYARD	RUDDER	YARDARM
BATTEN DOWN	JIGGER	SHEAVE	ZENITH
BELAY	KNOTS	SPANKER	Hint: the mystery
BILGE	LEEWARD	STARBOARD	word has 8 letters.
CHOCKABLOCK	MIZZEN	TACKLE	

Puzzle #10—Planets and Moons

```
V S U E T O R P R I L P W X E C C Z U P
Q Q J A Z P U I P A K E S E N I X Q O X
D A E S N O I R E P Y H U P C T H F Q M
B H W R E B X Q F E D U N N E R M G I I
R B L A R E A N D T J V E E L I I V U R
E Z E M E R M R W U J L V P A T M O R A
A I A F I O U E P S D E K T D O A E A N
H U G O D N Q I R U Y I S U U N S A N D
G Q S L P X T I D C I R V N S L U R U A
A H A G U E Q S P O U A D E O M M T S H
N Y T V R E O X O Q T R I L J P B H A S
Y B U B P C Y X N B C S Y P H K R C S D
M Y R T E S V D L L O L I O S X I Y Y I
E K N O O Y E O W M D H E L T K E L N W
D V D M Z J U O D R F B P E L L L A P S
E T I Q H S R I I M E E T M J A T J A E
L E Y W Z T O S O Q L H M U R I C X O Z
D R O F V E P B N X Y V F O T W N I Q X
P V E H O T A B E S Z V L O O D L W N S
C R L O M V A E Z A M I A L E N S Y P A
```

ARIEL	IAPETUS	NEREID	TITAN
CALLISTO	JUPITER	OBERON	TRITON
DEIMOS	MARS	PHOBOS	UMBRIEL
DIONE	MERCURY	PHOEBE	URANUS
EARTH	MIMAS	PROTEUS	VENUS
ENCELADUS	MIRANDA	RHEA	Hint: the mystery
EUROPA	MOON	SATURN	word has 8 letters.
HYPERION	NEPTUNE	TETHYS	

Puzzle #11—Weather

```
T K I H T S W N O I T A T I P I C E R P
O W L Q Q S E W I K R O V E R C A S T R
N M M O F S N A E A W Y F H E F W S G E
E P U C S L G V S A R Z O Q S R U F T D
P B A T O D A N R O T A Q K S U R L Y I
R X O Y D W U R E C N H Y Y U A K A T C
Y R F F T S H J R F J A E V R J Q S I T
M Z L A G G W H U H R R B R E E A H D I
G Z E A I A V W T U N Y H L M C H F I O
U H V H L W K I A R Z V H O E A W L M N
T I L N O Y L N R R I F S R Q I N O U S
H I J N R D A D E I W C O Q M S U O H L
U W S I K U K C P C I F Q M C B L D I E
N H I R B O E H M A Q T U J D S A G W E
D J A Q Y L E I E N P W P I K S H L B T
E Y Q I V C F L T E A N B S U T U L M Y
R C S Z L L F L Y T X P K N N N X U C Y
B K U P V M E T C W A R N I N G E P W D
P P A B L E C H N G K Y N L I F X L C M
J K M Q L B T C P Q M G C Y C L O N E G
```

BALMY	HUMIDITY	RAIN	TORNADO
CLOUDY	HURRICANE	SEASONABLE	WARNING
CYCLONE	LAKE EFFECT	SLEET	WATCH
FLASH FLOOD	LIGHTNING	SNOW	WEATHERMAN
FORECAST	OVERCAST	STORM	WIND CHILL
HAIL	PRECIPITATION	SUNNY	Hint: the mystery
HAZY	PREDICTION	TEMPERATURE	word has 8 letters.
HIGH	PRESSURE	THUNDER	

Puzzle #12—Astrology

```
U J E D A R G O R T E R H E G A R Y S H
T T J R S S E N I P P A H B T O G M T Q
S K I S Y Z Y G Y S E C S I P E O R R S
R E L A T I O N S H I P S M S R A S S U
S J S B E G C M S G Y R M Q M E I B U I
A O I U U U K A A E J O W J H G A V R R
Q B C Z O A Y R C E T S B J N V O J U A
U K A S L H A N K Y A P K S A N E Y A T
A Z N J A M O N N T S E P H G O Q N T T
R T C E I B H E W I C R Z O D I A C M I
I O E K T F V E I L E I T R Y T E B K G
U P R J S A Y L C I N T N O N C Y M W A
S P D A E A S O U B D Y F S Z I M A C S
V O X H L F U V C I A A X C T D T K N U
I S D P E B I I H T N W O O U E R C V R
J I X Z C V F R N A T H R P R R D K T A
M T I N I M E G E P Q Q D E A P M O Q N
D I S X G U Y O V M J X W Q G H J D D U
K O W S Z B O O U O O I P R O C S F Z L
Q N L I B R A Y G C A P R I C O R N O N
```

ARIES	GEMINI	PISCES	SYZYGY
ASCENDANT	HAPPINESS	PREDICTION	TAURUS
CANCER	HOROSCOPE	PROSPERITY	VIRGO
CAPRICORN	HOUSES	RELATIONSHIPS	WATER
CELESTIAL	LIBRA	RETROGRADE	ZODIAC
COMPATIBILITY	LUNAR	SAGITTARIUS	Hint: the mystery
EARTH	MIDHEAVEN	SCORPIO	word has 8 letters.
FIRE	OPPOSITION	SIGNS	

Puzzle #13—Words After "Air"

```
V O R F T Y J I K X X U Z N A D H K T F
L Z K U W V A Z X B W A F V G B E V M F
E M L M R D L E G A F U S V C I S S I K
V K G Q S R H C H L T G T A B K S H T L
A C B P P E L A E L X R R E R Z J P Y O
R G E M A T T R E S S G I J O R D A N C
T E V S S L M L T A O A K A W S U R L E
D W E V R I R G T N E V E C R O F E V K
Q K C C W F G E C J Z B C T H R A G Y A
Y T U B B P G W N O X A Z B I K E T W R
X K E L W A O M G O V S W Y M T C U D B
L B R T R L Q Q O W I I E G E L F Z D X
F O U T F E H R N H W T K M V K I A M K
F J S J Y R C F A Y W Q I S E D C F R L
G R S M L T V G U U V T T D S K R O T E
U S E S J J J F S H H M Z X C N A C I H Z
I D R C S R W P O T A D K M V O M G M K
T I P W X E K D R L I V I X P O C K E T
A R B G X V U T N J L Q T A V D S J V Z
R J V A K E V M A O Y J M A R S H A L U
```

ALERT	FORCE	MAIL	SPEED
BALL	GUITAR	MARSHAL	STRIKE
BRAKE	HOCKEY	MASS	TAXI
CARGO	HORN	POCKET	TRAVEL
CONDITIONER	JORDAN	PRESSURE	VENT
DUCT	KISS	RAGE	Hint: the mystery
FARE	LEAK	RAID	word has 8 letters.
FILTER	LIFT	SIGN	

Puzzle #14—Astronomers

```
R M R J V R G X O Q Y E L B B U H H S V
E K T T I Z R H L R W C E K W L E R O T
I D E O L R P Q I E Y M Z P G Z E N E Z
S K O P Q K O A M Z M P N M Z B F R O I
S G E B L H A E Y Z E X P M L R R I U R
E V V E F E X L L R L L O O A E C C B O
M N U W H A R L O K O R V U I A S C E E
W E R U C L K A Y N T R N R S S H I S L
S W T V L O H G O S P H R S T A G O S I
U T S H P K Z S G Q O E I I W W R L E L
C O N M L X R N Q F V N P K J Z E I L A
I N O A L E A K E E I L I H E R E E B G
N O V T D U H R L G E N G W U I R A Y K
R Y N N K A I C L T G G M W J Y M M D S
E L E F L Z H Y S A A B R A H E G L P P
P H U L Z C R R Z R S L A P L A C E Z J
O G E A T D I F T X E S X W X Y M E N B
C Y I S M I C C R O G H E R R H H Y W S
T P H E G N A R G A L G A L P J Z E E T
E K C N E M C P S S O K M N L W N J H N
```

AIRY	ENCKE	HUYGENS	OLBERS
ANGSTROM	GALILEO	KEPLER	PIAZZI
BEER	GALLE	LAGRANGE	PTOLEMY
BESSEL	HALLEY	LAPLACE	RICCIOLI
BODE	HAWKING	LASSELL	VON FRAUNHOFER
BRAHE	HENDERSON	LE VERRIER	VON STRUVE
CASSINI	HERSCHEL	MESSIER	Hint: the mystery
COPERNICUS	HUBBLE	NEWTON	word has 8 letters.

Puzzle #15—In Outer Space

```
E N N L Z C F A F R A W D E T I H W K C
T O O Y X A L A G L A R I P S E G R R Z
P I O N E U T R O N S T A R Q A N M Q T
P G M S B D M R A T S E R A L F S A Q E
K E O E S B L T E R R B R A W P E R L D
H R N C R B P T G A E L C M S B F P E P
M I H P G L L Z S A S T E R O I D T S R
D I T E M O C A R Z I L T M B C A R R Q
P H L R G Q U R C C R A Z A L B V I E S
L L A V O Q D M D K Q Q F C M R O N V W
E T W L C P D I Z D H S G N M K N G I R
I O A T W X S U I M P O E B U L R G N E
A H C O O C F F Y X X I L V G Y E A U D
D U O L C C I T E N G A M E I Q P L D D
E X V M I C R O W A V E S E W A U A R W
S S S T A R B U R S T N M V G L S X E A
E L L I P T I C A L G A L A X Y G Y D R
K R A T S Y R A N I B K C E P H E I D F
N E I G C P S P U L S A R O U G H B W M
R E T S U L C O N S T E L L A T I O N O
```

ASTEROID
BINARY STAR
BLACK HOLE
BLAZAR
CEPHEID
CLUSTER
COMET
CONSTELLATION
DARK MATTER

ELLIPTICAL
  GALAXY
FLARE STAR
GALACTIC DISC
HALO
H II REGION
MAGNETIC
  CLOUD
MICROWAVES

MOON
NEBULA
NEUTRON STAR
PLANET
PLEIADES
PULSAR
QUASAR
RED DWARF

RING GALAXY
SPIRAL GALAXY
STARBURST
SUPERNOVA
UNIVERSE
WHITE DWARF
Hint: the mystery
word has 8 letters.

Puzzle #16—Birds

```
P A R A K E E T H Q H N B T A Q N G R U
L L I J W J Z E E S R M L P X O K U S E
P B F U H T R V K E U T P D K S A W E A
K A L S M O I Z T E I D Y U O W T S A R
W T P R N A T O P D R I B G N I M M U H
P R E L Q I U P A D P E Q Y D U A B Z W
I O L A P M E V R K S Y R I E W L C O M
G S I Z R P O X R L O T A A A V J L A H
E S C T T T B L O D U O W R E N L C O Q
O W A E M S Z Y T Y E H T M P A A S P W
N D N U Y U W X A T V L B A W W E X N A
E J E Q L D K K V J E V O S K A K E I R
Y Y S E I J R I J A E R L I G C V M Z B
Q F P J P C R I T X S U G U R A O X I L
P V A U N E M A B N D E L E R O P C P E
Q Q R S O S E D Q K S L P B O H C U J R
D E R U T L U V Q K C G M I B L A C S H
O X O P G C H C O H V A P U I G K K S U
V Q W S W I F T T O G E L Y N U W O R F
E W O O D P E C K E R V X B W N H O I M
```

ALBATROSS	HAWK	QUETZAL	VIREO
BLACKBIRD	HERON	RAVEN	VULTURE
BLUE JAY	HUMMINGBIRD	ROBIN	WARBLER
COCKATOO	MACAW	SEAGULL	WOODPECKER
CUCKOO	ORIOLE	SPARROW	WREN
DOVE	PARROT	SWALLOW	Hint: the mystery
EAGLE	PELICAN	SWIFT	word has 8 letters.
EGRET	PIGEON	TERN	

Puzzle #17—Sci-Fi Films

```
T X M V S R E M R O F S N A R T T R S N
G J U R A S S I C P A R K R D H M I I R
M A R S A T T A C K S M E K E X M E N O
A R M A G E D D O N S J T M I T W D T
C M L L T V I G A W I G I X S S V Z E A
O F J W J T B Y K D R M D S Z Q D T P D
K E R T R A T S E I E F I C F F K C E E
A S P Q S I G N S M A O J R S C K A N R
N E Z E N D T U A I N M O V A Y J P D P
B X O E B E V C N T D T L L K Z I M E S
J M R N V U H U O A A A B E I Q Q I N V
N E Z I F I C M F N S N V I G O I P C N
S A L Z N L A Y I L I D B C R E A E E E
Q V N E E R U M A N F R Z O X O N E D I
I C D H S B R X E Z B Z Y U A W B D A L
C I N O M E N M Y N N H O J P I L O Y A
S C T E T D S T A R W A R S K X D M T T
Y W L R J M O O D T H E M A T R I X Q W
W A T E R W O R L D H O A N Y U Z Q K M
G A A B C L O V E R F I E L D Y A Z O N
```

AEON FLUX

ALIEN VS. PREDATOR

ARMAGEDDON

BATTLEFIELD EARTH

CLOVERFIELD

CUBE

DEEP IMPACT

DOOM

I AM LEGEND

INDEPENDENCE DAY

I, ROBOT

JOHNNY MNEMONIC

JURASSIC PARK

K-PAX

MARS ATTACKS!

MEN IN BLACK

MISSION TO MARS

RESIDENT EVIL

SERENITY

SIGNS

STARSHIP TROOPERS

STAR TREK

TERMINATOR

THE FIFTH ELEMENT

THE MATRIX

THE TIME MACHINE

TRANSFORMERS

WATERWORLD

X-MEN

Hint: the mystery word has 8 letters.

Puzzle #18—NASA Programs and Missions

```
S P A C E S H U T T L E Y S Y E C U S E
X T S E H C L U S M R B N O A V Q G M V
P C D R N G C H B T M O X A C U A L R K
R A K E O K Q C S B Z H R Z O X R E R L
E P C E I K V Q F I L A R E O D D V A U
Z M K N T N W E R X Y E I J N N P J N N
T I O O A T N O V Z V H Z B A I N T G A
I P Q I L A H C M A G E L L A N R S E R
P E G P L W Y Z O W A K X I F R W A R P
S E L L E D G E M I N I E D R E O S M R
M D I N T H V H J U N O C M O G E U R O
Z U Y O S L S S E E Y L E Y Y A L C E S
W N D Y N A M K O N E P X D E Y I S G P
L M N N O B P H Y M L Z P U V O L T N E
D B T E C L P O E L G A L N R V A A E C
W A N W F I G N L N A Y O Z U U G R S T
Z V W Z D M T X I L S B R W S H H D S O
F G I N U I X K R S O F E N L U Z U E R
V D S L N B I M E R C U R Y O K X S M W
S S Q E C V F S L U N A R O R B I T E R
```

APOLLO
CLEMENTINE
CONSTELLATION
DAWN
DEEP IMPACT
EXPLORER
GALILEO
GEMINI
HUBBLE

JUNO
LUNAR ORBITER
LUNAR PROSPEC-
   TOR
MARINER
MERCURY
MESSENGER
NEW HORIZONS

PHOENIX
   LANDER
PIONEER
RANGER
SKYLAB
SOYUZ
SPACE SHUTTLE
SPITZER
STARDUST

SURVEYOR
UHURU
ULYSSES
VIKING
VOYAGER

Hint: the mystery
word has 8 letters.

Puzzle #1—Soap Operas

```
J M Z Y T H G I N F O E G D E E H T A S
S E A R C H F O R T O M O R R O W M K D
V M D N S N A L L M Y C H I L D R E N Y
R U L X V G E N E R A L H O S P I T A L
P O R T C H A R L E S O F T A A M U P T
F P O T S Y I M I A F V Y S Q S I V G Q
G G W H L G A S L L Q E H E L S J J O L
A E R E S D A Y S O F O U R L I V E S S
R N E D T L G Y Q Z B F T C H O O R A K
A E H O A H L U E G U L L N S N T L D N
B R T C O S E A I L V I L O W S L V A O
R A O T Y V K C F D Z F C C V A M D R T
A T N O W T Y X O S I E M L D I T N K S
B I A R E H S X J L N N U A K N N C S L
A O M S E J D A Z A B I G F D P P G H A
T N Q J C S N I N P W Y K L N G X Q A N
N S M Y S S I N K Y W J S W I O Y O D D
A E P O H S N A Y R D N L L A G P D O I
S O N E L I F E T O L I V E U H H D W N
A S T H E W O R L D T U R N S Y U T S G
```

ALL MY
  CHILDREN
ANOTHER
  WORLD
AS THE WORLD
  TURNS
DALLAS
DARK SHADOWS

DAYS OF OUR
  LIVES
DYNASTY
FALCON CREST
GENERAL
  HOSPITAL
GENERATIONS
GUIDING LIGHT

HAWKINS FALLS
KNOT'S
  LANDING
LOVE OF LIFE
LOVING
ONE LIFE TO
  LIVE
PORT CHARLES

RYAN'S HOPE
SANTA BARBARA
SEARCH FOR
  TOMORROW
THE COLBYS
THE DOCTORS
Hint: the mystery
word has 8 letters.

Puzzle #2—Game Shows

```
T H E P R I C E I S R I G H T N Y B H D
H T E R C E S A T O G E V I N O U T O L
S O X H G U O D C A T C I T D I R O W I
Y R L L C B B K X L Z Z O I A T Q T I W
K W E L R P V A C I Y H M I L A V E N S
M C Y L Y M R Q C T J A B M B R B L B R
D E O D L W Y E Q H R W K C T T M L E E
O U L L F O O N S Y S H R N J N A T N K
U W E B C D R O P S Y A O Z M E T H S O
B O T F B E Z H D A Y D C C V C C E T J
L H S T Y A H X G S S O R J H N H T E E
E S M X D L R T T I Q S U A A O G R I H
D G A E C O I C T X H U W R P C A U N T
A N K O O R T M S A S D A O L O M T S G
R O E Q R N R P A R E M T R R U E H M N
E G A H T O E E M F U B U K E D C J O L
E E D R T D C A R D S H A R K S X K N Y
M H E W H E E L O F F O R T U N E X E W
M T A W H A T S M Y L I N E D G Y W Y Y
F V L F X L N A M E T H A T T U N E F D
```

BEAT THE CLOCK
CARD SHARKS
CASH CAB
CONCENTRATION
DEAL OR NO DEAL
DOUBLE DARE
FAMILY FEUD
HIGH ROLLERS

HOLLYWOOD
   SQUARES
I'VE GOT A SECRET
JEOPARDY
LET'S MAKE A
   DEAL
MATCH GAME
NAME THAT TUNE

PRESS YOUR LUCK
PYRAMID
SCRABBLE
THE GONG SHOW
THE JOKER'S WILD
THE PRICE IS
   RIGHT
TIC TAC DOUGH

TO TELL THE
   TRUTH
WHAT'S MY LINE
WHEEL OF
   FORTUNE
WIN BEN STEIN'S
   MONEY

Hint: the mystery
word has 8 letters.

Puzzle #3—Talk Show Hosts

```
S M O R T O N D O W N E Y J R S M U K D
K G N I L D N A H S Y R R A G G C F O Y
N A V A S L O R M E R V G R I F F I N N
A S T O N E L L A E V E T S Y M U Y C A
B T G H A J K A N A K V G F K S E R H M
A O T S I P E D H F P A V M O U F O A R
R M G E K E I R R O E K L W L V C S R E
Y S Y N V C L R R M I R C I P N F W L T
T N R O T A O E Y Y A N O A K Z V L I T
Z Y E J X Y C R E L S U E H J C N Z E E
V D G Y A H V K S G L P R S S X I U R L
K E I N R Y P Y C I I E R Y R H H R O D
D R S N L H L C U I R F K I P A A S S I
W R P E K P Z E Z T D H F E N O N N E V
K G H J Q I S R N N E Q C O H G V Z I A
N E I R B O N A N O C U D G R N E I P D
Y O L S W E B V S S U L V Y Q D S R C R
X B B M O N T E L W I L L I A M S D F H
D F I K Q O P R A H W I N F R E Y F W I
C W N R W H O O P I G O L D B E R G B Y
```

ARSENIO HALL
CHARLIE ROSE
CHRIS ROCK
CONAN O'BRIEN
DAVID
  LETTERMAN
DICK CAVETT
DINAH SHORE

GARRY
  SHANDLING
JAY LENO
JENNY JONES
JERRY SPRINGER
KATHIE LEE
  GIFFORD
KELLY RIPA

MAURY POVICH
MERV GRIFFIN
MONTEL
  WILLIAMS
MORTON
  DOWNEY, JR.
OPRAH WINFREY
PHIL DONAHUE

REGIS PHILBIN
RICKI LAKE
STEVE ALLEN
TOM SNYDER
TYRA BANKS
WHOOPI
  GOLDBERG

Hint: the mystery
word has 8 letters.

Puzzle #4—Reality TV

```
L O D I N A C I R E M A G Y J X E C L P
E R E S D P R O J E C T R U N W A Y I T
S E C R L D A T E M Y M O M S J E T V H
U S A O R V Q R X Y R T W D U O E T H E
O O R A O Z B E M F O G I H P N R D C B
H L G D W C G U U A L S N G E N I C A A
R T N R L Z E O C I E U G L R Q A T E C
E S I U A K H E X R H R U V N V N T B H
I E Z L E I D B F B C V P B A S O H A E
T G A E R Z I R Q R A I G T N L I E N L
N G M S E M E P E A B V O B N T L S U O
O I A O H V O H O D E O T E Y O L I G R
R B E H T J T D E Y H R T O M L I M A E
F E H C P O T C H V T Y I E D G M P L T
F H T W R C G J Y B C X H W L A E L K T
P T X B F E A R F A C T O R Y L O E P E
G I G V I M E W V B Q M N T B P J L V Q
E I R U G T U O E R E W U O Y E L I H W
B T W B D X R S K I N D I O N M M F Y W
A M E R I C A S G O T T A L E N T E S J
```

AMERICAN IDOL
AMERICA'S GOT
  TALENT
BIG BROTHER
DATE MY MOM
FEAR FACTOR
FRONTIER
  HOUSE

GROWING UP
  GOTTI
JOE MILLIONAIRE
LAGUNA BEACH
MY FAIR BRADY
PROJECT
  RUNWAY
ROAD RULES

SUPERNANNY
THE AMAZING
  RACE
THE BACHELOR
THE
  BACHELORETTE
THE BIGGEST
  LOSER

THE MOLE
THE REAL WORLD
THE SIMPLE LIFE
TOP CHEF
WHILE YOU
  WERE OUT
Hint: the mystery
word has 8 letters.

Puzzle #5—Dramas

```
P D T J Z M J S B J O L G P D F U T S W
S A N O O T U E W A E J A L L W M E E S
P Z F J Z C R R W T L C V L O S Y V L Y
I R E T N U H S D T T T W S A N A I I H
H D V P E T A K H E R R N C : W R T F P
C M T C M E C T U R R L Z I T L I I X R
M Y K H Y X M E T A W S S S X T Q P G E U
X B P I C K U A R B V C H N E X T U H M
C L A C N J A C T E R Z F E T V I F T R
B E E A I C P J I L H B W U W X D E F E
B W L G U O U E O L O W S R O R E H X H
B S M O Q H A K R K B C E E H T O T C T
A U U H G N V F L R S U K S U I T T F A
Y C T O O X R Y T H Y P P D L T V P E F
W R N P T F A H S Q C M U N R E I B M E
A A A E I I U Q V J T R A H O T T R A H
T M U R S J Q F C B O C N S H T Z S U P
C A Q I B Q A K O C M W S D O G S Z U Z
H N A D R O J G N I S S O R C N K O O H
H I L L S T R E E T B L U E S X P R B H
```

BARETTA	HART TO HART	MARCUS WELBY, M.D.	RIPTIDE
BOSTON PUBLIC	HILL STREET BLUES	MATLOCK	SHAFT
CHICAGO HOPE	HUNTER	MURDER, SHE WROTE	ST. ELSEWHERE
CHIPS	JAG	PERRY MASON	THE FUGITIVE
CROSSING JORDAN	KOJAK	QUANTUM LEAP	THE X-FILES
CSI: NY	L.A. LAW	QUINCY, M.E.	Hint: the mystery word has 8 letters.
FATHER MURPHY			

Puzzle #6—Emmy-Winning Actors

```
A L H K L A F R E T E P Y Y S L A M B P
E L E U C A R R O L L O C O N N O R G H
T A I Z C A R D I C K V A N D Y K E J I
F D Z U E Q F Z L C J A C K B E N N Y L
E N I T Y Y J R N S K R E N S A D E G S
L A L A N A L D A R R Y R S H C K W J I
T R S W Y C V X F H G V G M M I R A Z L
E Y A K C J O H N R I T T E R B X B D V
D N M T R R U B D N O M Y A R L S G E E
D O O Q N A M G U L K K C A J V D J N R
A T H J I M M Y D U R A N T E M A V N S
N G T E D X T T O J K R Q U E M L I I N
S L Y B S O C L L I B L A R E Z K M S G
O U N K M R N N O T L E K S D E R X F Z
N X N R E M M A R G Y E S L E K F R R F
Z L A Q Q Z V W D L L P P E L A J P A B
W E D S O R N U M A A X Y T C X C M N P
O N A M O R Y A R D M I I U A S A D Z N
W P K U B R O B E R T S T A C K I B I G
K R K A I L O R G P Y H I T L H F L W S
```

BILL COSBY
CARROLL
  O'CONNOR
DANNY THOMAS
DENNIS FRANZ
DICK VAN DYKE
DON ADAMS

ED ASNER
JACK BENNY
JACK KLUGMAN
JAMES SPADER
JIMMY DURANTE
JOHN RITTER

KELSEY
  GRAMMER
PETER FALK
PHIL SILVERS
RAY ROMANO
RAYMOND BURR
RED SKELTON

RICKY GERVAIS
ROBERT STACK
SID CAESAR
TED DANSON
TONY RANDALL
Hint: the mystery
word has 8 letters.

Puzzle #7—Emmy-Winning Actresses

```
M A R Y T Y L E R M O O R E J A Z N Z X
O R E P R A H E I R E L A V E B Z C S N
B A R B A R A S T A N W Y C K S T U W H
U D M A S C S H A R O N G L E S S Y E O
K G R R B N X D A N A D E L A N Y A G W
Q Q G O D E K S F A T I A N N M J R Y I
Y G Z E F X N V G R E W Q O O T Y B V M
L L N Q G N X N S S A P S S D T S A I O
W Q A U M N A T A R J W B R R A H F I G
C B F D O W A S D E F J O E O Y I E B E
K E L J E Y N L L R S J A D G W R T E N
A A X U R N A O E E K O R N H E L T T E
T A O L C P Y T L P B O R A T N E E T C
H R D G C W M T T G O A X N U A Y N Y O
Y T T N U H N E L E H H S A R J B A W C
B H T J E N N I F E R A N I S T O N H A
A U O C L A F E I D E O G L C G O Q I O
K R O U E J X I Z A H I L L Z U T W T V
E Y W K K I A Y L I J S Z I C E H N E W
R L L A B E L L I C U L Y G P J O X V V
```

BARBARA
 STANWYCK
BEA ARTHUR
BETTY WHITE
DANA DELANY
EDIE FALCO
GILLIAN
 ANDERSON

HELEN HUNT
HOPE LANGE
IMOGENE COCA
ISABEL SANFORD
JANE WYATT
JENNIFER
 ANISTON
KATHY BAKER

LORETTA YOUNG
LUCILLE BALL
MARY TYLER
 MOORE
NANETTE
 FABRAY
ROSEANNE BARR
RUTH GORDON

SHARON GLESS
SHIRLEY BOOTH
TYNE DALY
VALERIE HARPER

Hint: the mystery
word has 8 letters.

Puzzle #8—Cartoon Characters

```
N Y E Y O G I B E A R B V H F F K L R H
F R B K D I U I A E R E C A R D E E P S
O R K C Z T P O N O S P M I S R E M O H
G E L O N F H K C K S P B O I I E H B A
H J M R G Q S A A Y Q E Q C O S W A B H
O D X J R P K W E W T S C Q U L R W E S
R N G Q P L R F K T C A F O K N O F L A
N A I J X O T K Y O R E M C E O R V K T
L M P G E N B B O T L Y U Y D E Z K N A
E O Y U F O O B M I T D R Y D A L V I N
G T K C O O Y A X H Y U W F L U O S W D
H R R B P D N T G F B O L O G X H U L N
O Z O E O D H I F B O I K T N A W H L A
R O P O B E M A L D N V G U G J U K U S
N N S Z C L D E P T M N G G U U L G B I
S Q T A P B A E S W X U Y P H O W W K R
K Q T P L G C T O O M Y J A Q M M F G O
Q G Q W W K O H A B G O D R E D N U O B
Z Q U O E N V P Y F Z Y N N U B S G U B
I A B R E P O W E R P U F F G I R L S R
```

ALVIN
BARNEY RUBBLE
BETTY BOOP
BOO BOO
BORIS AND
  NATASHA
BUGS BUNNY
BULLWINKLE

DAFFY DUCK
ERIC CARTMAN
FAT ALBERT
FELIX THE CAT
FOGHORN
  LEGHORN
FRED
  FLINTSTONE

GUMBY
HOMER SIMPSON
MIGHTY MOUSE
POWERPUFF
  GIRLS
ROCKY
SCOOBY-DOO
SHAGGY

SPEED RACER
TOM AND JERRY
UNDERDOG
WOODY
  WOODPECKER
YOGI BEAR
Hint: the mystery
word has 8 letters.

Puzzle #9—Shows of the 1950s

```
V Z S D X E R T A E H T E D I S E R I F
S X W W Y E F I L R U O Y S I S I H T W
H W O B O K C I R E V A M E I S S A L O
Z H O I W H F V L C U Q N W O T G I B U
T P R H U A S S B R P D L V H I Y D G R
B H P D S G G F U U U T F R F M L T R M
I T E H U N O O O G G O H B U O F H P I
U H T T D N A Z N W A M Y K L B R N X S
C E E R E Q V V G T O R S T F H X Y R S
L L R B C X O K I Q R H F J E Z Y E W B
I O G Q E H A K L L A A S O F B T A C R
A N U N M L E N O P L G I R O S U E V O
M E N Y B C W Y V B F U J N U T K O A O
O R N E E S W B E F Y G S B B O B B Y K
S A D N R I P U L N C Q G D M M Y B E S
N N H Y B D T Q U J N N M S E I L G A D
A G V M R X I U C E A E N L Z M D T Q N
N E X Q I C C K Y G Z U T E N G A R D X
D R T W D W W T D Z G Q D J P J M A M A
Y H A V E G U N W I L L T R A V E L D P
```

AMOS 'N' ANDY
BIG TOWN
CHEYENNE
DECEMBER BRIDE
DRAGNET
ED SULLIVAN
  SHOW

FIRESIDE
  THEATRE
GANGBUSTERS
HAVE GUN WILL
  TRAVEL
I LOVE LUCY
LASSIE
MAMA

MAVERICK
OUR MISS BROOKS
PETER GUNN
SUGARFOOT
THE LONE
  RANGER
THE TEXAN
THIS IS YOUR LIFE

WAGON TRAIN
YOU BET YOUR
  LIFE
YOUR SHOW OF
  SHOWS
Hint: the mystery
word has 8 letters.

Puzzle #10—Shows of the 1960s

```
R A Z E P V A I L U J W J S Y J A T A J
R F R E V E D W R P K K D C N C S H Z S
J E S E M I S C F A Q K T Y M R R E T E
K T R P M I T X H F A I J S N I E A Z O
K H V A N A U I I A Z M U Q E A T N S R
H E V K D E C V G W Z E R T F F S D N E
H A F K B L M D Y U L E D R V F N Y O H
F D D T J T I F I Y F A L A J A U G S S
E D I H W A R K P D N E G M L Y M R E N
C A B E H T B R R I N E H S S L E I E A
X M S V H S E N E D N A I T E I H F R G
W S A I T M I L H T B S C E R M T F H O
H F B R O U B C L Q N P W G C A B I T H
C A U G K O T E Z A D B W J A F O T Y M
Y M E I O B B G E L N B Y N V N H M B
N I U N E E J I L I A Z N G E N A S K W
W L E I N H L H M M K S K G E T N H R T
Q Y E A D L F H T Q C V U R R F Z O O J
H J Q N I J Y A P K R V N N G P A W S W
A X F G Z H B M A Y B E R R Y R F D O N
```

BATMAN
BONANZA
CANDID CAMERA
DANIEL BOONE
DR. KILDARE
FAMILY AFFAIR
GENTLE BEN

GILLIGAN'S
  ISLAND
GOMER PYLE,
  USMC
GREEN ACRES
HAZEL
HOGAN'S HEROES

JULIA
MAYBERRY, RFD
MY THREE SONS
RAWHIDE
THE ADDAMS
  FAMILY

THE ANDY
  GRIFFITH SHOW
THE FUGITIVE
THE MUNSTERS
THE VIRGINIAN
Hint: the mystery
word has 8 letters.

Puzzle #11—Shows of the 1970s

```
D V C O C U V M J W J J E V F D G C D E
S R E P O R E H T U E Q R A X A K Q A I
R O B O W Y Q S D R Y H Y R T X G U U G
V K M N A C T I D B O N J K A J O K Q H
Z A I P H Z A Y Y D S U I T M K G I S T
G W E W W O X N A Z K Y E R P D Q R D I
T E O A C S I A H A W A I I F I V E O S
M V S F R P M P A H X P X G D V S T M E
G Y P N A A Z M R T I P O U X E H N E N
M K X O S Z A O A F R N P T M E S E H O
M M S H X P J C V S O N T I L Y O C T U
C A P Q R G Y S A H P G T O A M E L H G
C N A I K V S E E N S D V D F B S A E H
H N B H M B T E J X O E Y E B V A C W H
I I E Z A A H R B O B P N P D K L I A W
P X U L W A M H G O P A E U Z U L D L V
S N I S W V T T A A J R D E W R A E T F
K C A L L I N T H E F A M I L Y D M O S
E C H A R L I E S A N G E L S L Y Z N L
S A N F O R D A N D S O N I O B N A S V
```

ALICE
ALL IN THE
  FAMILY
CHARLIE'S
  ANGELS
CHIPS
DALLAS
EIGHT IS ENOUGH

GOOD TIMES
HAWAII FIVE-O
HEE-HAW
KOJAK
MANNIX
MASH
MAUDE
MEDICAL CENTER

RHODA
S.W.A.T.
SANFORD AND
  SON
SOAP
TAXI
THE LOVE BOAT
THE MOD SQUAD

THE ROPERS
THE WALTONS
THREE'S
  COMPANY
Hint: the mystery
word has 9 letters.

Puzzle #12–Shows of the 1980s

```
G T H E D U K E S O F H A Z Z A R D P T
D X V X S R Z U S T E L Q A D C Z X Y C
U W H J S E N H S F E C H Z F D R S N T
T F H I Y N K B Z I M L I A M G Z B X F
G L S O L N I O O K L A S V L N O E F A
E A I S S L A A R S X V C E I W C K C M
E Z T J A T S P P T O N E G W M K V H I
K R H H B L H T M G S M H R Y H A N E L
S U E N E T C E R O N T B U S V E I A Y
M X C D C G W E B E C I N U B P E R M T
A E O U E K O Z H O E S W E D W O R E I
L F S X X V L L U T S T E O R D B O K E
L T B H T G L R D M F S B E R F I O N S
W M Y U C F T E R E R O M L R G F E R S
O H S F A X N B B E N U D C U H P I S R
N J H M C Z P P E R T G W A Y E T Q D V
D U O G C K T H T C M D I W E B S T E R
E W W E I P C O L X Q I I R W H J L X R
R K N O T S L A N D I N G N L R X X E U
P E R F E C T S T R A N G E R S Q G P Q
```

ALF
BOSOM BUDDIES
CHEERS
DIFF'RENT
  STROKES
FAMILY TIES
GROWING PAINS
HEAD OF THE
  CLASS

HILL STREET
  BLUES
KNOTS LANDING
MIAMI VICE
MR. BELVEDERE
NIGHT COURT
PERFECT
  STRANGERS

SILVER SPOONS
SMALL WONDER
ST. ELSEWHERE
THE COSBY
  SHOW
THE DUKES OF
  HAZZARD

THE GOLDEN
  GIRLS
THREE'S
  COMPANY
WEBSTER
WHO'S THE BOSS?

Hint: the mystery
word has 8 letters.

Puzzle #13—Shows of the 1990s

```
E R U S O P X E N R E H T R O N W K W S
W T H L O S R A E Y R E D N O W E H T N
A B J F O D B S X O W L K S L W P W A E
N A E B R M F A S R R R E L V L Q L J R
I K T M M P E W O A O E P T H B G I D
M T H H G S A U W P G B U A N N N X S L
A V E W X N F S H E E M A R T I N K I I
N S N M N R T T F H K M L A R J N V R H
I U A E I E U I T M B U U I O D I E W C
A N N E E O L Y B L F Z H D L N I W E H
C X N M S O B T Q V D O B E G S N Q T T
S D Y U S D X I S K M Z F S A E A H W I
S O X X E G P C M I Q N I R W S G N I W
B E H V L E Q N C C I N F S Z O N S N D
Y S A Z I D A I J E G B R X H S C N P E
G S Y B F B D P S L J A K Y W W Z J E I
F J L O X E M S E I D X D G E I U N A R
K L A F E M M E N I K I T A Q F S I K R
P M E G H R O L O C G N I V I L N I S A
O Z T Y T F R E A K S A N D G E E K S M
```

ANIMANIACS
BOY MEETS
  WORLD
FRASIER
FREAKS AND
  GEEKS
FRIENDS
HOMICIDE

IN LIVING
  COLOR
LA FEMME
  NIKITA
LIFE GOES ON
LIVING SINGLE
MARRIED WITH
  CHILDREN
MARTIN

MR. BEAN
NEWSRADIO
NORTHERN
  EXPOSURE
SAVED BY THE
  BELL
SEINFELD
SOUTH PARK
SPIN CITY

THE NANNY
THE WONDER
  YEARS
THE X-FILES
TWIN PEAKS
WINGS

Hint: the mystery
word has 8 letters.

Puzzle #14—Technology

```
F X S A Q J J O G M F J Z A O Z Q T Y F
G N C O M O L R E M O T E C O N T R O L
G C A B L E X E S T A A I O P V N K X E
B F T Y C D E W T E K C O L O R I M S E
N T H R H I Z O U C R U Q L A Y T L R K
O W O C A V E P D S A E U G N J P A A L
I W D C N N X G I R J M K I V Y N S E F
T C E W N A S H O X E L P A Y T Z N T I
I B R E E L D M C E T I L L E T A S I B
N T A E L M M E I F S M Q N I P N S B E
I S Y V S R K F L T N W N J T F S Q B R
F A T N E E R C S P T A J A I E I A A O
E R U F Q V D N U Q S E L N R K A E R P
D T B D S I O Z B P P F R V K O E R R T
H N E S G F I I G X B R O A D C A S T I
G O S I W G D U J V M M N E T W O R K C
I C T O Z O U C G M O E Y P I X E L Y C
H A F K W W A D D T C V X T H V Z V S R
L L A N G I S R O T I N O M H S S X C V
W K A T I U C R I C D E S O L C F D A Z
```

AMPLIFIER
ANTENNA
AUDIO
BROADCAST
CABLE
CATHODE RAY
  TUBE
CHANNELS
CLOSED CIRCUIT

COLOR
DIGITAL
FIBER OPTIC
FLAT-PANEL
HIGH DEFINITION
MONITOR
NETWORK
PIXEL

POWER
RABBIT EARS
REMOTE
  CONTROL
SATELLITE
SCREEN
SERVO MOTOR
SIGNAL

SPEAKER
STUDIO
TINT
TRANSMITTER
VIDEO
VOLUME
Hint: the mystery
word has 8 letters.

Puzzle #15—British Shows

```
T D L I F E O N E A R T H T V D T A G K
T O N R O B R O N A M E H T O T L E S L
Q S F G B H V S L R O D V C E L I X I A
Q B A B P O F N B P T U V T I S T T Y U
A V W J I M S I M P T F V H T R H R V M
U H L B X P F K O A O P Y E L U E A P A
I X T O L Q T R K A B N P L P O A S E S
A N Y O C R R A B L N T I S A H V T C T
A O T N M I N P U E O H Y V D L E O I E
B H O E D O S E B E E G F Q O L N P F R
L T W G B T P W A G B C G M C A G O F M
A Y E V N E H N N N S V V R T N E F O I
C P R J T U D A N U A N M B O E R T E N
K Y S E K S R E K C A R C E R P S H H D
A T R A O G J S U L Z O Z A W O C E T S
D N C N D E T R E H T A F N H L S P I D
D O K L Q X X S T M S C I N O M V O Z X
E M O H E M O C Y H T A C X Z Z K P K J
R C O U P L I N G I L W D Y C U D S S U
A B S O L U T E L Y F A B U L O U S X O
```

ABSOLUTELY
 FABULOUS
BENNY HILL
BLACK ADDER
BLUE PETER
BOTTOM
CATHY COME
 HOME

COUPLING
CRACKER
DOCTOR WHO
EXTRAS
FATHER TED
FAWLTY TOWERS
GRANGE HILL

LIFE ON EARTH
MASTERMIND
MONTY PYTHON
MR. BEAN
OPEN ALL HOURS
PARKINSON
PORRIDGE

STEPTOE AND
 SON
THE AVENGERS
TO THE MANOR
 BORN
TOP OF THE POPS
Hint: the mystery
word has 9 letters.

Puzzle #16—Channels

```
U G C R B R E N C O R E Z C H U S Y T Z
U G O L F C H A N N E L R Q T E E R I T
R I M K C C I N E M A X A W O N A A E S
W S E Z O R Z A G H G H T D S V B N M R
E V D I U W F Q Y W F U S I E C A O Q S
A P Y F R Q Q O X O T J D L F L Z F H J
T L C I T U D A O E F E C A P R O R Z I
H A E C T B R I L Y G H M L Q O G W L T
E A N S V C J E H Y A I A I D S V Q Y I
R B T M L U M P B N L M V N T N S V J S
C A R T K U A N N Y I A E V R W P C T D
H S A L N R W E U N S T O S I T O S D M
A D L D G R L S A X W D F Y H X G H E A
N V O O Q G B L O O M B E R G N E W S B
N D I S C O V E R Y C H A N N E L E R J
E B S Q U T I K F X V T E K I P S A K R
L I F E T I M E O W V V I D P A V T H Q
E T N A P S C F J O J I C U C O U S Q R
Q D W K H I S T O R Y C H A N N E L H T
C A R T O O N N E T W O R K O E P Y K D
```

ABC FAMILY
ANIMAL PLANET
BIOGRAPHY
BLOOMBERG
  NEWS
BRAVO
CARTOON
  NETWORK
CINEMAX
CNBC

COMEDY
  CENTRAL
COURT TV
C-SPAN
DISCOVERY
  CHANNEL
DISNEY
ENCORE
ESPN
FOOD NETWORK

FOX
GOLF CHANNEL
HISTORY
  CHANNEL
MTV
OXYGEN
QVC
SCI-FI
SHOWTIME

SPIKE TV
STARZ
TELEMUNDO
TRAVEL
  CHANNEL
WEATHER
  CHANNEL

Hint: the mystery
word has 8 letters.

Puzzle #1—Dog Breeds

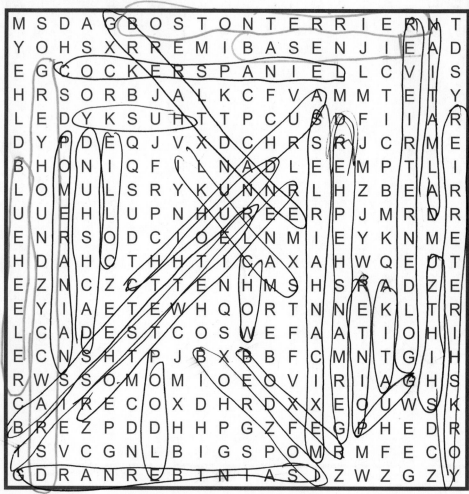

```
M S D A G B O S T O N T E R R I E R N T
Y O H S X R P E M I B A S E N J I E A D
E G C O C K E R S P A N I E L L C V I S
H R S O R B J A L K C F V A M M T E T Y
L E D Y K S U H T T P C U S O F I I A R
D Y P D E Q J V X D C H R S R J C R M E
B H O N I Q F I L N A D L E E M P L I I
L O M U L S R Y K U N N R L H Z B E A R
U U E H L U P N H U R E E R P J M R D R
E N R S O D C I O E L N M I E Y K N M E
H D A H C T H H T I C A X A H W Q E O T
E Z N C Z T T E N H M S H S R A D Z E E
E Y I A E T E W H Q O R T N N E K L T R
L C A D E S T C O S W E F A A T I O H I
E C N S H T P J C B X B B F C M N T G I H
R W S S O M O M I O E O V I R I A G H S
C A I R E C O X D H R D X X E C U W S K
B R E Z P D D H H P G Z F E G P E H D R
I S V C G N L B I G S P O M R M F E C O
G D R A N R E B T N I A S D Z W Z G Z Y
```

AKITA
BASENJI
BASSETT HOUND
BLUE HEELER
BORZOI
BOSTON TERRIER
BOXER
CHIHUAHUA
CHOW

COCKER SPANIEL
COLLIE
DACHSHUND
DALMATIAN
**GERMAN
SHEPHERD**
**GOLDEN
RETRIEVER**
GREAT DANE

GREYHOUND
HUSKY
IRISH SETTER
**MEXICAN
HAIRLESS**
POINTER
POMERANIAN
POODLE
PUG

ROTTWEILER
SAINT BERNARD
SALUKI
SHIH TZU
**YORKSHIRE
TERRIER**

Hint: the mystery word
has 8 letters.

Puzzle #2—Cat Breeds

```
C D E D P L A M E R I C A N C U R L P Q
A R Y T N I S D F Y B Z C S N R Z W D R
M S X F A A X V B M Z K W G W C J Z Z H
I E G Y P T I A N M A U S N O W S H O E
D S W X C B M N I J G N P E R X F N I E
L E M E Y O C V I S Q A Z H B H B U E S
X N J R A B M T Y S N M Z D A L A L M E
O A K H R E L N T E S R Q N N X L Q D M
T V M S O S N S I A U Y N B A M I F K A
N A Y I G E E S G M R A B U V J N T D I
O J H N N U C O K V O E A A Q E V E S
O A I R A A E A E A G S K T H X S I V J
C L M O H P L M S N E M N W B V E Y O B
E G A C S A H L M N I Y L A U F A H N B
N G L S I J I A I H U U T M I B T J R U
I P A O K X N K R M X R A G M S W O E R
A K Y C R X N S F E R K L O T J R N X M
M S A O U O W W T M N U B M L Z E E W E
H J N I T I L A M O S I B E R I A N P S
N I F F U M A G A R U S S I A N B L U E
```

ABYSSINIAN
AMERICAN CURL
BALINESE
BOMBAY
BURMESE
BURMILLA
CHAUSIE
CORNISH REX

EGYPTIAN MAU
HAVANA BROWN
HIMALAYAN
JAPANESE
 BOBTAIL
JAVANESE
KORAT
MAINE COON

MANX
PERSIAN
RAGAMUFFIN
RUSSIAN BLUE
SAVANNAH
SIAMESE
SIBERIAN

SNOWSHOE
SOMALI
TONKINESE
TURKISH
 ANGORA

Hint: the mystery
word has 8 letters.

Puzzle #3—Birds

```
G N A C U O T R Z G F E J O N F M Y X F
O E X M O N Z J X H L L F Q H N O G T L
L A B I M L R D Q N A G E W T E C F W U
D N H U Q E P R Z R M A R Y J C K O S W
F S V U M L S X B I I E H E L P I V W D
I U T A C G N B R L N U P K H T N U G F
N Z I O I U A E L S G P P R N R G L O B
C O L L R V G S N U O Z R U Y U B T N D
H A W K I K I E O E E P B T U N I U A R
H P T B W I M O R G Q J N O D I R R C I
U P F P K Q R R Z Z L I A U Q B D E I B
P U L E I T A K C O C M L Y U O U Z L G
E E Z U A A T T H R A S H E R R S K E N
D L Q U B W P T N G K X A R A V E N P I
Z V O N D C O O Z L I T Y F A L C O N M
U R N I Q R E Y D C Y L A N I D R A C M
B R M C R G B L U E B I R D X J N F R U
Q L A A I O U T V N L A J M K U P N A H
P U P P R J H O Q Q B S P A R R O W R M
M G X M E A D O W L A R K J Y O Q C J D
```

BLUE JAY	HAWK	PELICAN	THRASHER
BLUEBIRD	HUMMINGBIRD	PIGEON	TOUCAN
COCKATIEL	MEADOWLARK	PTARMIGAN	TURKEY
DOVE	MOCKINGBIRD	QUAIL	VULTURE
EAGLE	NENE	RAVEN	WREN
FALCON	ORIOLE	ROBIN	Hint: the mystery
FLAMINGO	OWL	SPARROW	word has 8 letters.
GOLDFINCH	PARROT	STORK	

Puzzle #4—Snakes

```
V Z F G U H I A C P N X P K M R R G A R
B A B M A M R P R T R E E S N A K E F E
J D C N M B N O H T Y P L X T V X X K T
U N A O O L A N C E H E A D U I Q C L S
U I Q C D V P T P R S X R H R J A W N A
B L A C K S N A K E G C E Z E B D R G M
B B K E W T T A G R A S S D D W E I K H
H S T P U M C E O V G V F N D A K A N S
T A N A C O N D A Q X D O Z A T A Z C U
U X S K M N Q Z G V X M W M C E N S O B
O E R A T T L E S N A K E O P R S R P E
M T A S F S R D F I A Q A D V M F E P E
N C E S G R S K D Q V C Q I X O L T E I
O R O T E X Y P S F H Y S S K C O R R R
T G U N G Q T P C W A A P W X C W A H Q
T F C H G L N S H B O O M S L A N G E H
O P S A R O S I Z H M B T E R S L U A P
C O R A L V P U E W J V P P J I B V D D
M A N X Z S I D E W I N D E R N W A C X
Y I T D V I P E R I V E R J A C K C T P
```

ADDER	CONGO	LANCEHEAD	TREE SNAKE
ASP	COPPERHEAD	MAMBA	VIPER
BLACK SNAKE	CORAL	PYTHON	WATER
BOA	COTTONMOUTH	RATTLESNAKE	MOCCASIN
BOOMSLANG	DIAMONDBACK	RIVER JACK	WOLF SNAKE
BUSHMASTER	GARTER	SIDEWINDER	Hint: the mystery
COACHWHIP	GRASS	TEXAS BLIND	word has 8 letters.
COBRA	KRAIT		

Puzzle #5—Dog and Cat Names

```
O G E N J A C K G N T I G E R D D Q R H
A Q N E W T I A Q I Y V F M B J T N C L
M T K F I F H N E K Y G F M M U I C V Y
G U L A I Z N Q K N C E I S U F D L G N
D I E F W D V V V U J T R L F X Z D U I
X E N G G B O T C P U E S U F O Y T Y U
A O U G S T A W M H P P M S Y E K I P S
M I T T E N S F S S O C O C E N B U H A
I R S G S R M N I T B C O C I H T M T N
T R A R Q Q O H Y U S E O C L A D Y U A
Z I D T O W W E S M W R D L R G X B X C
I Q I Q B V L T F L U F F Y A Z C L V W
J Q E A U I E Y K C O R N C H T N S W G
C K L T A R P R I N C E S S C I E J H M
S L B B R Q E J O L O X H O D Y J R O E
W Q T H G I N D I M Q P M A X P R L I B
X X G F R V X L M O U L Q D S X L Q O T
H G N M I B C I B C R W X C D Y A N N P
N X M L Q X W B E I B Q O F L C N J V Z
X Y R H X D P J H T R S E R M G F B T I
```

BAILEY	FIFI	MITZI	SNOWBALL
BUDDY	FLUFFY	MOLLY	SPIKE
BUSTER	GINGER	MUFFIN	SPOT
CHARLIE	JACK	MUFFY	TIGER
CHOCOLATE	LADY	PUNKIN	TRIXIE
COCO	MAX	ROCKY	WHISPERS
DUKE	MIDNIGHT	ROVER	Hint: the mystery
FIDO	MITTENS	SADIE	word has 8 letters.

Puzzle #6—Kentucky Derby Winners

```
D S S G E G D I R A V I R J Z X X A O J
Y N E M O T W E N T Y G R A N D L Q H B
X U A U M F D Q N O I T A T I C L F M Y
L X T N N G O T K B B D E L D I R B N U
I S T V I O N R K X X O U D S M B S L Q
A E L X O D E D G Z C R Y A F J P I F Q
G C E O M J R R L I H A B O L E M V T Y
L R S F A Y A E E L N B S M N P O C E Q
L E L T R A I A F C K R O D T M W S E K
I T E N K L L L D A J A A L O H M K L A
H A W A H Y S Q U F P B U N I A N G F U
S R P L A S D U M M U A A R R T W F T A
U I K L Y H L I H C S R L T B M I P N I
R A G A Y E J E K S C A Y E J R W J U K
B T H G A B B T A H W J L E M J W O O I
N N F A M A Y T O A O N E E D L E S C N
E T E J M P V S Y N X I D X N R Q L R G
B I G B R O W N E W A R A D M I R A L Q
E S U N D A Y S I L E N C E J W D R C N
L U C K Y D E B O N A I R T V G Y Z M W
```

AFFIRMED	GALLANT FOX	OMAHA	SPEND A BUCK
ALYSHEBA	GO FOR GIN	OMAR KHAYYAM	SUNDAY SILENCE
ASSAULT	HILL GAIL	PLAUDIT	TWENTY GRAND
BARBARO	KAUAI KING	REAL QUIET	UNBRIDLED
BEN BRUSH	LUCKY	RIVA RIDGE	WAR ADMIRAL
BIG BROWN	DEBONAIR	SEATTLE SLEW	WHIRLAWAY
COUNT FLEET	MONARCHOS	SECRETARIAT	Hint: the mystery
DONERAIL	NEEDLES	SMARTY JONES	word has 8 letters.
FERDINAND			

Puzzle #7—Animal Actions

```
Q Y N R P E Y Z A J C N R S E M K H D M
L B L H D N U U L S S D E P R I H C K C
G B H F W V D G E G R L T P L G R B A W
P V S T A L K F A S B W A O Q A C P U Z
X A Q N U B A L J E H O M Z W A D L V P
E C O E Y V Y O X X T H I L H O H P O Y
O S C X L B D C S R U A Z T G H G I E N
F A M D X D T K W S I S N W I V X W O O
Z M Z N L T I P I D T B Q R M A S Y H S
H B U U G B O S M G W M S E E P Y X Q K
Z H C R O U C H I W R B E D G B W I A Z
O P Q R N H Y G G B K H Z Z T M I C J D
L A D C A D V S S R M I G R A T E H M E
D E E T N J Y P A A E H B Z P R Z J G E
P L C G M T L B C Y S S S F D A G C K R
J H X T R O T Q B Z T G A L L O P H L B
M D M R E H T I L S I O X N U P Q A A Z
O E O H O H D I E K N F L U T T E R B Q
L H Y A R P S R F K G K J P A L D G D L
T S A O A C C G O T G D Y M L Z S E K G
```

BALK	FLOCK	LEAP	SLITHER
BARK	FLUTTER	MATE	SPRAY
BRAY	FLY	MIGRATE	STALK
BREED	GALLOP	MOLT	STING
CHARGE	GRAZE	NEIGH	SWIM
CHIRP	HATCH	POUNCE	TROT
CRAWL	HIBERNATE	SHED	Hint: the mystery
CROUCH	HOWL	SIDLE	word has 9 letters.

Puzzle #8—Animal Parts

```
R O S H Y F K K E G N O L A T Z K S S P
A R R F F G A T Y L T K H U M P T H Y H
C E E A A S P A K I O N A L L O R S I C
P H K E C N J Y F O E H L M P C V N B U
D T S U F O G D B L H B W S C A L E U O
X A I J G U B S C F P R O O O H V M G P
S E H Y E T H A G C P E D R L A H R Q E
N F W V W D T U C O D G K G N B G M W S
L I K B V N V E X A L N O N N J S S H I
X S F M E Q Z Y H T T I E T K R R Y Q R
I T N T G C A Z N M Y T S K I E E A V H
E R R W A L C A B I N S A T V L H L N G
K I O Z H F S D R A Z Z I G O T T S E W
U P H M O Y B J K Y V K I W S N I S H V
L E I P I S S W S I J L N K I A W A L G
F S D M F F D W U V L T Z U P P C S X N
F E K B B P O K T I M L Z R R K H W L I
Y B E H I R P O R A Y A I Q L T U A I W
E A V N N B T S H L Y N P E Q H T P A D
K V G L R N P G I B C Y S B J T F Q T N
```

ANTENNA
ANTLER
BEAK
BLOWHOLE
CLAW
COAT
FANGS
FEATHER

FIN
FLUKE
GILL
GIZZARDS
HACKLES
HOOF
HORN
HUMP

PAWS
POUCH
SCALE
SNOUT
SPOTS
STINGER
STRIPES
TAIL

TALON
TRUNK
TUSK
WHISKERS
WING
WITHERS

Hint: the mystery word has 8 letters.

Puzzle #9—Items for Pet Owners

```
E Y E L D D A S F Y Y S L N L C W L B O
Q R Y D S R I R R F B E A E R U L H C P
S W P G O U Q Z N A C F S W A A V A X C
Q Q A P K N W Z Z N Q E C M B S Y R N O
W T X F I W B B E E G E R F I S H N E T
R J D R T N T F R N A D A U E Z X E W C
Z H O V T W T U X O F B T H L E D S P G
D S G S Y A L A A B P A C H Z N D S X N
O B B I L E M X C N D G H Y Z I G N S I
E Q E N I D I R S O P P I D U C K B L H
Z G D E T V T Q G A E U N S M I T K W T
X T A I T N O H Q T V X G E P D E S O O
O R H C E P O U F E S S P K R E E Y B L
L E Q K R U A O T R H A O A A M E O C C
E A Q Z S R O B E J P J S L L A B T A C
N T N E I D I D T E Q C T F L E S W R W
H S F U Z L N U R S A V J H O L I E R B
T T M J L I B S P Q U A C S C F R H I R
T B H S L P Z P U F Q T I I J X F C E Q
D D T B Z K C Z L Z X D S F A T J Z R Q
```

AQUARIUM
BALL
BLINDERS
BONE
BOWLS
CAGE
CARRIER
CATNIP

CLOTHING
COLLAR
DOG BED
DOG HOUSE
FEEDBAG
FENCE
FISH FLAKES
FISH NET

FLEA MEDICINE
FRISBEE
HARNESS
KITTY LITTER
LEASH
MUZZLE
PAPERS
PET FOOD

SADDLE
SCRATCHING
  POST
TAGS
TREATS
VET BILLS
YARN

Hint: the mystery
word has 8 letters.

Puzzle #10—Insects

```
N Y G K Q L H O R S E F L Y J O J I T Y
S U C G T A A T E N R O H L A D Y B U G
I I B W Q D P M O S Q U I T O T A U Y A
T L G Y W E J H Y T N T E T Y R M S U K
N R O E L W F L I Z S W Z L J C G H V B
A G M C K F T I R D M A F H A V R O J L
M F O X U S R V B I R E D I P S A U O U
G Y I X E S O E S L R A G C A M S S W D
N I W T W D T E T I K O I I N O S E A X
I V S A C A K W F T S J L C E T H F S H
Y E N X O P P L Y N U O J A S H O L P D
A T I Y C H M L V N U B T D E F P Y H I
R R B X K P F O E S D T W A B L P A C D
P H P T R N W B E U O N K I E E E I G Y
L M A V O R U U F L H X Q N E A R T E T
O T T G A G P M R M A Y X E T H W G K A
W Y A S C A R A B K X I B Z L P D Z X K
O R N B H T E K C I R C E F E I E X R X
D O G O B F M Y N H W T T O M L S L Q X
C B F R G M B S O L S M Z Y P O R H T J
```

ANT	DRAGONFLY	JAPANESE	MOTH
APHID	FIREFLY	BEETLE	PRAYING MANTIS
BEE	FLEA	JUNE BUG	SCARAB
BOLL WEEVIL	GNAT	KATYDID	SPIDER
BUTTERFLY	GRASSHOPPER	LADYBUG	TICK
CICADA	HORNET	LOCUST	TSE-TSE
COCKROACH	HORSEFLY	LOUSE	WASP
CRICKET	HOUSEFLY	MIDGE	

Hint: the mystery word has 8 letters.

Puzzle #11—Habitats

```
Y M M S C P Z V E T R E E A M Y Y E W R
W Y K O P B A N T H I L L A E B Q T B R
M A O A O E A C Q Y N B D J H R P R W N
N P H J J C N R W N E R S U N B I C O E
W A R R E N L C N W E T B Z N A Q E L H
Z H T A K R A T R V A A K O R P G W L Q
W H V E O V B E A B W U G P H Y N O O W
M Y E M E R D E L H Y K A R O T H Q H J
M A I Q M I B E R C W T B I S S B I D G
Y A R J P R O N M U C A I A S Z A N V B
F Q J S M W H A O H W T R L X Z Z K R E
P U Z K C O C O O N R M D Y O L F B S N
U A B I C O T S E N R L B U J M N S Z Q
V R B L M O R S X H P L A Y N G L W U H
Z I K P C H R A E S Q E T G Y T E A C Y
A U K W A X Z W L W J H H X A A J M H H
D M W O L G B T G R E S M H E Y M P V R
Z N O U D H V X T B E R B Y D E S E R T
G R O T T O Q D H G W E Q A O E L O H P
A X E P T Z V P D E A N F E C L N H Z D
```

AERIE	COOP	LAIR	STABLE
ANTHILL	CORAL REEF	NEST	STY
BARN	DEN	PEN	SWAMP
BEAVER DAM	DESERT	POND	TREE
BIRDBATH	GROTTO	ROCK	WARREN
BRIAR PATCH	HIVE	SEWER	Hint: the mystery
CAVE	HOLE	SHELL	word has 8 letters.
COCOON	HOLLOW	SPIDER WEB	

Puzzle #12—Out of Africa

```
S K H A R T E B E E S T Z J P N K P J W
P R K Y G I S B W X L P B W S V W I E A
R A B P M G R U O I Z E R X X N D V A J
I V U T T E E W M R L G P A S N E U J E
N D O L P R H V J A E D O H F G P L E L
G R C R Y A T C I I T K E H A U A D V L
B A Q Y L B N X I P U O T B T N A P C E
O A H S H Y A V S E D E P W E R T N R Z
K Q S V O L P G G N U X T O D E A S O A
I O W P A R I D H N K D B C P R S W C G
B M K B C R E A C C O L R G Q P N T O H
Z E B R A F T C L J H O E A K Q I C D A
M I K F W E P J O L O S B M P S J H I S
E B F Z E I B E X N I P A A A O S K L Z
E E F H P Q I Y X H I R L N B C E P E L
R M C L M B O V R R C H O Y E I W L D G
K W E W I C O R Y X V I R G N Y L L Y S
A W E S E E Z N A P M I H C X X H I L T
T I V G K V C B C E P O L E T N A O G W
I B U Y L A K C A J Z D T O F Q Y N E Q
```

AARDVARK	GIRAFFE	JACKAL	RHINOCEROS
ANTELOPE	GNU	KUDU	SPRINGBOK
BABOON	GORILLA	LEOPARD	TIGER
CAMEL	HARTEBEEST	LION	WARTHOG
CHEETAH	HIPPOPOTAMUS	LYNX	WILDEBEEST
CHIMPANZEE	HYENA	MEERKAT	ZEBRA
CROCODILE	IBEX	ORYX	Hint: the mystery
GAZELLE	IBIS	PANTHER	word has 8 letters.

Puzzle #13—Gender Words

```
H W I L U X H B Q K K C G O P E Q D T M
R J P Q L G R B L Y N C I O W F B E F D
Q E C Q B L Q P U E H D O A O Q G U S O
P R D D P C I T I L I A T C U U E W C S
Y N B N D F N J I W L W N N E E U Q U K
N T Z O A E B J O R H A L Q J X Z I H B
N G E K H G V B E W O Y J H O D A C H M
A S T A L L I O N N U V Q L T Q Z W A Z
N Z E T B K U P R Z N L P Z H S S L F U
R P S N E T Y G U K P Y K T S Y E D T Y
E R A R M S S N W W N D N A W Q C N N Y
T E A E Z G E S W S R M K Y K N O T L P
S M O K V X M Q S A T C J X A H O C E N
O O Q H I V A E N E A E Y Y H O K B C D
O O E V H H R Y D J N E E T V Y G A R K
R B H P I G E B R U C O Y R O L D L E Q
Z E F N I R W I A Y N I I T H M W U I S
N O N T A E E L K F E M A L E O C Q T I
M E G O Z Q F L E N O R D S S B H A X T
Y A B E N P N Y J Y E Z P X X H E M T L
```

BILLY	EWE	MALE	SOW
BOAR	FEMALE	MARE	STEER
BOOMER	GANDER	NANNY	TIERCEL
BUCK	HEN	PEAHEN	TIGRESS
BULL	HINNEY	QUEEN	TOMCAT
COCK	JACKASS	RAM	VIXEN
DOE	JENNY	REYNARD	Hint: the mystery
DRAKE	JILL	ROOSTER	word has 8 letters.
DRONE	LIONESS		

Puzzle #14—Animal Youth

```
D I B G B G I P W U X L T J R G V T S J
R B R U S Q P W V D J A E B Z D A L T Y
T C C M D P N I N Y A O R T E S S O C E
R E G E V I I U G R W F E F P Y E C G O
A A L H M M K Z N L T Q V C O P A C O J
V M L L H B C E E E O E U L S A F S K
R T F L U S M T C Z M T L U A V B A L K
A A J Z I P A G A X C V K Z Z Q K R I I
L D Q J V P L P L B V G P U P P Y R N T
C P J X U L R D F J P I N K I E E O G T
C O N D M P L E H W C G C I R U V W U E
O L T L U O P A T Y Q H I U L L Z N H N
C E E V V C V E G A I O S Q B G H W B C
K Q Q Q H C K N T C C W T Y O C D G D L
R Q D F B G E L K E W T Y E T Q E E X C
E H J Y I T A O I H K B N A L Z J K L N
L C G Y Y L L I B N O J E S V G J E W F
L Z O Z T X L U F X G R P A V L A A L V
E I X B S Z K Y O O Q B C A R R F E H N
H A T C H L I N G S W K C G E W K I D A
```

BILLY	CYGNET	HATCHLING	PIGLET
CALF	EAGLET	JOEY	PINKIE
CATERPILLAR	FARROW	KID	POULT
CHICK	FAWN	KITTEN	PULLET
COCKRELL	FILLY	LAMBKIN	PUPPY
COLT	FLEDGLING	LARVA	TADPOLE
COSSET	FOAL	LEVERET	WHELP
CUB	GOSLING	OWLET	

Hint: the mystery word has 8 letters.

Puzzle #15—In the Water

```
I D I U Q S K G Y J O R W P W A D J V Z
G O R F O R E T A T A J E L L Y F I S H
K U C L I T H A Q B J X O V E L T R U T
R U N L D U T R L U D E E T A N A M G B
J O L O C H N E S S M O N S T E R G M B
X T T O I R Y Q R E N O M E N A B B A E
H T D A K L O Z I W Q M V T R J C R V S
R K R S G R A C Y D O P P I H S R A Y I
W S T B T I A E O F N Q L H O A R A L O
N H H X X T L H S D M I E A C M R R O P
A C A Q Y S Z L S W I V H U T A R C H R
E U R L U R Q H A V T L D P T Y T J H O
S H D R E U B S F Y K A E N L O P Z K P
B S L V O J M I M K I X A Q P O J U G M
B A H D J C G F G E U M C U I U D E S H
W U O M J D Z Y J Y R P S E A H O R S E
L W R F S M O A A I J M W N U A V Y Z B
V T E L C A N R A B C M A N O W A R M K
I T V F W T C C S T A R F I S H C A O D
R A E B R A L O P S P S C C D N T F Q A
```

ALLIGATOR
ANEMONE
BARNACLE
BARRACUDA
BEAVER
CRAYFISH
CROCODILE
DOLPHIN
FROG

HIPPO
JELLYFISH
KRILL
LOCH NESS
  MONSTER
MANATEE
MAN-O-WAR
MANTA RAY

MERMAID
OCTOPUS
OTTER
PLATYPUS
POLAR BEAR
SEA LION
SEAHORSE
SEAL

SHARK
SQUID
STARFISH
TURTLE
WALRUS
WHALE

Hint: the mystery
word has 8 letters.

Puzzle #16—Animal Groups

```
G N A G E H Z Z W Y L I M A F D P N R E
T M G Y C N F E B F Z R B L N J X N I F
U P A L S Y C O L O N Y O A X W E Z F K
P H P E C D A E Y U T C B C L O W D E R
O D T S T A A M U P K F Z C L U T C H N
T V X D N W H U D G M K K T I H U N E J
C B B E V Y P R B H A F U X E L Y U N I
G S I N J M O D K T E L M S D J V E O U
H N N L M V A E R O H U P V I D A U I B
M G I E E V B R F L Z R Z S R E Z S T G
F W Y S S E N I S U B K E P T W K A N
W O M C S T C T G K I E H T W A S K C I
X B R H B O T A D Y I F Q V R P C V O Y
P R A O V E R U C N V H J M E A O B V L
J O H O R D E C N K Y C M P Z R U Q N A
D O P L T N E M A I L R A P V T R I O A
G D Q L O R D K C A P E L Y C Y G Q C A
C A R A V A N B G M I M U C F Z E A U B
S X Z D D V Q S K J P T E A Z Y V X L Z
J L M A S C E N S I O N D G G A G G L E
```

ARMY	CLUTCH	HERD	POD
ASCENSION	COLONY	HORDE	PRIDE
BAND	CONVOCATION	LITTER	SCHOOL
BEVY	CROSSING	MURDER	SCOURGE
BROOD	DEN	NEST	SKEIN
BUSINESS	DROVE	PACK	SLOTH
CACKLE	FAMILY	PARLIAMENT	SWARM
CARAVAN	FLOCK	PARTY	TEAM
CLOWDER	GANG	PLAGUE	Hint: the mystery word has 6 letters.

Puzzle #17—Extinct but Not Forgotten

```
H R R S O W G I K A F H V F H T C Q D M
M E O S R O P P U V C G G Z Y M I U S Q
F G T A M Q A L L O S A U R U S L P X G
E I P D X B T E Y A W G A Q N M R C J G
N T A L X U G L D T B N K C U B E U L B
O N R I J V F L T X N R G R E A T A U K
I A I W M A V E K O L B A F P Z D G Z W
L I C N J R P Z S A S F Q D X Q N T T O
Y P O A O K E A U C L Q K K O K A W E V
R S L I G A U G N V E J U D Q R T A T E
A A E R F R H D I E B S O A G U D F R A
B C V Y U I R E Y T S D P O G M C U I R
R J R S N C P R N Q I E D C A G J S C Q
A H R G V Z Z A I P Z L W O C S A E E K
B E O Y Y G P Z C Q L X A O J C O A R N
X W Y C C R X T K U M A J B L C L M A V
L E V X A O A O B Z V S F Y V F Y I T A
Z V P T E R O D A C T Y L P A C E N O W
D E S E R T R A T K A N G A R O O K P E
G U A M F L Y I N G F O X S N J F O S S
```

ALLOSAURUS
BALI TIGER
BARBARY LION
BLUEBUCK
BULLDOG RAT
CASPIAN TIGER
DESERT RAT
  KANGAROO

DODO
GREAT AUK
GUAM FLYING
  FOX
JAPANESE WOLF
LABRADOR DUCK
LAUGHING OWL

PTERODACTYL
QUAGGA
RED GAZELLE
SEA MINK
SYRIAN WILD ASS
TARPAN
TRICERATOPS

TYRANNOSAURUS
  REX
VELOCIRAPTOR
Note: the mystery
word has 11 letters.

Puzzle #1—Languages

```
P V Y O R F T J D U T C H G H R P T G C
Y L W S H S I L O P U F K Q H M O N P L
D C A I J E G Q P T A D R F L Z R Y T L
N C U D I R X K H R N I R M L T T T T C
Q N A T Z C R U S S I A N U N P U K M R
Q B X G N H N I I R A I R G K R G L A O
C H L D A P J I N E G U U E K E U I N M
R O Z K I Y E M A S E K H I P W E N D A
Q Q X R L H S I D E W S S C J S S G A N
M J J V A O W G W N M H E G E T E O R I
U T Y Z T Z Y D W A D S M M X U T N I A
I A H T I D N I H P B N P U A T Q K N N
Q J C F Q N N Z D A O A J A T N M U D T
M U R K A A T C Y J E I D U N Q T S L S
E F B M E D I V A T N G K D N I L E A P
K M R R Y B A V L K G E V Y N J S Z I G
W E O N A Y A M A V L W C R H B X H U V
G K E R Q N I R M T I R P U N J A B I Q
I G A R M Z I R V E S O H C N E R F T D
V I L A G N E B D X H N A C Q I R J G Q
```

ARABIC	GREEK	NAVAJO	SPANISH
BENGALI	HINDI	NORWEGIAN	SWEDISH
DANISH	ITALIAN	POLISH	THAI
DUTCH	KLINGON	PORTUGUESE	TURKISH
ENGLISH	KOREAN	PUNJABI	URDU
ESPERANTO	MALAY	QUECHUA	VIETNAMESE
FARSI	MANDARIN	ROMANIAN	Hint: the mystery word
FRENCH	MAYAN	RUSSIAN	has 8 letters.
GERMAN			

Puzzle #2—Coming and Going

```
H O W V E Y O U B E E N P U S T A H W G
U P A R N I K A H S S T A H W D A M W A
N F S E P E A C E B E W I T H Y O U E D
T H Y T Q M K L A T E R D A Y S R A G I
I K O A W H A T S N E W A R K T E S S E
L Q Z L U O B Q K J U Y D C C X T H N U
W J G U O D H E Y T H E R E E G A B E U
E S X O Y U L K I S O L O N G K L H H H
M R Z Y T O L O H S I V Q W O N A F E A
E Z A H E Y E T A F K H D K O H Y T S V
E A P C E O W A V X I E A D D U E A R E
T W T T M D E K E Y E W Q A D I E G E A
A A L A O W R E A Z Y O L I A C S C D G
G X K C T O A I N F B N T N Y Q C T E O
A O L L E H F T I T H E E V J H K D I O
I Y X G C T O E C R U Y L W A Z Q A W D
N D V D I W L A E A B B E C O O L D F O
Y W B I N Y K S D K P W X S E K V I U N
M O O U T L R Y A Y E R A W O H G O A E
Z H I T H E R E Y G O O D B Y E K S K S
```

ADIEU
ADIOS
AUF WIEDERSEHEN
BE COOL
BUH-BYE
BYE NOW
CATCH YOU LATER
FAREWELL
GOOD DAY

GOODBYE
HAVE A GOOD ONE
HAVE A NICE DAY
HELLO
HEY THERE
HI THERE
HIYA
HOW ARE YA
HOW DO YOU DO

HOWDY
HOW'VE YOU BEEN
LATER DAYS
NICE TO MEET YOU
PEACE BE WITH
   YOU
SEE YA LATER
SO LONG
TAKE CARE

TAKE IT EASY
TA-TA
TTYL
UNTIL WE MEET
   AGAIN
WHAT'S SHAKIN'
WHAT'S UP
Hint: the mystery word
has 8 letters.

Puzzle #3—Sporting Phrases

```
B T Y R E T T A B R E T T A B Y E H O C
N E P O M I F V E V H Q U L G E U G W T
T P C P W Y F K R M A F A L J R M Y O T
P R J S R D J E J W G W O L A A H O B S
C Y O N E L S F H Z A T L U E C H U S M
P T O U O D T I P T J A V T T S W I W X
L U C U N M G F C R B S O A T X M E J F
O E Y O R H Q H C L A G M O L A R P X E
V K C R F E O X U F X D H W D E A K O E
H E W I R U O O E A N S P N N S N O F E
S U V C T U F U W A E V A U S W H A I E
E E T Y U E H P T C G G M I O C S B F R
P S D O Q G Z E I O N B T D T N B G T H
P L E J N S S N O I E H T I H B A G E T
U M A Q B E W D R E I W R R X L O E E
P Q N Y M A T S O R W S P L M Z L O N K
A J E A B H D N E O Z M L W P W F D L I
R U G C R A E T L U A F T O O F O E O R
N B Z O L I L S N U O X T Q P Y U Y V T
E Z W L U O F L A N O S R E P G R E E S
```

BALL FOUR
DEUCE
FIFTEEN LOVE
FOOT FAULT
GAME, SET AND
   MATCH
GO TEAM, GO
GOOD EYE

GOOD THROW
HEY, BATTER
   BATTER
HIGH FIVE
HURRY UP
HUT ONE
I'M OPEN
NICE SHOT
PASS IT HERE

PERSONAL FOUL
PLAY BALL
SAFE
SECOND SERVE
SHOOT
SLOW IT DOWN
STRIKE THREE
SWING AND A
   MISS

SWITCH
WATCH OUT
WE'RE NUMBER
   ONE
YOU'RE OUT
Hint: the mystery
word has 8 letters.

Puzzle #4—Use an Exclamation Point

```
C R K O E S K C I T S E L D D I F G G A
T N R K O M T H E J O K E S O N Y O U R
U H I Y X H O Y I Z Y L A D R M I D Q B
U I A Z Z S O H Z O F H A H E U J J Y A
A I F T Q B C O M A Z A H S A K R U A D
M K O O S E M R Y I E C P U K A E X W A
G E N N A S O R R Y Y N B P A N F U A C
Y O T L I T O N Z G R E G T U L A T O A
J T O A T C F F R N A L N N Q V I H G R
B H D D D L E E U V K K A O K F Y O T B
A I J I F N I O K N U H U D H M E H V A
H S A W M O A G N C N T O L D Y A S O O
H O L C B S R P N E K Y O P X A J M F E
U N X T A W B Y U M H M J E L A N D H O
M E N A L R E F O A B A N D O N S H I P
B S N M O P P Q X U X O A N W R N E Y M
U O M E N O L A E M E V A E L Z P L E F
G N M W E K A L A N I P M U J O G P W R
V M R J Y J J I S T N I T S R I F U O Y
M E T E G O G M L H E R E S J O H N N Y
```

ABANDON SHIP
ABRACADABRA
BAH HUMBUG
BALONEY
DON'T PUSH
FIDDLESTICKS
GO AWAY
GO GET 'EM

GO JUMP IN A
  LAKE
GOOD FOR YOU
HELP
HERE'S JOHNNY
HONEY, I'M
  HOME
LAND HO
LEAVE ME ALONE

NICE ONE
NO FAIR
SHAZAM
SORRY
THANKS A LOT
THAT'S SO
  FUNNY
THE JOKE'S ON
  YOU

THIS ONE'S ON
  ME
UP AND AT 'EM
VOILA
YOO-HOO
YOU FIRST
Hint: the mystery
word has 8 letters.

Puzzle #5—Use a Question Mark

```
T N W J J I C R D E S I R P R U S C P W
Z K E H N S Y A T S U O Y T N A C A X H
D K O P W T K B W E Z W M Z U D W N P Y
I A S P P H W H I C G X D D O S V W R C
D U T B X A A E O F D I O U Y P H E E A
Y O A P C T H T C K S Q V U E E V T N N
O Y H I E A W T S Y L L A E R H O A N T
U P T L N F N N A W U M H E A H M L I I
H L S E Q A S I G H R G T Z O F H K D W
A E I S E C K E S W T O N Q H B U W S H
V H L G H T A Z R E S D N O W H T B N O
E I Y O O U M R Y A E Z I G R O P W E S
F Y K M W F N C Q Z C T B D N W X J H N
U A X I M A E R E H W O H Y W C I K W E
N M D B A C Z U Y M G H H A C O J M D X
J Z O G N P K B R D M W L W T M H P A T
V A R E Y O U S E R I O U S K E B S S F
W I T H W H O M A M I S P E A K I N G Y
W L K G N I Y A S I S A W T A H W O C Z
S H O U L D N T W E G O T T O A N S T T
```

ARE YOU SERIOUS
CAN I SEE THAT
CAN WE TALK
CAN'T YOU STAY
DID YOU HAVE
  FUN
HOW COME
HOW DID THAT
  HAPPEN

HOW MANY
IS THAT A FACT
IS THAT SO
MAY I HELP YOU
OH, REALLY
SHOULDN'T WE
  GO
SURPRISED

WHAT ELSE
WHAT WAS I
  SAYING
WHAT'S WRONG
WHEN'S DINNER
WHERE AM I
WHERE TO
WHO ARE YOU

WHO CARES
WHO'S NEXT
WHY CAN'T I
WHY NOT
WITH WHOM AM
  I SPEAKING
Hint: the mystery
word has 8 letters.

Puzzle #6—Twelve-Letter Words

```
P Z K A I D E P O L C Y C N E O F L X Z
H N O I T A R T S U L L I N F Z F A N E
O Q O D R E C E P T I O N I S T C N O Q
T X G R G H O S T W R I T T E N O I I O
O R Y A P N Z X N R L Z X I H Z O F T Q
G K D O B I H T H A A X J X R F E R A X
R S E B P A M S N C I N J Y M C Q E I R
A P L R E T C G N E T R Q A V P O T V S
P X B E N N C H H B M O A U Y D S R E O
H A B K N U F H E S N E C N I K N A R F
E P O C S O D I E L A K L S I L W U B D
R Y G E Y F P H C E O C U Z R R I Q B B
S G B H L I I F P Q S R Y M Z E E Z A G
H P N C V V N A X Z I E E W K E T T E D
N H R U A U C T T Y R F B T Y O B T E R
J O H A N N E S B U R G H U T M Z M U V
F L P H I L A N T H R O P Y R E Y P E B
U J H E A D Q U A R T E R S Y G N A E H
H I P P O P O T A M U S K G W O E D U G
M E L O D R A M A T I C T N F N F R S Z
```

ABBREVIATION	FOUNTAINHEAD	JOHANNESBURG	RECEPTIONIST
BACHELORETTE	FRANKINCENSE	KALEIDOSCOPE	TRANQUILIZER
BUTTERSCOTCH	GHOSTWRITTEN	MELODRAMATIC	VETERINARIAN
CHECKERBOARD	GOBBLEDYGOOK	PENNSYLVANIA	Hint: the mystery
CHEESEBURGER	HEADQUARTERS	PHILANTHROPY	word has 12 letters
EMBEZZLEMENT	HIPPOPOTAMUS	QUARTERFINAL	(of course).
ENCYCLOPEDIA	ILLUSTRATION		

Puzzle #7—Words from the French

```
N R C O U P D E G R A C E K S T K A F P
M E E F B F A V A N T G A R D E N O V I
A C G N R Y U K Z S S N J X T L F O W H
D O A T T A C H E A V Z J L H L A R S M
E N T K E T T E R G I A N I V A M N O P
M A O J L S E G A Y O V N O B B W M B F
O I B I X Q I L J U P R A C O N T E U R
I S A P I D A X M R H L I A I S O N R S
S S E R V U E O D S R O H S O I R E E
E A W A P R E V Y Q H C F L C A S R A E
L N M C D W O H A R M O I R E T R S U O
L C X T N C C J C C E S T L A V I E I E
E E L B A W I O E U H R I M P A S S E E
B X S T R V C T N D O A R Q S E R G U T
X S E S G Q R X W C O T E Z G E H Y S U
T U U X U O E A P I I M P K S R C J W O
R Z B S F O M B A U Z E A E M T T A Z R
E D A C A F M U S B T C R L I N H M F N
A L A C A R T E S D J R E G A E N F J E
C O N N O I S S E U R L J O E Q R V F Q
```

A LA CARTE
A LA MODE
APERITIF
ARMOIRE
ATTACHE
AVANT-GARDE
BALLET
BON VOYAGE
BUREAU

CAFE
C'EST LA VIE
CONCIERGE
CONNOISSEUR
COUP DE GRACE
EN ROUTE
ENTREE
FACADE
FORTE

GRAND PRIX
HORS D'OEUVRES
IMPASSE
LIAISON
MADEMOISELLE
MARDI GRAS
MERCI
MOUSSE
PASSE

PROVOCATEUR
RACONTEUR
RECONAISSANCE
SOIREE
TOUCHE
VINAIGRETTE
Hint: the mystery
word has 8 letters.

Puzzle #8—Words from Native American Languages

```
R T P W U V T D B E S Z S B L T Y T S K
A R E A K Y D E S I X Q U C I O P O Q Q
C T R M L E E O R R X C U F V T K B S T
C O S P O C O M Z R H H R A T E I A G M
O M I U Z P D M X I A C J A S M C G U B
O A M M A N U C P M F P R M G H U G A I
N H M P V S D M M J C K I Q W U H A C U
S A O O S J U O V M S J M N X U O N A K
V W N O E N C G A U J G E Y R I D C M B
O K P U K K W D M C Y N L R S M A V O K
N O C C A B O T U L B E I S K M C E L B
C P Q U W O W W O P E C O S K Y O J E F
Y B Y O S Q Q J A T A V W J J C V O N A
R Y M B K D G R A N A Y N A I Z A A E L
O W W I U Q E N E I A E G F J I C N S Y
K T I R N J A W N S E U T Z C E J F O I
C U G A K M L U Y F A C G O P J Z R G E
I V W C I T T R O D N O C I Y Y O L U S
H B A R B E C U E A W O N N Q O O Y V X
Y V M E P L V N I S A C C O M O C C F L
```

AVOCADO	GUACAMOLE	OPOSSUM	TERRAPIN
BARBECUE	HAMMOCK	PAPOOSE	TOBACCO
CANOE	HICKORY	PECAN	TOBAGGAN
CARIBOU	HURRICANE	PERSIMMON	TOMAHAWK
CHIPMUNK	IGLOO	PETUNIA	TOTEM
COCOA	IGUANA	POWWOW	WAMPUM
CONDOR	JERKY	RACCOON	WIGWAM
COUGAR	MANATEE	SKUNK	Hint: the mystery
COYOTE	MUSKRAT	SQUASH	word has 8 letters.

Puzzle #9—Words from the Arabic

```
N P X C X U A O C P I T L N G C S C M I
Z Q S D F P Z L I K Z L N O O H P Y T K
E L I X I R E U L N M R H T H I O U H E
E T Q H V B S O H I Q A T M E O U U A V
P W T P L Y O E R X Z O S C V R C A L A
E M N O R F F A S A N W R C A S T L B R
N E F J A C F C R Z K Z V B A M L U A T
I H Q H W A F D D J T E K C A R U Q T I
M H X A S X X J Q X Q O H M R O A S R C
S M T Y M M U M R O G W C N R E T K O H
A A U I I M O C H A M A G A Z I N E S O
J H G P N S L C B L K W N O B C E L S K
W M B V T E D Y E G O G P S X A A R W E
T V O V E F Z E M E E Z R V L R X A N K
Y G E N I E F X N B U N K M I R J G I C
L P D S S F Q I A R Q Y A M N M C U U N
C K R R O O M E R A H N D Z I Z A S Q R
Q L E C I E O V V A A A E N H A L H E V
F S U M S Y N N V C T R L H A W I A S B
M S N F Y E K D B W O T Y I T C L G N V
```

ADMIRAL	ELIXIR	MOCHA	SUMAC
ALBATROSS	GENIE	MONSOON	TAHINI
ALCOHOL	GHOUL	MUMMY	TARIFF
ALGEBRA	HAREM	ORANGE	TYPHOON
ALMANAC	HAZARD	RACKET	ZENITH
ARTICHOKE	JASMINE	SAFARI	ZERO
CANDY	LILAC	SAFFRON	Hint: the mystery
COFFEE	LOOFAH	SEQUIN	word has 8 letters.
COTTON	MASCARA	SUGAR	

Puzzle #10—Palindromes

```
K T Y J Z W G M S I F B N N T R A R R X
E E D S P L S E X E S F B A J B E F P C
R N E H P B S H A N N A H E B D M R K K
S E E U E A C I V I C E X A I R A B D O
S T D S G R V Z P Q V X C V B E Y H S O
X Q F A D Y E B C I H V I M A D A M O K
R G S L B T S F T J Z D J I K D L R L A
E C D J I E T A E Y E W C O T E A A O Y
P G R W H K T O Y R L T Q O M R Y C S A
A S O F W I X L O R E J E F E O A E H K
P W I N V O G W T U D G V G T M C X F
E L L E S S F F F I G F I Z E B V A N Z
R Q H U R R R J Z F Y V N N F C Y R E S
F Z U K K L E V E L E Q V R B Z M V C M
U X N O O N T Z Y R N Z I K D S A R D T
Y T K H J S T A T S N S A T L Y A B I W
N T S J L B Y T D A D Y O W C C M U H U
P O T T O J T R H R O T A T O R Z N N P
A O H Q D B Y B U W A K H D E M W B O K
P E E P O E C D H I Y T R U C E S P A Y
```

ABBA	KOOK	POP	SEXES
BIB	LEVEL	REDDER	SOLOS
CIVIC	MA'AM	REDIVIDER	STATS
DAD	MADAM	REFER	TENET
DEED	MAYALAYAM	REPAPER	TOOT
ELLE	MOM	REVIVER	TOT
EVITATIVE	NOON	ROTATOR	WOW
HANNAH	OTTO	SAGAS	Hint: the mystery
HUH	PEEP	SEES	word has 8 letters.
KAYAK			

Puzzle #11—Reversible Words

```
U D S A O J M Z T D R H B U L R G M J C
D E D F V S N R K K R H Y N T E M J B M
R C K C R G F E N M V R E P A I D E W A
V A M J P O R V W G F I P S U M C M B R
N L Z C U H Q I J I B L A G E R E U L A
W Y C C P B R L C T H O P K A P T T A K
D Y M C I R H E K S T K S N G X S S A N
I C X B L P P D P B G G H O O I D D L G
A B D E S R R O N T R U I Y N V O E O R
P W F A A D O K O N U V D N A D A N O E
E U R G C L N V V B R B E A L R D N T V
R Y E W S I V L A L J D E E X I E I E I
S I W W T R E W A R D V E D I E V S R L
N T A S H C S B G V K O S S R U I E F E
L E R L B L A A M N F F R P S G L B D D
O X D E I Q T S I T S E M S O E S M P E
O W O P S E C T U L G G T W P O R F Y N
T H U N M S S B N A D O U O L T L T M I
E P I A S B E D L Z Z F B L V O V S S M
R R N M E D K D X Z D H A F W L A C E D
```

ABUT	FLOW	NOVA	SLOOPS
AVON	GATEMAN	PUPILS	SPOOLS
DEBUT	KNITS	REGAL	STINK
DECAL	LACED	REPAID	STRESSED
DELIVER	LAGER	RETOOL	TUBA
DENIM	LIVED	REVILED	TUBED
DENNIS	LOOTER	REWARD	WOLF
DEVIL	MINED	SINNED	Hint: the mystery
DIAPER	NAMETAG	SLIP-UP	word has 8 letters.
DRAWER			

Puzzle #12—Start and End with the Same Letter

```
K Z K M O Q T A D X Q X O U T N U B U C
U K Q S K L W C U U O A S B D Y F S J U
A C W I C O A M T A C R A U E L Z O X G
M A Y C A N S U A Z I K E N P N Y F X K
H N G I S G R F M Y G L D X A Y U S L S
E K I T P I A Z G N A X A Q U A W M L Q
X K N S A T W Y V W A D W R Y N Q B B V
P C S Y N U N E W R O X R U T F B C C H
E I E M K D Y C O O P P N E F S Q T J T
R N N O B I X V H E I G P U T W U A M L
T K G Y G N G Y C N D V L Z P S F A E A
I D N O M A I D S C A F K A M I E H Z E
S M O C F L L R R L S N O E P Q E Y T H
E R R A S G A O C Z T M L N L X A N A X
U O W L S P T A Z R D E I T I N I F N I
H D E L R A V R C D U N I Z I K U S P R
U W G I I C J G T C O R E G A N O G G Q
R N I D C L T I W E I O R A T O R I O Y
U K A A A S E N S E L E S S N E S S M D
J R N C T H R O U G H O U T F K U D S G
```

AUSTRALIA	KNAPSACK	QAANAAQ	WARSAW
BENUMB	KNICKKNACK	RADIATOR	XANAX
DIAMOND	LONGITUDINAL	SENSELESSNESS	XEROX
EXPERTISE	MYSTICISM	THROUGHOUT	YESTERDAY
FLUFF	NORWEGIAN	UBUNTU	ZAENTZ
GINSENG	ORATORIO	UHURU	Hint: the mystery
HEALTH	OREGANO	VACLAV	word has 8 letters.
INFINITI	PARSNIP		

Puzzle #13—Only Vowel Is "A"

```
O A W R J J C P S Q M V A W U Y Q W N D
X G D M P N D U B X A A N L A A L J P W
C U M A A M X V S Q A R H E S A T T C J
A A K T M A W C J R F K A A T H U L P U
N K K S A R L O F K U A M O R J B A A I
A S T G L G A F F P S W T W A B D R W S
M R Q N G A A F A T N G R Y K X A T K V
L A S A A N Q L H T A X A P H L T S W L
A T T J M A C M A L H R K Y A M N A A B
W A B R A C A D A B R A K C N Z A J R Y
N V T C A A X L A I A T B A C M L I D L
T A N K A R A L C W G M X A N X T B Z M
C U X L R B A A A Y W T A E S S A H S A
A A N E D A Y P P B L K C Y T C A K A W
R L T R V D M P L A S P H A L T A S F S
T F E T A A N A A B L K Z C P F P N G H
S A Y V R M A K O M H A A P X U Q N H W
B L C H K A P C G F O W S C X S N O A H
A F S H Z N C U E M Y L N K A O K Y N R
J A L Q T T I T J P Z X L F A V M T U P
```

AARDVARK	ALFALFA	APPALL	ATLANTA
ABRACADABRA	ALMANAC	ARMADA	ATLAS
ABRAHAM	ALPACA	ASHRAM	ATTRACT
ABSTRACT	AMALGAM	ASPHALT	AVATAR
ADAMANT	AMTRAK	ASTHMA	AWKWARD
AFGHAN	ANAGRAM	ASTRAKHAN	Hint: the mystery
ALABAMA	ANGST	ASTRAL	word has 8 letters.
ALASKA	ANKARA	ATHABASCAN	

Puzzle #14—Only Vowel Is "E"

```
K D E E C X E O E V E R G R E E N N E H
T E F F E R V E S C E N C E S U J K N V
V E L L C M Q E O F N E D E M X K B U I
T P R E C X E T D E T C E J E S T E E M
E U Q G C R F C I Q X L E Z R H R M V E
L I F N E T S H E B Q P S A A D B T C Q
S S K A L K E E D E E V R P N L T N V D
E I E O E S E D H L N X T E E B E J O A
W E E X W M S G D S Q D T M S L L W E G
H M O N P L B E D Y G N L R L S E S O D
E E T D T E R E R E E C M E E O E K N E
R R N E E R C W D G L D C B S M O S Z T
E G E C J N E T M D E X P X E S E Q C C
F E M N A H F N S S E R P M E Z N E I E
T N E E C P K E C U I D E T E F F E I R
Y C L S Q U N D E H O D K L L F K I S E
O E E S R H H E L B M E S N E O Q C S S
U J K E E M B E Z Z L E M E N T T D Z Y
E G G S H E L L N R X E N J Y I I U V Z
E L E V E N T H Z V E V C T W T K Z V J
```

EDEN	ELECTED	ENFEEBLE	EVERGREEN
EDGE	ELEMENT	ENSEMBLE	EXCEED
EFFECT	ELSEWHERE	ENTENDRE	EXCELLENCE
EFFERVESCENCE	EMBEDDED	ENTRENCHMENT	EXCERPT
EFFETE	EMBEZZLEMENT	ERECTED	EXPECT
EGGSHELL	EMBLEM	ESCHEW	EXPRESSES
EGRESS	EMCEE	ESSENCE	EXTREME
EGRET	EMERGENCE	ESTEEM	Hint: the mystery
EJECTED	EMPRESS	ETCHED	word has 8 letters.
ELDER	ENDLESSNESS		

Puzzle #15—Only Vowel Is "I"

```
A I G N I B I R C S N I H I N Y G E A C
O T N N S Q V N S Y Q A N D T I N C X I
R Y N D P O M I L C S F G K R N I L I S
N R I A U C T Q O R L E D K A C C H N N
D R N R O I T R Z I M L U I N H I Q V I
X F C G R H U X C R M G N I H C T I I R
I N I I S N Z T V R D V H T P P U K T T
N G T R F I N F I G H T I N G G E D I N
S Z I S J Q G F N E H C O O U G I N N I
T G N G G I N P M O I F Q H M P H I G Z
I N G N N I M C H L U I L Y I I M E F V
N I L I I R I H L M P I P S B P M Y I L
C G N B T C N I T S I D N I I I U C G I
T N A I I G S M G S Y I T S D N M Z N N
V I O B N N I P D S I I H S T D K M I D
M P A M G I G R H M B O V Q I I I J N I
E M B I I L H I O I Q J G K I R L X N C
Q I S N I K T N S H S I R I F J I L I T
N B H G O N I T K U T S I S N I J E B B
J G C U P I G L X H N X B G T Y R X A P
```

IBIS	INCH	INKLING	INVITING
ICING	INCITING	INNING	IRIS
IGNITING	INDICT	INSCRIBING	IRISH
ILLICIT	INDISTINCT	INSIGHT	IRITIS
IMBIBING	INFIGHTING	INSIPID	ISTHMI
IMPINGING	INFIRM	INSIST	ITCHING
IMPISH	INFLICT	INSTILL	Hint: the mystery
IMPRINT	INHIBIT	INTRINSIC	word has 8 letters.

Puzzle #16—All Five Main Vowels

```
L T H F B J V R U O I V A H E B G J Y S
A Z S F A U O Z S Z C Q J C S B I L E R
C P X A M C A U E Z I R A L U P O P T Q
O S L U O P E P R X Y R E V G W L C I B
V A U T D T O T H N X E M U I L O G K V
I B V O E N E P I L A V W I K Z P Q D H
U V E I N Q E U I O E L D I A L O G U E
Q B X N O I V I Q N U D I S D N G R A A
E G A D I N T R S L O S U Z E H Q M S L
G T T E T X O A E U I C Q C E Q V X N R
O A I X U G T I L T O M U Z A O U U N N
X I O P A K Z G T E A L J L Y T K O I D
E N U J C L V F N A G C A P A V I S I I
U O S W N N M H A V L N I J R T H O S A
P M N G L C R E M P O U C N A U E H N M
H U T E N A C I O U S C M U U T P C W E
O E D I S C O U R A G E Q E N M V R E S
R N T A U T H O R I Z E P M T W M W C U
I P T E P G Z N O I T S U A H X E O K O
A U C T I O N E D N E F A R I O U S C H
```

AUCTIONED	DISCOURAGE	GELATINOUS	PNEUMONIA
AUTHORIZE	EDUCATION	HOUSEMAID	POPULARIZE
AUTOINDEX	EMULATION	INOCULATE	SEQUOIA
BEHAVIOUR	EQUIVOCAL	JALOUSIE	TENACIOUS
CAUTIONED	EUPHORIA	JOURNALIZE	VEXATIOUS
COMMUNICATE	EXHAUSTION	MILQUETOAST	Hint: the mystery
DIALOGUE	FACETIOUS	NEFARIOUS	word has 8 letters.

Puzzle #17—Two Sets of Double Letters

```
H E N L F G E Q Q Y N O O L L A W Q M N
B E Z M R I N O I S S I M M O C P M B I
T P X G L T S E V U E F N N Y F Z O G O
E O P X Z J K H B I N S O B P X O Q X F
L O Q Z C B L O H Q T N O O J B F X W F
L H J H W D V N X O E Q S E O O Z N L P
A W N L T O B B O Q O S S O E O Z Q U U
L Q G I O Q H R R T E K A Q X T A K P T
L U X D W X T J D S G N B J M T Z N P T
P M O P L E K H S T G H K K S A Z I E I
K O C K E V X J A S R E B W S T I S R N
O O N B H B I D U G O D D S Y Y P S C G
P R R X J B V M M T L F E T S I G A L T
P R J A G E G S K Y L C N Y T G S S A K
R A Z Z M A T A Z Z C V E T O S Y S S E
E B M E E P E E T A L V O U E K O A S J
S G Z Z J C O O K B O O K S F W O Z M A
S S S E C C U S T A N Y S X O K H C A S
V P C O L E Y I Q E R V E O E M O W N P
V Q C M B B A L L O O N X N B Q O V H F
```

ACCESS	BOO-BOO	POSSESS	UPPERCLASSMAN
ASSASSIN	COMMISSION	RAZZMATAZZ	VOODOO
ASSESS	COOKBOOK	SPITTOON	WALLOON
BALLOON	EGGROLL	SUCCESS	WHOOPEE
BARROOM	OFF-PUTTING	TATTOO	YOO-HOO
BASSOON	OPPRESS	TEEPEE	Hint: the mystery
BEETROOT	PIZZAZZ	TELL-ALL	word has 8 letters.

Puzzle #18—Nuts and Bolts of Language

```
I X R N C C O H R A P S E I S Y N Y L B
N A W E N B A D V E R B S J Y S O O F B
T W F E J O C A C M N F A T N S J L U U
E G W E H Q I R X I F E R P T Q L E G N
R O C Y E S B T C P A Y H S A Y L G N J
J T U O Y Y B I C O R O P I X C I Y I H
E I V K V F Z C O N N E W X I I N E N N
C I T P Q N D L Y E U T P T I L G W A X
T X A C G N J E T V E J R O W O U U E W
I R T B E Q J I X I G A N A S J I T M C
O W W K Z J C S V T P G D O C I S T A S
N V A Z K S B S X C S N E E C T T Q O E
N I E A M D B U R E Z L F P T S I I B M
C T I R F K P J S J Y D I K K N C O O A
C Q H B B J D R L D X X N S V A S Q N N
B J G C G X T V O A P X I S U F F I X T
H E C N E T N E S N Q H T O L L Y I A I
Z E V I T A R A P M O C I P C Y A S G C
S T R U C T U R E B E U O N Q Y T X G S
S U P E R L A T I V E P N V W I T C Y L
```

ADJECTIVE	INTERJECTION	PHRASE	SUFFIX
ADVERB	LINGUISTICS	PREFIX	SUPERLATIVE
ARTICLE	MEANING	PREPOSITION	SYNTAX
COMPARATIVE	NOUN	PRONOUN	VERB
CONJUNCTION	OBJECT	SEMANTICS	Hint: the mystery
CONTRACTION	PARTICLE	STRUCTURE	word has 8 letters.
DEFINITION	PHONETICS	SUBJECT	

Puzzle #1—Comedians

```
D C S R F O X W O R T H Y Z L J O A Y V
H J D B Q S A R B T S V W Q D D L D X C
K E E R D E M I Y Z I R B N B S P A R K
Q F Q P A H X G R J A Z N L T X X S A A
U S S L W Z F H F C H A P P E L L E M F
D A N C H R Z T H O V P E R S U T I T Q
T T E K C A H I C K S C A R L I N N K G
G A F F I G A N R O M A N O E R I F C G
I J T K L V B T D R T O H R K I R E O D
W N G G I T S C A V O K N D J G B L G J
C J O S A N R C T K Q Y L U R E D D B A
I Z L R E K I E O R I E R E J B Q Y E F
J X R E Y R C S B S I W B P E X C U L Q
L A H O P E E O O F T D M R H E I U L P
Q B E P N X I N R N E E G B G I T I A P
A B O B I K C E E H V Z L O N G L F M D
L O O C T W G K I G J M D L D Q F I Y D
L T I F R N U G P C E Y B S O C G V P Z
E T K C A L B J B U A D M U R P H Y J S
N J H D M O T T V U S Z V F Q R T J A U
```

ABBOTT	DANGERFIELD	HOPE	PRYOR
ALLEN	DEGENERES	IZZARD	ROCK
BELLAMY	FOXWORTHY	KINISON	ROMANO
BLACK	GAFFIGAN	KOVACS	TITUS
CARLIN	GOLDBERG	MARTIN	WRIGHT
CHAPPELLE	HACKETT	MARX	
COSBY	HEDBERG	MURPHY	
COSTELLO	HICKS	PHILIPS	

Hint: the mystery word has 8 letters.

Puzzle #2—American Olympians

```
P K S O A E H C F Y E V Q Z X K H N R Z
D C G Z O R M S J S F V C S G V P M P V
F B O V E E C P E H I D N O I B J H T A
I I B T B L A I R W A N C E C W P H X N
O P R Y D L X T N Y L M O N D F S M K D
A R K E I U I Z O S Z H M A P L L Z M Y
K E N H H M R W S T Y H C L A E F O Y K
R L Y E I S R C N R I E N W W F C I D E
O L N F S S I H H U L I T I P E T N P N
N I O N C I H F O G P D S L A F O Z J V
A M S E H E J H J K X E B N K D S O L O
E M P Y O W A Y W O E N U A D J A G E R
R G M O L L X H B J I M Y Y L O R E P Y
T P O P L Q D O V R L E N O M A R C A S
Y L H H A Y N R R O S Q W W B S D H H H
A N T E N N A I M S E R H T B N Z I O S
M X C L D A D D Z B L Y J A M E S H E O
N S E P E T R N I O T D P N B W U M L H
D V D S R J O V Q R K P X R W O Q W V L
Z F K C V D J Z X N N I K U I L X L O X
```

BIONDI	JAMES	MILLER	STRUG
BLAIR	JOHNSON	MOCEANU	THOMPSON
FISHER	JORDAN	OSBORN	VAN DYKEN
HALL	LANE	OWENS	WALSH
HAMM	LESLIE	PHELPS	WEISSMULLER
HEIDA	LEWIS	SACRAMONE	Hint: the mystery
HEIDEN	LIUKIN	SCHOLLANDER	word has 5 letters.
JAGER	MAY-TREANOR	SOLO	

Puzzle #3—Inventors

```
E A S T M A N X B L O V C R X M I D F M
E W O H U A T I Y E Z N F C E H B V N Y
L L E B H F R E J A F O Y N A G I L W K
E F E R M I D C S W M T F J A M I R X B
S I K O R S K Y O L U W W I N M I E J G
Y A D A R A F Q S N A E M Y P G L E G L
N A N R E K G D F O I N E C H R V L E C
I U R E P P A R C L N U V T L Y I G U D
L V S R Q I J N L O D W E G A B B A B P
K I B U R M F A R N S W O R T H N E E F
N B H M M M L W N R W R G A S A H D S M
A X C Z D U Y S T C H I V E J I U I R K
R G R E B N E T U G I R E P N P T S O J
F N O B E L A W N E T S E Y U D T O M T
U Y V L I W B O L J N Y L R E X S N O E
H L I Q P I L A B H E O E I N S T E I N
I N F J P I N R P P Y Q D I B Y D O E K
J X B V X D C B H I J M N Z X N V R O K
X E D Y G O J I I Q P D E L O B V S I X
K M K U R H C A R C H I M E D E S B K B
```

ARCHIMEDES	EINSTEIN	MARCONI	SIKORSKY
BABBAGE	FARADAY	MENDELEEV	TESLA
BELL	FARNSWORTH	MORSE	WATT
BIRDSEYE	FERMI	NEWTON	WHITNEY
CRAPPER	GEIGER	NOBEL	WRIGHT
DYSON	GUTENBERG	OTIS	Hint: the mystery
EASTMAN	HOWE	PULLMAN	word has 8 letters.
EDISON	LAND	RUBIK	

Puzzle #4—Presidents

```
C N Y L I N C O L N L U N T D Y A K M E
P O L K T T V H C T P O R N Y D Y Z B B
S S L I B F E U B J X H O R A X L W Y M
Z R W G T J A L A I I O O M T R U M A N
C E N B G V A T N N U D S E Y A H Q V K
H F O N B U C H A N A N E G J Z C U J C
Q F T G L J B N C H E P V D H P U S G T
T E N K H B U L E N Z T E I K V P W W Q
M J I T Q T G R O R R A L L Z T X Y N D
A N L A O Y P T E Q U L T O K R U B N Y
D Z C A T H G H Y W T B N O S K C A J E
I A I J C N E Z U L O G N C Y E L E G R
S L B F I C A R T E R H N A M E E Q K O
O O U H D R O F Z A L M N I V W N E K M
N O S I R R A H Q Y X T H E D O A R K L
T A H U L E C L F C B B L G S R G W L L
W G U B K O L N K V Q C Y L Q I A Q C I
E Z Y U S R P Y Q E J R I F D J E H F F
Z T N A R G Z A T Z P W J F E O R N O M
J Q Y T K B R I N F M C Y D E N N E K C
```

ADAMS	FORD	LINCOLN	TRUMAN
BUCHANAN	GRANT	MADISON	TYLER
BUSH	HARDING	MONROE	VAN BUREN
CARTER	HARRISON	NIXON	WASHINGTON
CLEVELAND	HAYES	POLK	WILSON
CLINTON	JACKSON	REAGAN	Hint: the mystery
COOLIDGE	JEFFERSON	ROOSEVELT	word has 8 letters.
EISENHOWER	KENNEDY	TAFT	

Puzzle #5—Vice Presidents

```
R S H E R M A N F A I R B A N K S G R T
K J T R Z V Z W T K L A N Q Q G I R V A
B P H E N D R I C K S S R J U Y T X F X
R V G G V T B D X G C M Y R A Z X D I M
E R N O K E M W K E H I U E Y J A Z V O
C I H I R E N Y H L E A I N L W M P P N
K G A R N E R S D E N K Q V E K O O H D
I V M I E T F A O C E H N S J L R M K A
N P L Y Q T L D W N Y L O M I G T A O L
R G I O N L H G L N T F E B E Y O R B E
I R N H A A L E X O E U B R A K N S T F
D L T S N O D Z M J H J R E Y R P H S O
G B A A U K S P I A X Y D E Z Q T A I I
E T K G Q A K I X C U C R N U O H L A C
Q C G G U I Q U T I W H H L V W L L U P
L O Q E N N U I V R P F V S F B V P X I
B L G S K C L N K M U N O S N H O J P I
Y F A F S L S U U R O C K E F E L L E R
B A G N E W N H Y R Q R Z B W B P S Y K
K X N C H B U R R V Z B N O T N I L C Z
```

AGNEW
BARKLEY
BRECKINRIDGE
BURR
CALHOUN
CHENEY
CLINTON
COLFAX

CURTIS
DALLAS
DAWES
FAIRBANKS
GARNER
GERRY
GORE
HAMLIN

HENDRICKS
HOBART
JOHNSON
KING
MARSHALL
MONDALE
MORTON
QUAYLE

ROCKEFELLER
SHERMAN
STEVENSON
TOMPKINS
WHEELER

Hint: the mystery
word has 8 letters.

Puzzle #6—Nobel Peace Prize Winners

```
U L E G C Z E H K R L E A O Z J W D X J
U R M T L E N X S S R K I N G J R E D W
L H U H G M V V O Y E W K S T M R K G Z
E G C G Y R X U W H I L U A A B A L Z L
S N A N I F Z B W G W M B T F R B E M W
E J A S E X B I V N J S J O A F I R D K
I Y A N E M L F O Y V C B Z R W N K Y T
W L W B N L M P W S M H G Q A P U F O D
L H Z R I A A M O E L W Z L V T W O N N
W I D A B E N W B R E E A L U M R E H J
T M M N S M D C Q E V I T T C D M S Y Z
R S D D N U E V J P I T B S R G F A K T
I M A T X H L A S T U Z B E U N M N V J
M X L P M D A U B J Q E H N G B F C R R
B M A O C A N W D V S R K Q E I K H O B
L Y I O Z U K T Y N E P V W P S N E T E
E R L B Y Z O E I A H T A A M L Z Z B V
S D A D D L O J K S R A M M A H E Y L R
Q A M A W N N Y R D F S Q H P T A D A S
K L A K H G I Q C O V O R A H K A S T O
```

ANNAN	HUME	ROBLES	TUTU
ARAFAT	KING JR.	ROOT	WALESA
BEGIN	MAATHAI	ROTBLAT	WIESEL
BRANDT	MANDELA	SAKHAROV	WILLIAMS
DE KLERK	MENCHU	SADAT	YUNUS
EBADI	MYRDAL	SANCHEZ	Hint: the mystery
ESQUIVEL	PERES	SCHWEITZER	word has 9 letters.
HAMMARSKJOLD	RABIN	TRIMBLE	

Puzzle #7—Philosophers

```
F L K Q T D R N S E B B O H Q X T W B L
P N D K L B F I O C K T I M V U W I E U
L H R P U N X L D G M C J Z L R D G M A
A E E S A I O A S P I N O Z A O E R A E
T I U N C E D C L W L E B L C H U Z A S
O D A G U T H E A N A T A Q U I N A S S
H E H S O Z C V S B C H G F N L F E Z U
M G N E F S Z C Y Q S C U U J L J K Y O
A G E T D C K L B M A I N T S E D R B R
H E P A O H F M B R P F R E A V L I L D
T R O R D E R R I D A H Z F N A E O X D
N M H C O A R S E R T R A S T I I V I E
E R C O E G T M D L L W U M A H B U X S
B Q S S L O I L L L X F T G Y C N A B C
W S H B T L K H E J B F Y L A A I E H A
Y F M L L R Q S U J F P Q R N M Z B J R
A L E L I G S T A M Z K Y E A J K E I T
A W V Q D U D M C R E C F M U Q I D N E
A K I E R K E G A A R D W S B V O A F S
D W P G W S J Y H Z F B N M Z N K Q Y P
```

AQUINAS
ARISTOTLE
BACON
BENTHAM
DE BEAUVOIR
DERRIDA
DESCARTES
FICHTE

FOUCAULT
HEGEL
HEIDEGGER
HOBBES
HUME
JAMES
KANT
KIERKEGAARD

LEIBNIZ
LOCKE
MACHIAVELLI
MILL
NIETZSCHE
PASCAL
PLATO
ROUSSEAU

RUSSELL
SANTAYANA
SARTRE
SCHOPENHAUER
SPINOZA

Hint: the mystery
word has 8 letters.

Puzzle #8—Cartoonists

```
D K R P G R O E N I N G O L D B E R G S
T S G L L G D S H M E F V P D Y H I Z D
R P U M C G R U D E R N R Q H B A R E O
U E I R O K X X B R E L L I M H S U B Z
D T S Q B A X R Q I K C E C U L B U H W
E E E N X O D A V I S C D D S P F B P P
A R W A W D Q P J A S O S Q R A P P T S
U S I G V U C V W O N N N X M K L Y M W
R A T V S B J C U N W L Y B S Y Z A N E
Z B E M U X D L E Z M E L L M X D N O C
R R K Q R V L L N A Z Y Q P L A N O M H
N O S R A L L R H O I W T Q T E K T E D
J W G N Z I A C O A S O A A B V K S G H
U N L R A V T B E G N R H R A S W N R W
D E I O L E M Z Z Y R D E M I S X H I D
G R D D K U N L Q M R A F T V T O O F X
E B N M R N U A U X T E S O T M C J F M
K W E C E H J V E H Y A V I R A B Y I B
Y I M G C B T H E K P N A A P D W U T E
H A A S R I J D P M D K I P S I U P H R
```

ADAMS	DAVIS	KEANE	PETERS
AMEND	GOLDBERG	KELLY	PLYMPTON
AVERY	GRIFFITH	KETCHAM	SCHULZ
BROWNE	GROENING	LARSON	TRUDEAU
BUSHMILLER	GUISEWITE	LAZARUS	WATTERSON
CAPP	HANDFORD	MCDONNELL	Hint: the mystery
CONLEY	JOHNSTON	MCGRUDER	word has 8 letters.
CRUMB	JUDGE	PASTIS	

Puzzle #9—In the Military

```
T R G E M R E C I F F O Y T T E P O D H
N G J H K N I A T P A C O Z H R Q C M Y
A A R T L A R O P R O C I W N E Y E J J
N R R V Q M B Z X A M S E Z P C D M B R
E C P P R H L S D I N Y G U M I B P Q E
T X O C Y C E M Y N O U F O C F R R T D
U E F M G A I T N A E G R E S F I I L N
E L D C M R Y A J C Y G H S E O G V M A
I E P A A O N Z N Z R Z R V E T A A A M
L N N L C G D H J P S E L D I N D T R M
T O L F E V I O N Q I M V W N A I E S O
I L P I L O T O R D R A U G Q R E R H C
U O U F U E I Y L E S K U U E R R P A F
R C C Y N R L O E R N I A L P A H C L M
C Q X S U Y S X A D O I K R O W T S P C
E H I T O T P V G M C L H G E N E R A L
R G N P O L I C E M A N I Y R N M R K R
N E L O W F F R X C M J J A T G X X Q C
C V F D R S B V G P F S O R S Z P H D U
A J P A E P W M E K U O Y R C B L J D M
```

ADMIRAL
BRIGADIER
CADET
CAPTAIN
CENTURION
CHAPLAIN
COLONEL
COMMANDER

COMMODORE
ENSIGN
FOOT SOLDIER
GENERAL
GUARD
LIEUTENANT
MAJOR
MARINE

MARSHAL
MEDIC
NURSE
PETTY OFFICER
PILOT
POLICEMAN
PRIVATE
RECRUIT

SAILOR
SEAMAN
SENTRY
SERGEANT
WARRANT
  OFFICER

Hint: the mystery
word has 8 letters.

Puzzle #10—Chess Greats

```
Q Y K A S W K Y E X N B O T V I N N I K
U Y J L K E E G N M A V S T A U N T O N
Y P K W L K R C I S W O G R H U D B N N
R P O L G A R E F P A I S E N T A X G G
L E Q K N U E Q K A R R U S A I S A J Q
H K K Q I N L X M S I A H H M O A V S C
S J R S E H S R J S E M C E F L T S U Q
T V C E A B Q G J K S O M V I M P O B B
E O K A Q L Z W Z Y W N Y S L S X N R P
I N N Y R K S M Y S L O V K A J G A D H
N A X X V L K F V D O P F Y H J K I A K
I H X C T X S V M G C L S Q K C N S C B
T Z Y N Q S O E B F V V Z E O I I O N R
Z D E M P R K B N I O N H C R O K R A O
L M T U A M A E S L Y R S W Q M C T L N
W I B P W V R M A R K I N M A R K E B S
U S S S A E P P R E H C S I F L N P A T
S A N W T M O R P H Y K M A N A N D P E
K K Q L C T V K E I H E N I H K E L A I
I V A N C H U K T R O T R E K U Z V C N
```

ALEKHINE	FISCHER	KRAMNIK	SMYSLOV
ANAND	IVANCHUK	LASKER	SPASSKY
BOTVINNIK	KARPOV	MORPHY	STAUNTON
BRONSTEIN	KASIMDZHANOV	PETROSIAN	STEINITZ
CAPABLANCA	KEENE	POLGAR	TOPALOV
CARLSEN	KERES	PONOMARIOV	ZUKERTORT
EUWE	KHALIFMAN	RESHEVSKY	Hint: the mystery
FINE	KORCHNOI	SEIRAWAN	word has 8 letters.

Puzzle #11—Big Business

```
G A U H P K E F A A D N E B V E Y M H Y
A K X O T E J N J A H N S V O Q C I U H
X K T L E V N S R A M Z W N N E K T X J
G E S U O N J N C O R X M O A F P T L W
O N E A G T L I Z D A R P M A K I A V A
A B N X P V R K L P J K A Z B P C L D J
N V R A S I F U L J Y Q E S K Z D E Y K
A O R L M W R N O T L A W L H A L S U M
B T E B Y D M E F C K Y G L L S O R O S
R E M R K T I U D O N M R L O I V M V Y
A M L E O T L R R N V E E N T Z S I Q J
M H L C C E K T F D N N T N O S M O H T
O K A H H F J V Y R O F C T L D G P N T
V A B T Y F W U U W X C R T E Z H P P M
I G U B F U N T T D N O H V J B U D N E
C M G R E B M O O L B S E T A G J E Z C
H O N C F Z X Q X S P S E Y C S O L Z H
X S D V W G O C M Q A K J X T H B L E L
A M B A N I W S C X G A A H N M S L L A
D B N I R B Z W F O E U H E I R U E M F
```

ABRAMOVICH	BEZOS	HELU	PAGE
ADELSON	BLOOMBERG	ICAHN	SOROS
AKHMETOV	BRIN	JOBS	THOMSON
ALBRECHT	BUFFETT	KAMPRAD	TURNER
ALLEN	DELL	KOCH	WALTON
AMBANI	DERIPASKA	MARS	Hint: the mystery
BALLMER	ELLISON	MITTAL	word has 5 letters.
BETTENCOURT	FRIDMAN	MURDOCH	

Puzzle #12—In the Office

```
E L E C T R I C I A N F P Z Y E R N Y H
T O T N A T N U O C C A E I D E V L C M
S N R E V R E V O H C O H H W N X M E A
N R E I N Q J M Q R B L V E C T K Q X I
A E R D S A H A P G E V I T U C E X E L
I T G Q I T M B N R N V Z V X I Y E Z M
C N W O F S R A R I R U Z D Y W C R Q A
I I L R T D E A E E T E K C P P E W T N
N N I N P I J R T D Z O P A Q Y D H T A
H E B W J Z A N P E I I R T W F D S A S
C L W V M K I T H E G L N A T E O A E S
E C Q U E I O I O G C I L A E J R L N O
T X K W R V Q V Y R L I S R G E V E G C
S E C R E T A R Y B E O V T G R R S I I
C R N A M R I A P E R Y K A K Y O M N A
M A R K E T E R B L K J N O B K H A E T
B T N A T S I S S A Z A E M Q Q M N E E
U O K P R O G R A M M E R K V M U J R K
A A S T J B F G B E T A N I D R O B U S
Z N O S R E P E C N A N E T N I A M W E
```

ACCOUNTANT
ASSOCIATE
ASSISTANT
BOSS
CHEF
CLERK
ELECTRICIAN
ENGINEER

EXECUTIVE
IDEA MAN
INTERN
INTERVIEWER
JANITOR
LAWYER
MAILMAN
MAINTENANCE

PERSON
MARKETER
MANAGER
NEGOTIATOR
ORGANIZER
PROGRAMMER
PR REP
REPAIRMAN

SECRETARY
STRATEGIST
SUBORDINATE
TECHNICIAN
TEMP
VICE PRESIDENT
Hint: the mystery
word has 8 letters.

Puzzle #13—Lifetime Achievement Grammy Winners

```
Y O P A W B I F H V N I L K N A R F K B
I S V U W X E K I Y A D I L O H O R N E
G U T H R I E R T F I T Z G E R A L D W
R F I I R S N I N T X E A O P Q Q Q G W
P Z V G S E W O M S N G B E R L I N I Q
I Y R R E B A N T Z T U F M S B O F Q D
N N S B J I E S A G Z E S D O M I N O D
I W R I Z E B L T L N C I T B I G S H T
N G X T V B Y R G A Y I Z N E T F O O M
A I N S N A Q D Y A I D L U N R P H C N
C G A I B H D J C D R R O L N R N C G B
S O L N K D F W M K P M E D E M A R L R
O O O A F F C R R Y W E S S T R W O C P
T D E T C X E Z T H J F L T T J U S J A
H M G R V C N N O N N E L N R O I B A R
H A R A G X O H O G Y P E X L O Z Y C K
K N S T R A V I N S K Y P B G J N J K E
W Z O X A I V O G E S L A S A C F G S R
D F Q R R K G L S Q W F Z G R A W C O O
D G I M Q F Q Z J N M P L X L Y N X N E
```

ARMSTRONG	DAVIS	HOLIDAY	SEGOVIA
ASTAIRE	DOMINO	HORNE	SINATRA
BENNETT	DYLAN	JACKSON	STERN
BERLIN	ELLINGTON	KING	STRAVINSKY
BERNSTEIN	FITZGERALD	LENNON	TOSCANINI
BERRY	FRANKLIN	MCCARTNEY	Hint: the mystery
CASALS	GOODMAN	ORBISON	word has 7 letters.
CROSBY	GUTHRIE	PARKER	

Puzzle #14—Fashion Designers

```
J X T V G Y J E K L E I N R W C I U P W
Y I T P X P C T N P W G P E B R H P X W
D I N N K I N T C R N G E I F F A W Q Q
B L A H N I K Z H A O L Z T C I R I F U
J L U Q W B Q K A D O B E L A H Z G X U
H E Q F G L V E I A F R I U F E I B C N
X R G B Y A D N Q H E T L A V J M I O X
N A I U L S I L A X N M G G L I B T W N
D P O C C S R N Y E L E N A H C T K P R
R A R D S C A S R T H O U I W I S A A E
Y I G A L B I U Q E S B F B U F U U K G
L H C R B T A X A L W H B V S K T W Z I
I C C A T L C N G L F I Q N S I W M N L
P S G N T Z E R R I E L O I O Z L A V A
R A T N E R A L E D L F C D B I M B S U
H E I D E V B V A C L I Y R O R R M N R
A A B W O Q I P A D I G A A A Y Q A A E
S F A B Q L S G I B S E E C A S R E V N
L N B J W G C O B W F R G N Y A I J D R
G S I M V S R E U X Z Y T A K X S M I Z
```

ARMANI	CLAIBORNE	GUCCI	SCHIAPARELLI
BLAHNIK	DE LA RENTA	KARAN	SPADE
BLASS	DIOR	KLEIN	VERSACE
BOSS	DOLCE	LAUREN	VUITTON
BRYANT	ELLIS	MIZRAHI	WANG
CARDIN	GABBANA	PRADA	Hint: the mystery
CASSINI	GAULTIER	QUANT	word has 8 letters.
CHANEL	GIVENCHY	SAINT-LAURENT	

Puzzle #15—Family Tree

```
W G Z N S W G A E C E I N T A E R G Z T
A Y R T O N E R E H T O M D N A R G M T
L H X E A G Z G R A N D D A U G H T E R
N H M N A G I U F N O M M O T H E R L G
I B G P E T R L E T S T E P M O T H E R
R R U E Z P A K V S D N A N D K M H S W
E O V L I W H U G V N Y O R W R E G E R
H T X C T K I E N T A L P S U F U H E S
T H H N G C A U W T R U C B P G P H B I
A E M U Y J R E T H G U A D P E T S W S
F R E T S I S A U N C L E R N A T A E T
P I F A I M C S M B O D E T F A L S Z E
E N I E W Q B B R Z Q H A D F N L O U R
T L W R L A A O U K T E N U I K Q Z P I
S A M G N N T H V A R A V R G I H X X N
C W H D W H I N F G R Y E Y U H N X F L
O Z C R E J M S I G U H O Z D A T T P A
K A Z R F X V U U E T D Y I X D G E U W
O N I S U O C D N O C E S M Y D T N R N
E O Z H N U E K M M C E F S B Z T S O N
```

AUNT	GRANDFATHER	MOTHER-IN-LAW	STEPFATHER
BROTHER	GRANDMOTHER	NEPHEW	STEPMOTHER
BROTHER-IN-LAW	GREAT AUNT	NIECE	STEPSON
COUSIN	GREAT NEPHEW	SECOND COUSIN	UNCLE
DAUGHTER	GREAT NIECE	SISTER	WIFE
FATHER	GREAT UNCLE	SISTER-IN-LAW	Hint: the mystery
FATHER-IN-LAW	HUSBAND	SON	word has 8 letters.
GRANDDAUGHTER	MOTHER	STEPDAUGHTER	

Everyday Life

Puzzle #1—House Styles

```
L M M A N F T E J P I M D D N F G W V Y
A G Y P I A Q A O F J K O E F K C N I C
I H T V F R Y I B B R C M L O S A O C P
N C A L D M R I N G E O R G I A N S T C
O R B M N H A S N P N E E P E T C I O T
L E J G R O N I A A W I D M S L C R R K
O O G C Z U C C I S H E D C V T Y R I O
C L Q X R S H D U L M H N D J E I A A M
Z E Z O B E A L O E O I F T W L N G N S
K W J V Q L N L L V B V E S M A N O R E
U K J W L C C G T E I M D A Z H F D M I
V X D A J V W H O L L A E L L C Z A L R
H R P D X D V O L T E N R T B W R G Z I
P U E B L O Y A D I H S A B P F A T K A
S A E X H H O E D L O I L O A I I P L R
E I M S D E C B H P M O C X R W G J N P
M A W G I W W F Q S E N B U N G A L O W
J H R O D U T Y C Z X M O D E R N E O F
P N E S A M X F O U R S Q U A R E F Q O
L O G C A B I N B J B M O V Z H O W K O
```

A-FRAME	FOURSQUARE	MOBILE HOME	TEPEE
CAPE COD	GARRISON	MODERNE	TUDOR
CHALET	GEORGIAN	PALLADIAN	VICTORIAN
COLONIAL	GOTHIC	PRAIRIE	VILLA
CREOLE	IGLOO	PUEBLO	WIGWAM
DINGBAT	LOG CABIN	RANCH	Hint: the mystery
FARMHOUSE	MANOR	SALTBOX	word has 8 letters.
FEDERAL	MANSION	SPLIT-LEVEL	

Puzzle #2—Common Street Names

```
D X W R R N L K Q W H H D E X X A W W S
B E F G K R I S Q N N C M O W W A A P X
L B P E X L S X K C T P S G G R S I V I
Y O R I D G E S P R I N G S C H N Z A W
U E B I M B P K C R F I S H I E R S D I
N F O U R T H U C R I V U N I Y G L J L
I V N A Q T G O X T J R G Q O M A D X L
A N F L Y K D U B C C T J A C K S O N O
M O C I O H M Q O H O Y P O E T T H H W
C S R K R C Q E G N H R Z T I S H M I B
D N O C E S N J E I T A D U E E I C G W
A H M J V T T I R Y R R E H C R R E X W
D O Y P I Y C E L V O T D L W O D D Z H
R J R K V W T Y N J N E F A P F N A F M
Y F O L M N T A I K A S L U O A B R J F
P K K Z E E X M T I D N M L L R M D O P
S R C C A C A O B Z U U T H I K L T O H
P A I C L P U D P T V S G Q R H A I X E
S P H L L I M O O Y U I I T S O F T A L
B O G F Z P Z P G W H X D X J Y Z K T R
```

CEDAR	HILL	MILL	SUNSET
CHERRY	JACKSON	NORTH	THIRD
CHURCH	JOHNSON	PARK	WALNUT
FIRST	LAKE	PINE	WASHINGTON
FOREST	LINCOLN	RAILROAD	WILLOW
FOURTH	MAIN	RIDGE	Hint: the mystery
HIGHLAND	MAPLE	SECOND	word has 6 letters.
HICKORY	MEADOW	SPRING	

Puzzle #3—Drive on It

```
E D G D Y A W H T A P K C Y C L O S E T
L X X Y R G P F V S V B V G A F E J P R
C U Z A W A N T B V T E Y J A W L D U U
R R A W O Z V G P E P R N K M N K T U U
I S G U L R C E Y O L S E U M U Q R D G
C S Q R N G H S L A Y T H E E W I X A E
L K Y H F L T X P U W A W T T M V H S P
U U A T U T R A I L O S W A Y S F L S Q
O D W L K L M H N S Y B S R Y Z C Q T T
N Z H A J R B G K U Z U E E O E E L H C
R F G F Y X G P A B D I C X R T E X G O
K R I U R R S D D C F U A R V P O M I I
M O H C P E O Q X K G W R O Z M X M E C
V N T I Z O E M I X A R R N Y P E E H A
B T R W Z Q M W G A M N E A Q E L W N R
Z A U C D S Q U A R E W T M C J L A S U
A G O O R L A N E Y R Q B L D W Y L C A
V E C V I R R H I O O N H A B O T U A E
R K D E V S N E D R A G R K E T U O R Y
U T W T E D C V K Z D T N C V A B G Q B
```

ALLEY	COVE	LANE	SQUARE
AUTOBAHN	DRIVE	MANOR	STREET
AVENUE	EXPRESSWAY	MEWS	TERRACE
BELTWAY	FREEWAY	PARKWAY	THRUWAY
BOULEVARD	FRONTAGE	PATHWAY	TRAIL
CIRCLE	GARDENS	PLACE	Hint: the mystery
CLOSE	HEIGHTS	ROAD	word has 8 letters.
COURT	HIGHWAY	ROUTE	

Puzzle #4—At the Supermarket

```
L S G A B C I T S A L P W E N R H H C B
G E A G L W N T Z M T T R S O B G D O P
W F P S J D A F W K K M E M C D T T U D
Z W A K R E O S T S P I U I A G T E P R
S V P S M O E L Y D A I R Y B I I S O S
C R E C A L O V R H W O Q N C B L E N L
A N R I S M E D E E Y M L J M C E E S L
N C B I L V P V C G G C P N T K F H D I
N L A R E C I L S I E A Z X Y V L C G P
E E G R T S M D E K T T N G C Q O N L S
R R S T I U A Z U S C A A A W O O I L T
L K K I K T O S A P O A M B M C R H R P
L B A N Z F E K R G B F R O L M S A G R
F N Z P K U W Y C E K R M Y T E C E Y O
R J U J I F R M L E W S M F D U S V B D
U M M E D E W R A H H O I P U N A I O U
I R T A K Y B S E U F C L Z A M A A W C
T W J A K D A E R B B U K F S S K C L E
O W B C O F F E E K I O S K H I T K H I
U F R E E Z E R C E U U Z R H A S I F R
```

AISLES
AUTOMATIC
  DOORS
BACON
BAKERY
BREAD
CANDY RACK
CART
CEREAL

CHEESE
CLERK
COFFEE KIOSK
COUPONS
DAIRY
DELI
FLOWERS
FREEZER

FRUIT
MANAGER
MEAT
MILK
MUZAK
PAPER BAGS
PLASTIC BAGS
PRODUCE

SAMPLES
SCANNER
SLICER
SPILLS
TILE FLOORS
VEGETABLES
Hint: the mystery
word has 8 letters.

Puzzle #5—Household Appliances

```
U D A W D T K Y A J A K X C R S Y F W D
R E R E N O I T I D N O C R I A V I D J
Q E T E R E N E P R A H S E F I N K Q Q
E N H A Z R I A G Y P U R T L J U O Y R
N O C S L E X R Q E A X C S G H V V E S
I R J K A P E J O R B C X A X E H K T L
H I F C T W T R Q N L R U O N U O X A V
C E R O L D H O F V E E E T F O W S P R
A L O L T R A S H C O M P A C T O R T E
M F S C W F G M I B R E E E D P O N W F
E F S M Y R V S I D V E C L S M I X E R
E A E R Z M E B S A J I N I T J A G U I
F W C A P U G D W A R B D E U T G K X G
F U O L K R H O N Y L E A I P X E S E E
O W R A I F R L I E G T C C T O A K D R
C R P D Q C V L H A L E F L X L N K W A
U P D X I R Y I B T R B L M U U C A V T
P L O M V Q F R E P S I R C P H A D C O
E T O J U Y A G R E Y R F P E E D Z L R
X T F C I G W A S H I N G M A C H I N E
```

AIR CONDITIONER
ALARM CLOCK
BLENDER
BREAD MAKER
CAN OPENER
COFFEE
 MACHINE
CRISPER
DEEP FRYER

DISHWASHER
DRYER
FOOD PROCESSOR
FREEZER
GARBAGE
 DISPOSAL
GRIDDLE
GRILL
IRON

JUICER
KETTLE
KNIFE
 SHARPENER
MICROWAVE
MIXER
OVEN
REFRIGERATOR
RICE COOKER

TOASTER
TRASH
 COMPACTOR
VACUUM
WAFFLE IRON
WASHING
 MACHINE

Hint: the mystery
word has 8 letters.

Puzzle #6—Words Before "House"

```
V X Z K M P R C C R A Z Y E L E S B B D
B L E A K E R N Z E K D V N L B F H K E
F O A M T O W Q O A H G T G O M U A Y L
M R N P O D O L S S R A A P D W O H S T
R A A P Q C K W A I I M T H O X A V G A
Y H E O T H U H N I B R A F U L L J I G
C W R R V A T D Z L Y U P X F R S U N E
B O A R D I N G I K N M H W S Y E I G F
E Z P R F B Q N W T G K A B L G R G A G
K T P A X Y G Y E N T Y F E N A E L C Z
L V I W A P R D H U J O B W E R Q E E R
N V Q H B R I N L A E N U L Q Z D T S K
O Z E L W J E E C V S A C N I F H U N X
I Z B P W O A P P D F Q Z U D I L P A N
T S Y T I R O R O S L A Y O R E Z O E W
A P G N G N Q V M E N E E N E N K N N I
T J X I U G T M A X Z T I K Z E E C U G
S V W F R A T E R N I T Y F O O R P A D
Q J E F X Y Z R U X W E W P J A S T O P
H Z T M R Q S P G D P O H I H F P Y L I
```

BLEAK	DREAM	HAUNTED	ROYAL
BOARDING	FIELD	LONG	SAFE
CHAPTER	FRATERNITY	MOVIE	STATION
CLEAN	FULL	OPEN	TREE
CLEARING	GAMBLING	OPERA	WHITE
CRAZY	GRIND	PACKED	Hint: the mystery
DELTA	HALFWAY	POOR	word has 8 letters.
DOLL	HASH	PRISON	

Puzzle #7—Stores at the Mall

```
B L O O M I N G D A L E S B U I G Q U P
E O J W I L L I A M S S O N O M A R K D
E L S C F T E C S H D G P W S X A A C G
L D T E R C E S S A I R O T C I V E A U
B N Y G L E N S C R A F T E R S J B H O
O A A W P U W A Y O K L C S P E L A S D
N V T B R O O K S T O N E K N O J D O F
D Y Y H X Z W L O E A I I U E K L I R
N S S X A S Q I Y C R E E N Y H K I D A
A M T R U N D B V S I T R H E M K U A N
S O R A E S D P C T S P N O Q W P B R K
E R O N R A C B A O N G O O B V E G Y L
N T P N Y B V I O G L A D T M M J S A I
R S S T H L U I N D Y D Y L T A Y T T N
A D S A V S B C D N Y B S R D O C G O C
B R P Y E I S A K O A W A T B N H Y K O
G O M L K Q I K M S G B O B O E E H S V
N N A O V W J A H K E X O R Y N N Y V E
K Z H R E K C O L T O O F N K V E A E Y
G S C Q S L G A M E S T O P N S U F L N
```

ANN TAYLOR
BABY GAP
BARNES AND
  NOBLE
BATH AND BODY
  WORKS
BLOOMINGDALE'S
BROOKSTONE
BUILD-A-BEAR

CHAMPS SPORTS
COLD STONE
FOOT LOCKER
FRANKLIN
  COVEY
GAMESTOP
GODIVA
GYMBOREE
HOT TOPIC

J CREW
LANE BRYANT
LENSCRAFTERS
LIDS
MACY'S
NINE WEST
NORDSTROM
OLD NAVY
RADIO SHACK

SEARS
STARBUCKS
VICTORIA'S
  SECRET
WILLIAMS-
  SONOMA
ZALES
Hint: the mystery
word has 8 letters.

Puzzle #8—Household Chores

```
P O S O R E M P T Y D I S H W A S H E R
A W V T V E C G N I L C Y C E R T R O S
U P S P N P N X F I A P P P S D B J X H
E M U U C A V N A M O N E D R A G Z S B
G X P W G O L M I B J P L Y F C D A Y S
D W A T A L T P Z D S Y L S L M R U F C
I K Y I G R H N R E K A C E M T D O S R
R S B R O U D I T E U O A V T H I S W T
F E I S L D H T J N T R O U Z O Z E A Y
N H L P N Q A K D L T A O C S C W H L S
A T L M A B R R Z A U E W D P X I S K E
E O S V L I Y D B Q K J W P P M E I D H
L L H E M G N L P A C K L U N C H D O T
C C X O B R E T T I L E G N A H C O G O
D N U D U D B G O S H O P P I N G D H L
U O M V J S T E P D E E F V E I A S C C
Y R D N U A L H S A W S Q M U B I O L D
H I C L E A N B A T H R O O M L N M Z L
B D E E W A B U T B U R C S O S G V O O
M O P F L O O R F T C Q Y P J Q U D C F
```

CHANGE LITTER BOX

CLEAN BATHROOM

CLEAN FRIDGE

CLEAR TABLE

COOK DINNER

DO DISHES

DRY LAUNDRY

DUST

EMPTY DISHWASHER

FEED PETS

FOLD CLOTHES

GARDEN

GO SHOPPING

IRON CLOTHES

MOP FLOOR

PACK LUNCH

PAINT

POLISH

SCRUB TUB

SET TABLE

SORT MAIL

SORT RECYCLING

TAKE OUT TRASH

VACUUM

WALK DOG

WASH LAUNDRY

WATER PLANTS

WEED

Hint: the mystery word has 8 letters.

Puzzle #9—At the Post Office

```
V L C J X A S P M A T S F O K O O B X E
I C O M M E M O R A T I V E S T A M P S
O N S S P P W K G F E Y X A C S K O R V
W S S O U K S A W D W C B Y R R L Z E P
S P S U R M K U Z T H G I E W E Z Y G A
H O R P R T J C H Q K S T S V T E V I R
S S R O M A I L B O X T E N C N S R S W
P T F S C A N N P J E N E A N U A E T E
O A E T Z E T C G L I C R G M O E C E L
S L U A B W S S E L E D Z W R C L E R B
T W Z G V P V S F H B R X U E S P I Y B
O O Z E J P W W I O S S U S N Q T P X U
F R E X L H R O A N L R N S N H X T H B
F K F I S S K R W Q G L O I A K E I L P
I E T A P E D H H P U D O S C E N F S A
C R P B A B T H Z P P A Q R S H M S C C
E E X I O V T X R Y J K Y G W I N V A K
B K V X F S K E G J H X D V E T C Z L A
O V E R N I G H T D E L I V E R Y S E G
X S I G F O M L C X O U M F A A O T J E
```

BOOK OF STAMPS
BUBBLE WRAP
CARDBOARD
  BOXES
COMMEMORA-
  TIVE STAMPS
COUNTER
FORMS

INSURANCE
LETTERS
LINES
MAILBOX
MEASURE
NEXT PLEASE
OVERNIGHT
  DELIVERY

PACKAGE
POST OFFICE BOX
POSTAGE
POSTAL WORKER
PROCESSING
RECEIPT
REGISTER
ROLL OF STAMPS

SCALE
SCANNER
SCISSORS
SORTING
TAPE
WEIGHT
Hint: the mystery
word has 8 letters.

Puzzle #10—House Parts

```
U U E B F M U S T T N E M E S A B L A R
R E C R O O M G R C X T M Y I S I W G S
B Z I E O O S A T Q G O O V E V M I P N
Z A F E R R Q R S B O U M S I O M G O E
F H F Z F D E A C R K O E N Z W V U H D
Y I O E P E H G D I O U G S Q W Q S S F
J I E W P B N E T R T R N T T S A V K K
L N M A H M B C Y F O T G E H R S C R T
X W O Y G R H R V O J M A S R O O D O M
A G H A E E D Z M M A K D O A M F O W O
C L B T N N F Q L T S T E L H Y I S M O
V L S F U W Y E N M I H C C P A R L O R
E A H A L L W A Y H W P A N C W E Q F H
M P L S L N T N T S Y O P I N R P A A T
N V K Q T J K C E D Z Z S K Q I L M C A
O I T A P T T G U W N E L L I A A N N B
G R Z Z H A F T Z F K W W A X T C I B R
P A N T R Y S V E A T D A W T S E V E X
M O O R Y L I M A F I F R A N I Y Y T H
T L I N E N C L O S E T C U T F G E W D
```

ATTIC	DEN	KITCHEN	PATIO
BASEMENT	FAMILY ROOM	LAUNDRY ROOM	REC ROOM
BATHROOM	FIREPLACE	LINEN CLOSET	ROOF
BEDROOM	GABLE	LIVING ROOM	STAIRWAY
BREEZEWAY	GARAGE	MASTER	STUDY
CHIMNEY	GUEST ROOM	BEDROOM	WALK-IN CLOSET
CRAWL SPACE	HALLWAY	PANTRY	
DECK	HOME OFFICE	PARLOR	

Hint: the mystery word has 8 letters.

Puzzle #11—Clothing

```
T A H S N A E J B A T H I N G S U I T P
O J G D X U I S Y L Y P D L C V V F A M
D X Y H W W I N D B R E A K E R T C O L
O D N A B D A E H B G L O V E S L W C B
S N A G I D R A C G O X N R S L J Z N D
L T R D M U G E V X J O N W A K Y Q I I
T L O I Z K T M M I E O T B J H C D A A
S H W C S L A C K S B G E S Y A P O R P
L P I I K P T C S X O S U N O R P A S E
A A N O V I G U M H A E I T K C E N K R
D N T B J S N V U B O N P S W E A T E R
N T E I T R T G O N M E V H O D G K K N
A Y R E W H Y R S K D I S I S A B E L T
S H C O P A B L O U S E T R T R I K S L
J O O Z V C K O S H P O R T A Z Y A B S
S S A G G K D S O L S O Z W E M B A V R
Q E T J U N X D D G B W H B E N R T F V
N G G X K D O M P E P T M G G A S K T M
N Q N B Q S R E S U O R T R A K R O R P
Y W A N W V M G S S E R D W V X P Z M G
```

APRON	DRESS	ROBE	SWEATER
BASEBALL CAP	GLOVES	SANDALS	TROUSERS
BATHING SUIT	HAT	SOCKS	T-SHIRT
BELT	HEADBAND	SHOES	UNDERWEAR
BLOUSE	JEANS	SHORTS	WINDBREAKER
BOOTS	MITTENS	SKIRT	WINTER COAT
CARDIGAN	NECKTIE	SLACKS	Hint: the mystery
DIAPER	PANTYHOSE	STOCKINGS	word has 8 letters.

Puzzle #12—Out in the Yard

```
E O R T Y F Z A F E S V G P S F C S I L
S L E S M D O L M T O O L S L S P E W E
U X W T B Q L L N J T J E R J A A R U R
O N O E M I P N N E E V O C D X N R R R
H L M P U D E H S S O J E S W Z L T G I
G A N C W Z F G U L R E F B C A O V S U
O W W Q Z N N O G Z R D X K K K O K B Q
D N A Y V I H L O V E Z I L I S P D E S
E C L X W E L I L T H E I R U C Y N M K
H H T S E A X O N S B E B N T I B B A R
Z A E R B N E D R A G A S S F R C K B Y
W I T E D F S X F D A C L C I E E I J D
D R S L O O T N E D R A G L T R T E G F
U A D W J L D H F E G G L V N Q F F Y V
B Y L W E Q X E E G Y A Q Q Z S Z L M O
F D N A M F N N O G A J Z H C S H O L T
I E V Z V C R O Q U E T S E T W Y W B H
R E D E E F D R I B A P S O B U Q E B N
S K N U M P I H C V I V K L K O M R I W
P L S E M I H C D N I W R H V X Z S Q D
```

BASEBALL GLOVE
BIRD FEEDER
CHIPMUNK
CROQUET SET
DIRT
DOGHOUSE
FENCE
FLOWERS

FOOTBALL
FRISBEE
GARDEN
GARDEN TOOLS
GAZEBO
GRASS
HEDGE
LAWN CHAIR

LAWNMOWER
LEAVES
PETS
PLANTS
POOL
RABBIT
SHED
SUNSCREEN

SWING SET
TOOLS
TREE
TREE HOUSE
WIND CHIMES

Hint: the mystery
word has 8 letters.

Puzzle #13—Buildings Around Town

```
P R G N I D L I U B T N E M T R A P A E
I L C O E Z W B S T U H A L O T R U O C
H O E L I Q N G V A N Y K P Y H E U H L
S O M F M D T N W V N D M M S I Y X W A
R H O H M B U T J E D E F A H B P C N T
E C H I E K E T V R O I B L O H T S O I
L S G G R J R Z S N E R P L P D E Y I P
A Y N H E E O B S E P J S K B I K T T S
E R I S L I T V Q O T W V O U C R E A O
D A S C H E S A S N D A W V H L A R T H
R T R H E X R T E L O L R K U Q M O S Q
A N U O N M O O H H I L Y A Y D R T E X
C E N O W F U X T N T I A M K O E S C J
I M G L F G Q T G S J E J S C C P G I G
T E E I G I I A K O T K I T R A U U L U
Y L C Q F A L J H U E E F V Q I S R O L
H E C R U L V A U H Q O P R O H A D P S
A N S R E N A E L C Y R D N M M Q H Z F
L L Y Y E R O T S G N I H T O L C H S T
L C O M M U N I T Y C E N T E R X K R V
```

APARTMENT BUILDING
BOWLING ALLEY
ELEMENTARY SCHOOL
CAR DEALERSHIP
CITY HALL

CLOTHING STORE
COMMUNITY CENTER
COURT
DRUGSTORE
DRY CLEANERS
HAIR SALON

HIGH SCHOOL
HOSPITAL
KARATE STUDIO
LIQUOR STORE
MALL
MOVIE THEATER
NURSING HOME
POLICE STATION

POST OFFICE
SUPERMARKET
TAVERN
TOY SHOP
YMCA
Hint: the mystery word has 8 letters.

Puzzle #14—On the Calendar

```
S Y A D I R F L Y V L J F E B R U A R Y
F K U W O R L I W S V E K I S U L Q D B
U A I V X S A M T S I R H C Y T X U T Y
L J P V V C I U R X Y A D P A E L A R A
L A D R E T T L G R G E J W D W E O Z D
M N Z O I S J K C U W Z Z Y R N O T E S
O U O D X L V M Z Y S J E A U H D A U E
O A H R C E B V H L S T Q D T M T D G N
N R E E Y A D S R U H T S E A S T E R D
A Y R B O F U J Z J C G C C S W C S L E
S Y A M X W O C T O B E R N F G G U G W
N O V E M B E R H E D E C E M B E R K Z
Q T J T Z T T C Q N J B C D L T T M O J
F L W P B U R U P U Z I E N D Q O S K L
I X U E E A I R S J T F U E Y A D N O M
V N L S M N X P A S P A X P K Q N N P I
A N D D O V C Z L G A I Z E S U N D A Y
K A Y X C A R O L V E N S D X O L X I K
Y T H A N K S G I V I N G N I B X F E A
M E M O R I A L D A Y F O I O C J Z Q N
```

APRIL
AUGUST
CHRISTMAS
DECEMBER
EASTER
EQUINOX
FEBRUARY
FRIDAY

FULL MOON
INDEPENDENCE
  DAY
JANUARY
JULY
JUNE
LEAP DAY
MARCH

MAY
MEMORIAL DAY
MONDAY
NOTES
OCTOBER
SATURDAY
SEPTEMBER
SOLSTICE

SUNDAY
THANKSGIVING
THURSDAY
TUESDAY
WEDNESDAY
Hint: the mystery
word has 8 letters.

Puzzle #15—Common Girls' Names

```
R E N H M J H S U S A N C H C U I A D U
G N E L E H B D E B O R A H T C G F X P
F P S U A A U R Y L N U P W P U C F G C
X U G P R U K A R E N A E L Y T R L M Y
K N S B R Y E G Q T L X B R C Z L H A
G I A N O E F A R R L D S J Q J O T Y M
W R T Q B I W B I E Q Y P A N N O D H L
A X O E N H C C H G Q R L S U R Z R C A
B D C N R P I C N T X M T R O L D E G N
F C E N N A I U U T A F G D E I Q Q E I
A J O O X M G K D X J I Q S K B Y U L O
U M E R D I S R C T M H H W A X M S Z V
R J D A H T E B A Z I L E T Z I M I H N
K X N H G H D Z K M Y E W A N D R Q K G
P X L S W I N S L E A V K R D Y Q A K Y
H K E I P B V D L Z A Y B D V Y C M M I
Y C N A N Y S R V F T B N N R K E L L Y
X U W T W D I K K P P Q M A S S I L E M
Y T T E B H A G G V Z I M S E S F H D G
X H D O S P E G I D G X E A A L O R A C
```

BARBARA	HELEN	MARIA	SANDRA
BETTY	KAREN	MARY	SHARON
CAROL	KELLY	MELISSA	SHIRLEY
CYNTHIA	KIMBERLY	MICHELLE	SUSAN
DEBORAH	LAURA	NANCY	Hint: the mystery
DONNA	LINDA	PATRICIA	word has 8 letters.
DOROTHY	LISA	REBECCA	
ELIZABETH	MARGARET	RUTH	

Puzzle #16—Common Boys' Names

```
F D Q U S J G W D C T S Q E J A Z Y Z P
Z Y B R D O T C R T T K P H P E S O J X
L R X J O Q A B N E M J S V K K I U U N
E A B S K N J B V O D A Y E G R O E G T
I G Z N Z S A E Y Z S A T T E R W Z J D
N G C M A H N L X P Y A L T I L Z R Y G
A Y A Z I C D C D N K L J C H H J H A D
D R U Q F Z N C I Y R E H J X E T M L Y
K E N N E T H L D E O A K R E O W A Y N
N A I R B K A B H A R H H Y M F N F M D
A N T H O N Y P W D V C P I J O F S K E
J E Y C H E O K U U L I T E D W A R D L
Y Q P V G T Y G P G N M D E I W W D E M
G C U C S N T S N I V E K L L X Z O Z Y
W O H I J R O B E R T V L A W R E N C E
N A R J H L U A P H J I O S E L R A H C
U H O R Z J L L O R A A F F B F R I H Q
C H U D F B O M P M W U M V K U E K Q J
N D K R Q O A S Y X U C F E J R F I K A
X D Y L N S O J E S Z U H U S N U G U J
```

ANTHONY	GARY	KENNETH	RONALD
BRIAN	GEORGE	KEVIN	STEVEN
CHARLES	JAMES	MARK	THOMAS
CHRISTOPHER	JASON	MATTHEW	TIMOTHY
DANIEL	JEFFREY	MICHAEL	WILLIAM
DAVID	JOHN	PAUL	Hint: the mystery
DONALD	JOSE	RICHARD	word has 8 letters.
EDWARD	JOSEPH	ROBERT	

Puzzle #17–Biggest "Towns" in the World

```
O R I A C L B A G H D A D F M S J I N O
W B J M S J A Q R N F Q Q H U Y M M O Y
C L D D K O K N B A N G A L O R E R G Y
A W A L A W G U Z X M W O C S O M G B Q
S P W S R Y V A G B O G O T A U N I H O
A I S T A N B U L E G W O M M E H B L A
H T G Z C X J M S U F T Q B W L R E M Z
S H S R H O N G K O N G A Y E G F I H Z
N C G N I S O X S J A I O D S V L J Q Q
I L J G Q S W Q I V W R N A O U E I K N
K M P S L A H O R E K X I P Y Y K N Q O
P E L H H O U B Q Q U Z J E F X K G A D
A X E A G P T H B R Y A N G O N A O K N
T I H N X A R I O D E J A N E I R O T O
R C I G J U T O K X Y N I J Z E K E I L
A O C H V L N S R P Q F T R W G H Y U W
K C D A E O K O L K A T A U N R P O I P
A I F I P F R Z K L L B V A A D E T G Q
J T M L B D T U D L G X B N G S G F R C
W Y N C Q K L B E A Y B A K A H D J T P
```

BAGHDAD	ISTANBUL	LONDON	SHANGHAI
BANGALORE	JAKARTA	MEXICO CITY	TEHRAN
BANGKOK	KARACHI	MOSCOW	TIANJIN
BEIJING	KINSHASA	MUMBAI	TOKYO
BOGOTA	KOLKATA	NEW YORK	YANGON
CAIRO	LAGOS	RIO DE JANEIRO	Hint: the mystery
DELHI	LAHORE	SAO PAULO	word has 8 letters.
DHAKA	LIMA	SEOUL	

Puzzle #1—Makes of Car

```
K I O F K D O N G F E N G N G A A P J M
M J C C H R L E H G N A H C C V T R C G
Q U H H U O A D Z A M T X O S Y U A E M
V F C O R F P T A B B T C J H N Y N T I
C O N T N Y L N F U L L A W T A E R G T
E X L J O D S Q K I M G M R C R U E D S
O Y J V S E A L I C A D R H A Z A N E U
O I F O O A G S E K H T E L Z E R A H B
N P G S E B U U V R O V M Q X I R U I I
E A O Q U Z R N E Y Y O Q D W U I L H S
G C V B U X L I O P T A R N E J J T A H
A C T K G S E T L O T R D B N E W Y W I
W A Q L E O A L R L N I S S A N C W A Z
S R P J G D T S Z O I O I A D N U Y H G
K U S J G I A A J F C A B B U W I W Z Z
L R P Q K M V I N W B R N I K U Z U S G
O A P G R O L R M P O R S C H E T P O H
V B L A T H Q O M L S B G I E Z J L V O
J U V V I V X V D J E B I J R L A U B N
S S A N P C J W U I D R D H F T W K Y W
```

AVTOVAZ
BRILLIANCE
BUICK
CHANGHE
CHEVY
DAIMLER
DONGFENG
FIAT

FORD
FUJI
GENERAL
  MOTORS
GREAT WALL
HONDA
HYUNDAI
ISUZU

LEXUS
MAZDA
MITSUBISHI
NISSAN
PACCAR
PEUGEOT
PORSCHE
RENAULT

SUBARU
SUZUKI
TATA
TOYOTA
VOLKSWAGEN
VOLVO
Hint: the mystery
word has 8 letters.

Puzzle #2—Models of Car

```
X I Y M O N T E R O F F P U G F W S R P
G Y W E P Y V N W A P C Q K U L A Z S T
H N B X W N D O R L I X R P S Z X K Z T
Q A T C T R E A R T N A L E E I V W N E
T V T I O E E S B I I W M R Q Y M P R S
J A F C B R R D C M V J A R U R L R Z J
K R C K W B T R N A S O B W O C I V I C
S A L E V L A U A A P M P M I I W B C U
I C V T B M H R W J L E J X A A B S J T
M R C S S R O M O N E H X M Q T A T G N
P T O U A R E G D D K T G D T A U R U S
A R W J T O V Z Y Y A B T I Q N S S T K
L G Y O O E I Q S U U R E E H O Q U M V
A I L N K X B F S S F L E E V S P C Y S
Z I X E K O A A E I V K M V T R R O D E
P M U S T A N G Y K G E W A L L O F C D
G R A N D C H E R O K E E F G I E C A O
R E R O L P X E S H X M U O G Q S Q M N
D S X Z X P A Q M C Q V L J E T T A R A
M J I A C O S M H N M F B K L S P B Y F
```

ACCORD
ALTIMA
AZERA
BEETLE
CAMRY
CARAVAN
CIVIC
ELANTRA

ESCAPE
EXPLORER
FOCUS
GOLF
GRAND
  CHEROKEE
HIGHLANDER
IMPALA

JETTA
MONTERO
MUSTANG
ODYSSEY
PILOT
RABBIT
SEDONA
SEQUOIA

SILVERADO
SONATA
TAHOE
TAURUS
TOUAREG
XTERRA
Hint: the mystery
word has 8 letters.

Puzzle #3—Car Parts and Items

```
A E K S T I C K S H I F T S V Z N U J R
U I K C S R S T E E R I N G W H E E L K
Q Q R E O C E B O O S T E R S E A T N N
V N T C C L G G J G C H M M C B H E K U
R B H E O G C E N I L O S A G R E C T R
S O G K U N P X T A X A Q E E B E Q N T
X G I A X S D S K E H W Q T E D Y V E T
W R L R C E P I U N H C M E M H R M X
S O G B N A R L T N K G D P H O P C T D
P T N G V T V K Y I I U A C R K S F R T
A A I N X W N B R L O T C R O A D M A P
R N N I Y A O A E S C N C S T D B I P D
E R R K B R I T D M O P E E E E R R M X
T E A R J M T T L W M C L R R F J A O X
I T W A C E I E O L P J E A U R X D C D
R L Q P R R N R H Z A E R L B O H I E Y
E A H A A R G Y P A S T A F R S O O V G
W P G N Q H I N U U S C T L A T B S O G
W I N D O W L O C K F P O E C E C G L O
C S P E E D O M E T E R R S Y R X L G B
```

ACCELERATOR	CLOCK	GPS UNIT	STICK SHIFT
AIR CONDITIONER	COMPASS	PARKING BRAKE	TAPE DECK
ALTERNATOR	CUP HOLDER	RADIO	TRUNK
BATTERY	DEFROSTER	ROAD MAP	WARNING LIGHT
BOOSTER SEAT	ENGINE	SEAT WARMER	WINDOW LOCK
CARBURETOR	FLARES	SPARE TIRE	Hint: the mystery
CD CHANGER	GASOLINE	SPEEDOMETER	word has 8 letters.
CIGARETTE	GLOVE COMPART-	STEERING WHEEL	
LIGHTER	MENT		

Puzzle #4—Road Signs

```
I F I A L U U J N L Y I E L D S O S Z Y
N P T A Q A A Y O H E V U C Q H G D E S
F T P O T S P A U C L Z H Y R T Y O H R
O R E L Y J W W T L A O N A I C W N E U
R E G W S H P G U R T I O W G C Q O E O
M T N F N D O N R D I A P H H O E T N T
A N I T T E N O N Y P D A G T N D P A E
T E S I E S H R A I S G R I T S A A L D
I T S M X I D W I O O K K H U T R S E N
O O O I I G E A Y Z H F I D R R G S K O
N N R L T N E V A R X P N E N U P A I L
L O C D O A R D V F E E G D O C E E B E
G D D E N L X R E N D P H I N T E R P F
E Q A E L A I D P A K L P V L I T A U T
H G O P Y H N N E A B J N I Y O S T V T
F J R S I E G D E F M S T D L N A S Q U
Q L L E Y A E V R U C P R A H S D E P R
R B I K M D B D E S O L C D A O R R J N
M K A W A B H K S L O W C H I L D R E N
S B R O A D N A R R O W S M B B V U F H
```

BIKE LANE	EXIT ONLY	RAILROAD	SLIPPERY WHEN
CONSTRUCTION	HOSPITAL	CROSSING	WET
DEAD END	INFORMATION	REST AREA	SLOW CHILDREN
DEER XING	MERGE	RIGHT TURN ONLY	SPEED LIMIT
DETOUR	NO LEFT TURN	ROAD CLOSED	STEEP GRADE
DIVIDED	NO PARKING	ROAD NARROWS	STOP
HIGHWAY	NO U-TURN	SHARP CURVE	YIELD
DO NOT ENTER	ONE WAY	SIGNAL AHEAD	
DO NOT PASS			

Hint: the mystery word has 8 letters.

Puzzle #5—Road Trip

```
G Z A Y Y C K C R U I S E C O N T R O L
N W O M A H I L J K A D N F G Q D A N C
H O X T J W I S K K D N V I S I T D O A
Y O O R F Z H D U A V E R D B F F Q I R
G C P P U V K G D M E I O E X Z I Z T G
X O O M S R G T I H N R V S K H N L A A
Y U A L Q Y A P W H T F B T B Z Q S C M
L C E E N E S L W M U A T I K U I C A E
I H R M W V U A A L R T C N V G R W V S
C S A O E Q P D E R E R S A H O A N G T
E U T P G P I L M R O F V T G D M R X S
N R S E A N F E Y S G M S I G A Y V R I
S F E N E E K S S J I E B O R W L F F L
E I R R L I Q C E Y E R Y N E E I R J Y
P N D O I N O X B I Z A U X M C M C P A
L G H A M U P S N V W C N O A A A M F L
A M W D N L E G I Y S Y T Q T G F Z U P
T C E T O K Y B B K A E R B G N I R P S
E N R R R L Z O M L L F J R L J Q G Z J
S Y E O U T O F T H E W A Y H V M I H O
```

ADVENTURE	DESTINATION	LICENSE PLATES	RURAL
BREAK	DINER	MILEAGE	SIGHTSEEING
BYWAY	EXPLORE	MOTEL	SPRING BREAK
CAR GAMES	FAMILY	MUSIC	SUMMER
COUCH SURFING	FRIENDS	OPEN ROAD	TOURISM
CROSS-COUNTRY	GAS UP	OUT-OF-THE-WAY	VISIT
CRUISE	GREASY SPOON	PLAYLIST	Hint: the mystery
CONTROL	HIGHWAY	REST AREA	word has 8 letters.

Puzzle #6—Airlines

```
A W O Z P D B L N Q N R Q A V I A N C A
T I L L G R O A J N Y A L L A T B Y L S
C E R I H R C L I Q N H C A S N I V L I
I J J F U I Z Z Y T J D J T N Q R U N N
F P A Y R M E M A M C R J N A K C D O G
I Q D E S A E S H R P K A E H R E J R A
C J M C R A N B B E N I C N T Y Q E T P
A A U V I L E C I Q R I C I F A P T H O
P E H L A P I X E B N A L T U N S B W R
Y O X N K W A N E I E L R N L A E L E E
A S P B L P D R G B R R E O E I E U S T
H B S U I P L R E U T M I C L R M E T S
T W U K S I I K D L S X T A E R I T A E
A O Z Q N V A E E D A R N E G I R J L W
C H S N A H T T Q C Q L O Y Y A A T I H
S Y A W R I A H S I T I R B P F T H T T
Y G Y I N E K K J M K P F A T L E D A U
P P L U N G G P O Q A A P U A U S F L O
D D X B L A S N V K Q Q D G I G U X I S
E R Z A L L N I P P O N P Z R K L T A H
```

AER LINGUS	CONTINENTAL	HAINAN	SILKAIR
AIR BERLIN	DELTA	IBERIA	SINGAPORE
AIR FRANCE	EASYJET	JETBLUE	SOUTHWEST
ALITALIA	EGYPTAIR	LUFTHANSA	UNITED
ALL NIPPON	EL AL	NORTHWEST	VIRGIN
AVIANCA	EMIRATES	OLYMPIC	Hint: the mystery
BRITISH AIRWAYS	FRONTIER	QANTAS	word has 8 letters.
CATHAY PACIFIC	GULF AIR	RYANAIR	

Puzzle #7—At the Airport

```
L U G G A G E T A G S B H K Z T F H I L
K D R O T C E T E D L A T E M P T E D A
P M O N I T O R S G G N O H T A Z Y O N
X A Q Y H G S E F C O N I U X T T U O I
C T C I A M O G F V F O V I U D D E F M
B B Q Y Q W C K N P E U D Q Q O K N T R
D I I G K M K U Q I Q N M B S W B I S E
U Y D B A S W L G W T C X O Y N R H A T
T M T Q U H Y C A S D E O D W E M C F E
Y I H I Z L O R E W R M E U Z E S A Y S
F A V K R F C V N O G E P R N S G M W C
R L U Y F U E E T U G N P C G T B Y A A
E C H E J T C S V N P T I A H B E A M L
E E E V W P K E U I M S B V P E L R X A
S G N L U O S O S C T C M W O S C X D T
H A A Q O E L E D F W U A Y T M W K X O
O G F B T S N D G H Z B C N B W Z E I R
P G H A T I I E S R I N E V U O S N N
G A G T L C H A U F F E U R X C A F E B
F B C R T I C K E T A G E N T E G E B X
```

ANNOUNCEMENTS
BAGGAGE CLAIM
BOOKSTORE
CAFE
CHAUFFEUR
CHECK-IN
COFFEE
COUNTER
DUTY-FREE SHOP

ESCALATOR
EXECUTIVE CLUB
FAST FOOD
GATES
GOODBYES
GREETINGS
LINES
LOUNGE

LUGGAGE TAGS
METAL
 DETECTOR
MONITORS
MOVING
 WALKWAY
NEWSPAPERS
PATDOWN

SECURITY
SKYCAP
SOUVENIRS
TAXI
TICKET AGENT
X-RAY MACHINE
Hint: the mystery
word has 8 letters.

Puzzle #8—On the Plane

```
S N I B D A E H R E V O E G A G G A B X
K K P A S S E N G E R S Q O B L P C X L
S C I A I L S F B S F A I E N S A M E Y
A E L M V D S C A Z P D A I S L E D M F
M D L B B U L F H C A O C A I J V L R L
N T O S G T E O O R C R L B A P Y E E T
E H W J X T N C H A X C M Y L H X L T Q
G G S W Y O K A V O T Y V M J P E B E U
Y I R I Q P B D D S G V G O H I B A M S
X L N T I Q Y K R N S R C N V S Z T I C
O F F T E W B I C G E B A O R O B Y T R
O B U L T G F P B A A T M C U O I A L E
O A S L I K A I G S L T T E X J E R A E
H T T A I G A L L F H B L A N K E T S N
G H A B C Z H O E G C J E E T N M N L S
A R E G P X K T I S W J D F Q H N I A H
U O S J T F J L P A U H K O K H G K E A
G O W H W R F S S L F F S M R W R I M G
E M P T Q N S Q S E A T B E L T S W L L
S H N C I W F W A Z E N I Z A G A M U F
```

AISLE
ALTIMETER
BAGGAGE
BATHROOM
BLACK BOX
BLANKETS
CARGO HOLD
COACH

COCKPIT
ECONOMY
FIRST CLASS
FLIGHT
  ATTENDANT
FLIGHT DECK
FLIGHT PLAN
GAUGES

IN-FLIGHT MOVIE
MAGAZINE
MEALS
OVERHEAD BIN
OXYGEN MASKS
PASSENGERS
PILLOWS
PILOT

RADIO
SAFETY INFO
SCREENS
SEATBELTS
SEATS
TRAY TABLE
Hint: the mystery
word has 8 letters.

Puzzle #9—Airports

```
Z V K T T Z D E E R V A L L E Y R A M W
U T O I M Y S N I X D X T I H O S N W A
I Q G G D C A R B L H H Y M A K J Q U P
X S K N N G M I B Q S O H U Y U S M V B
V G V G O Q Q I T M J Z R H I T W I K A
F Q L L K D Y K P A R E A B H K V D C A
S A I D R A U G A L O R F A Z I C W I G
O B B U T S L P B L B Y I N V W P A W D
N I E I S A L G U O D W U R X T P Y T O
S I R Q N L R U R A D E G A U L L E A I
A A T D P C I G N A H C N V N C W Z G C
N O Y L E Z H O P Q M R U U O X M R G N
T A A K C T Z E C Y A S T S S G C J V I
J B F I L N S V O Y L N A R R A C C M V
O A A J Q O B N C N P D E F A Z Q D Y A
A R K V C G B M A A E U T O E O R L Y D
N A M A T O N P G T N L O H P I H C S E
Y J X X Q B X O P M S L P A S A F K X F
H A F T F A W W H V A E K R U T A T A L
W S H E A T H R O W Y S K E R S S N V D
```

ATATURK	GATWICK	MIDWAY	SKY HARBOR
BARAJAS	HONGQIAO	NARITA	SON SANT JOAN
CHANGI	INCHEON	O'HARE	STANSTED
DA VINCI	LAGUARDIA	ORLY	SUVARNABHUMI
DEER VALLEY	LIBERTY	PEARSON	TAOYUAN
DE GAULLE	LOGAN	PUDONG	Hint: the mystery
DOUGLAS	MALPENSA	SCHIPHOL	word has 8 letters.
DULLES	MCCARRAN		

Puzzle #10—Forms of Transportation

```
D C G B R M R I C K S H A W Q R E S Z I
B S O S F W H Z H W C A C Z Y W J E E H
F K P L E L C Y C R O T O M K K W T G D
Z A I I S Y P E D I C A B S E G W A Y F
N T H A K C R X U X I T F H P F V K F R
Z E S R E D E L Z X M R V D P O X S S D
R B E O H O W Q R V W A L K I N G E V N
A O S N O C E A N L I N E R N F D C H U
C A I O L E T Y G F N J R T U A E I Y O
T R U M Y N A Z B O E Q C E L N T U M H
E D R L I A O M P B N Y O B I C N Y S Y
E R C J V L B K B N U N R S H E E I M E
R T E E V P M A Q M A E U H U L P B N R
T K I L T R A I N C L O I X L Z T O K G
S A V C Z I E V K L M K S O R A H N H P
T Y V Y E A T A O I I O R U X V O I I C
P A M C H V S R L N S T P O B X M Y Y Y
G K O I T A X I G F D S W E J W Q W R E
P W Y B L I G H T R A I L E D K A Y O D
W P H C A O C E G A T S W V R H H Y Z I
```

AIRPLANE	ICE SKATES	ROLLERBLADES	TAXI
BICYCLE	LIGHT RAIL	RUNNING	TRAIN
BOAT	LIMOUSINE	SEGWAY	TROLLEY
CANOE	MOPED	SKATEBOARD	WAGON
CRUISE SHIP	MOTORCYCLE	STAGECOACH	WALKING
GREYHOUND	OCEAN LINER	STEAMBOAT	Hint: the mystery
HITCHHIKING	PEDICAB	STREETCAR	word has 8 letters.
KAYAK	RICKSHAW	SUBWAY	

Puzzle #11—Seafaring

```
W W B F X O N M H F C Q Y T I Y P E W N
U W Q Z W G A I E S M B Y L J E F W L G
J O X T A O B R O T O M W A T E R R T N
O R O L I A S F R D R A U G T S A O C I
O N A V I G A T I O N C Y W D X I S N G
A P A B Q Z C A N J F F G H I M H V I G
R B E I T H C A Y O U B U N G S L C A I
X E S N B H S E T C O M P A S S X H T R
S R L E S V T R X A L Q V R V N L A P A
E Z B A W E I G H A M K O O N A J N A N
T H A S X P A L H C Y A J L N E S J C C
A T R G T I P S J X M E R D U A H T Q H
R T N E A G N L L U H I H A V X M N Q O
I O A L T A I G O M Z O K K N R U V Z R
P Y C A R Z P K Q T E I Z P C S E R S N
A V L E P K A O A K E Q A F M W K G Y K
Z W E S A E L O Q K S H J I I C A N U B
J I S P V N L V L H O G A N Q A W X D M
P N K C T F N T K Y K T F R S A I L S K
W D O O V N S T X E U X G N I B B O B L
```

AHOY	CATAMARAN	MOTORBOAT	SEA LEGS
ANCHOR	COAST GUARD	NAVIGATION	WAKE
AVAST	COMPASS	OCEAN	WATER
AWEIGH	FLOAT	PIRATES	WIND
BARNACLES	HULL	RELAXING	YACHT
BOBBING	LAND HO	RIGGING	Hint: the mystery
BUOY	LORAN	SAILS	word has 8 letters.
CAPTAIN	LUXURY	SAILOR	

Puzzle #12—Bicycle and Motorbike Parts

```
M F T Q N A Z S R A I S P S I E S G T A
G N T K J S R I L U S D J N K T U U T H
N L C V M G N O Y A L S X X Z L G Y C I
I A Q P O A O M O E D L N Z H E R T C P
R P G X S B I R I Y B E F V G B I F H P
I W G Q R E S H U J Q E P U O H R U A V
A D N Q E L S P A E U H Q O E A L Q I R
F C N A D D I A R N A W A R M L R I N D
D B Q V N D M K A X D Z E E Y D E R M Q
T P F I I A S X C Z O L G L S W S E A T
L F W K L S N O E Z Z R E G F P C T M E
T C A S Y H A K D T I C G B F X O M M M
P Y I H C U R H I P P E O W A F P K U Q
R T F H S F T R S V P X N E J R G W E S
K E S J N E E N G I N E K J Y K S K N S
E K E W Y S V T O V S W I N G A R M B H
Y S K R O F K I N L H O F I Q I O I M H
K A A D A E R T R G B X T O P B O X A L
K B R G E A R S O D S I N T S M A D H J
N M B J X Q Y R H P A N N I E R S H K J
```

BASKET	FORKS	PANNIERS	TOP BOX
BELT	FRAME	PEDALS	TRANSMISSION
BRAKES	FUEL	RACK	TREAD
CHAIN	GEARS	SADDLEBAGS	WHEELS
CYLINDERS	GRIPS	SEAT	WINDSHIELD
DRIVESHAFT	HANDLEBARS	SIDECAR	Hint: the mystery
ENGINE	HITCH	SPOKES	word has 8 letters.
FAIRING	HORN	TIRES	

Puzzle #13—Racecar Drivers

```
N W H C S U B S J P V L E W U Z S T T W
D E A F K K Q D G P F X S G P J T C S Z
V Z M C J W C R U G F J D D N K U M P B
V H L E J D S I E M I G O F R Z R P C U
B H I M C M U R R A Y R Z H S A D L E R
R H N P X H C V E T T X P B N N W L K T
B O Q M R R E T X K A H N E K S H D M O
Q R S U D N D K F T C P N O D R O G E N
Q N T E D D K H X H M I H N E J C N R G
U I E R E Y W O B G F K V N E W M A N Y
L S W E V E D N S H L C M A C U G S N H
H H A J A L T A Y O T N O M A A L C O E
E J R Z N G L N G R H Z X I N B W X S A
L R T O B M X G O L X Y N T O Q Z F N R
F X A E Z T Y D S B A C D U W C P Z E N
F C Z V A Z I K K G A R S E C O E M R H
I W A L T R I P P U A L Q R L G T V O A
B J L V E H T E S N E K W G O U T U S R
N F M E A R S J E S U L D U A L Y E J D
Y H Z Q A U X M T E X Q H A R V I C K T
```

BIFFLE	HARVICK	MENARD	RIGGS
BOWYER	HORNISH JR.	MONTOYA	SADLER
BURTON	JOHNSON	NEMECHEK	SORENSON
BUSCH	KAHNE	NEWMAN	STEWART
EARNHARDT	KENSETH	PATRICK	VICKERS
EDWARDS	LABONTE	PETTY	Hint: the mystery
GORDON	MCMURRAY	RAGAN	word has 7 letters.
HAMLIN	MEARS	REUTIMANN	

Puzzle #14—Driver's Ed

```
F O U R W A Y S T O P A A Y P B F W Z S
L E A R N E R S P E R M I T N H L N G I
V X X A S X X U Q V Q Y I W A E K O G
L I A F H C Z Q R E K K S X N V Y J X N
I L U F E R A C Z F U B W G I K D H R S
P D V L T S E T N E T T I R W A X A S Y
G A H E A D L I G H T S D C O S R Z T T
C E R Y Q A N W R V N D Y R L X C A U E
D G K A C K W V X R N N E U I A V R D F
T C I F L F R H U A A H L M R I S D E A
M E A R J L E T K C T L C G D Z V S N S
N A E U C Y E N S F D Z B E P A S S T O
H O O N E H I L O O K B O T H W A Y S S
K C I T A R Q S P I N S T R U C T O R S
K J E T D G E F A V B P R A C T I C E
P S F T U L E V E S R B S E A T B E L T
T S N X U A N R U T K K X L A U N A M Q
J O I R U W C B S Y T C I O I T Y H R Q
D R I G H T O F W A Y T E N A N D T W O
P A R K I N G B R A K E U D G S V A A W
```

CAREFUL	HEADLIGHTS	PARKING BRAKE	SIGNS
CAUTION	K-TURN	PASS	TEENAGERS
CLASS	INSTRUCTOR	PRACTICE	TEN AND TWO
DON'T DRINK AND DRIVE	LEARNERS' PERMIT	RIGHT OF WAY	TURN SIGNAL
EYE TEST	LOOK BOTH WAYS	RULES OF THE ROAD	VIDEOS
FAIL	MANUAL	SAFETY	WRITTEN TEST
FOUR-WAY STOP	PARALLEL PARKING	SCAN	Hint: the mystery word has 8 letters.
HAZARDS		SEATBELT	

Puzzle #15—Aviation Pioneers

```
J E V E Z L O L R D I W M P C A N S S B
Y Z H Q Y M E L S X J O D O D V M A W R
I R O G L T X E Z V N Z M H P A Y N O A
K W A U H S H X X T M X O T S Q E T L D
S W I L W Q P G G D I H R A S U L O L L
Y C B N D T Z O I O R U T J A D Y S E E
A D G O C A M R R R J F S O C Q A D F Y
H A Q Y S E S C T X W P D J N O C U G K
Z E W P R S A O L X K Q N M A X I M N B
O H I Y B L I Z R O Y P A C L R D O I R
M E L R E T H S B O G P S Q L J C N R E
G T A D E N R R R I K E X S E K G T T F
I I T C J S Y A E O E A L H B N S S S P
L H E F T H Q E H B P R V U I B Y Q J O
M W O H O G U K L R R S A R I E R R V K
O S S E R K C G Q G A E R N A J S U R S
R W R M H R S L H F N E F G S X C N D S
E V I W A T S O N E H A E J I K P U T I
J T M R Z S G V D O S R L X N A I P S E
R E D A P H B L I L I E N T H A L T B W
```

ADER
ALDASORO
BELLANCA
BOSSI SR.
BRADLEY
CAYLEY
DE LA CROIX
FERBER

GILMORE JR.
HERRING
HUGHES
JATHO
KRESS
LANGLEY
LILIENTHAL
MAXIM

MONTGOMERY
MOZHAYSKIY
PEARSE
RUSJAN
SANDSTROM
SANTOS-DUMONT
STRINGFELLOW
WATSON

WEISSKOPF
WHITEHEAD
WRIGHT
YEAGER
ZBIERANSKI
Hint: the mystery
word has 7 letters.

Puzzle #16—Plane Manufacturers

```
S P S W D R B W F P G D W H T W O K R O
N Z R F A I R C H I L D Y P H Z Y B F W
O X G O M D R J P M P Q D X I A P F J A
I U M O C A S B D Y K Z Z L H P W M I T
S C I M A N Y D L A R E N E G V E R U T
I T I C L B E K O F W E Z O W Y B R C Z
V J B U H Y Z G R E A R B M E U G P E R
O S L P X D N O M A I D C A S H Y L S E
R U R A G U L F S T R E A M E J T E S G
E T L O C K H E E D M A R T I N Y Y N N
A A E Z J S O T A T T D R A G O N G A I
G L O S T O D D A R D H A M I L T O N R
Q I W R Z C L L E W Y E N O H L W D K R
X P Y J E T P R O P I B U Y Q E A D S E
Z N E J B L O K W B O M B A R D I E R D
E F N P S A M S U N G O P L F X R D F K
N B O E I N G W A E S C H C S X H D C V
I Y O Z B S N W R A Q S D W D V V T A E
T E M H Y O A S U B B U A X Q H A S I I
H A E R O S P A T I A L E M A T R A X H
```

AASI	DRAGON	HONEYWELL	RAYTHEON
AEROSPATIALE MATRA	EADS	JETPROP	SAAB
AERO VISIONS	EMBRAER	KOLB	SAMSUNG
AIRBUS	FAIRCHILD	LOCKHEED MARTIN	STODDARD-HAMILTON
BOMBARDIER	GALAXY	LUSCOMBE	ZENITH
CESSNA	GENCORP	MOONEY	
DERRINGER	GENERAL DYNAMICS	PILATUS	Hint: the mystery word has 6 letters.
DIAMOND	GULFSTREAM	PIPER	

16 School Days

Puzzle #1—Colleges and Universities

```
P R I N C E T O N R E T S E W H T R O N
D B B F H F G N J Q C B T M Z I R Q I D
N R A M O M O T J G L R W C B R O W N A
A I O L K R C X T H E J U C O O I Y Y L
D D J F E R D A G W M Z E M O R Y O N C
W A P R N H J H Q S S A S R K I N N Y U
A E R K J A I R A C O G B E J C E E O P
K R S T C W T G E M N C B C G P W L L M
E E B U M A E S H N T M O J D N A V L L
F A H Q C O L P S U I H S L Y U M N S V
O L Y A F A U T F V P D H E U J K T J A
R E S Y M H R T E G B C R W D M R E G N
E S H P W Y S Y H C L H T E I G B I K D
S S N I K P O H S N H O J T P K B I U E
T N D Z N N A K F J R W U L U P E K A R
F E N O T R E D A M E L Y M R W E Q A B
U R F C V Y M F E Z A D I S D V G P N I
O S N A A R E C L N X G L B U I D G I L
U S R L X R I L E G E O R G E T O W N T
H D E C A R N E G I E M E L L O N S Y Y
```

BROWN	EMORY	PENN	TUFTS
CALTECH	FORDHAM	PEPPERDINE	TULANE
CARNEGIE MELLON	GEORGETOWN	PURDUE	UCLA
CLEMSON	HARVARD	PRINCETON	VANDERBILT
COLUMBIA	JOHNS HOPKINS	RENSSELAER	WAKE FOREST
CORNELL	LEHIGH	RICE	YALE
DARTMOUTH	NORTHWESTERN	STANFORD	Hint: the mystery word has 8 letters.
DUKE	NOTRE DAME		

Puzzle #2—Majors

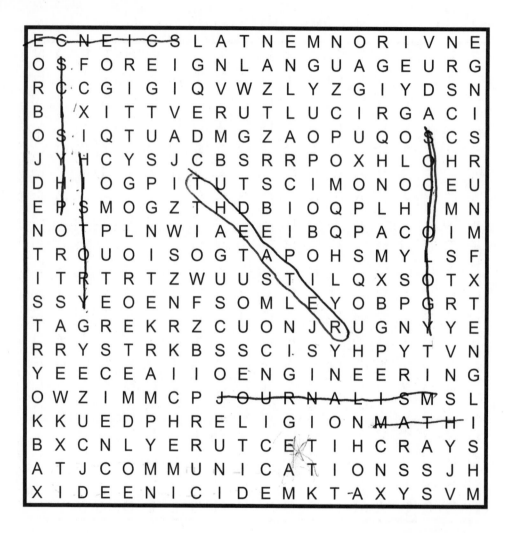

```
E C N E I C S L A T N E M N O R I V N E
O S F O R E I G N L A N G U A G E U R G
R C G I G I Q V W Z L Y Z G I Y D S N
B X I T T V E R U T L U C I R G A C I
O S I Q T U A D M G Z A O P U Q O S C S
J Y H C Y S J C B S R R P O X H L O H R
D H I O G P I T U T S C I M O N O C E U
E P S M O G Z T H D B I O Q P L H I M N
N O T P L N W I A E E I B Q P A C O I M
T R O U O I S O G T A P O H S M Y L S F
I R T R T Z W U U S T I L Q X S O T X
S S Y E O E N F S O M L E Y O B P G R T
T A G R E K R Z C U O N J R U G N Y Y E
R R Y S T R K B S S C I S Y H P Y T V N
Y E E C E A I I O E N G I N E E R I N G
O W Z I M M C P J O U R N A L I S M S L
K K U E D P H R E L I G I O N M A T H I
B X C N L Y E R U T C E T I H C R A Y S
A T J C O M M U N I C A T I O N S S J H
X I D E E N I C I D E M K T A X Y S V M
```

AGRICULTURE
ARCHITECTURE
ART HISTORY
ASTROPHYSICS
BIOLOGY
CHEMISTRY
COMMUNICA-
  TIONS

COMPUTER
  SCIENCE
DENTISTRY
ECONOMICS
EDUCATION
ENGINEERING
ENGLISH
ENVIRONMENTAL
 ✓ SCIENCE

FOREIGN
  LANGUAGE
✓ HISTORY
✓ JOURNALISM
MARKETING
✓ ~~MEDICINE~~
METEOROLOGY
MUSIC
NURSING

PHILOSOPHY
✓ ~~PHYSICS~~
PSYCHOLOGY
RELIGION
✓ SOCIOLOGY
STATISTICS
✓ ~~THEATER~~

Hint: the mystery
word has 8 letters.

Puzzle #3—Campus Life

```
D T N A T S I S S A S R E H C A E T K I
J Z U Z U U H I I N D E P E N D E N T S
B C U L T U R E P A P S W E N V A S S T
C O F Q O B Y V K E O P D U Y R C N S N
L N K H R S Y W L C I O J L R I R E Y H
U C U N I N X R I I T R M K T O I U W Z
B E J F N Z K A O Y V T R E U T N E S V
S R W L G O L D J T N S L G R E E K S H
N T X Y Q R Q E T K I H W A E K L C D C
G N I T A G L I A T T M P F E W X Y T R
J C S I D A F U B A J F R N K C Y Q G A
F W E R V N C Y M J T P D O Y C V W N E
V M T O I I N O I N U T N E D U T S S S
Y Z A R S Z S F A Y C L W L X Y A C C E
F Q M O O A C L A S S E S D A S C I H R
J E M S R T Y U W S A B X W J H E S E A
J J O Z J I T N E M N R E V O G A U D A
C T O R X O X E Z S N A L P L A E M U N
F H R R D N K L E L L I H L X G W A L D
F R A T E R N I T Y Y I Z T D D Q R E M
```

ADVISOR	GOVERNMENT	RESEARCH	STUDENT UNION
ATHLETICS	GREEKS	ROOMMATE	TAILGATING
CLASSES	HILLEL	ROTC	TEACHERS'
CLUBS	INDEPENDENTS	RUSH	ASSISTANT
CONCERT	MUSIC	SCHEDULE	TUTORING
CULTURE	NEWSPAPER	SOCIAL	WEEKEND
DORMITORY	ORGANIZATION	SORORITY	Hint: the mystery
FRATERNITY	PARTIES	SPORTS	word has 8 letters.

Puzzle #4—High School Subjects

```
N Y T Y L B S V E D K G K G X N C Q V A
G G S Z X G H C B I E C E P N F O W I I
V O C Q L Y K S I X R X E O R I M T S T
M L I X E R H S I V I S E E M X P S A A
P O M W T O J U U N I K N S Q E U Y A L
H I O E B T J L I S A C J C A W T V T I
Y B N S W S X U Z H H P B U H B E R V A
S Y O T Y I R C J H G I S L Q L R F Y N
I S C E R H F L L K F U S P M J S D A H
C G E R T T Y A G I V S H T L T E N A V
S N Q N S R R C N Q T X O U O S R R K B
N I Y C I A A A I A U E Y R R R B B V H
X T Z I M S L Q M T R H R E Q E Y G O O
V I G V E N U C M A P N V A G D R U R A
S R N R H A B B A A C I Q L T A O T M W
L W Y O C O A Z R H R T A M M U X A G O
N A M R E G C G G D R A I M W E R D X R
R B A N I Y O U O N E G A N E D D E V T
V W R X Q E V I R A V R V I G A O M L B
V E E M G O Z G P A I N T I N G R R Q L
```

ACTING
ALGEBRA
ART HISTORY
BIOLOGY
BUSINESS
CALCULUS
CHEMISTRY
CIVICS

COMPUTERS
DRAMA
DRIVER'S ED
ECONOMICS
FRENCH
GEOGRAPHY
GERMAN
GRAMMAR

ITALIAN
LITERATURE
PAINTING
PHYSICS
PROGRAMMING
SCULPTURE
SEX ED
SPANISH

TYPING
US HISTORY
VOCABULARY
WESTERN CIV
WRITING
Hint: the mystery
word has 8 letters.

Puzzle #5—High School Activities

```
K E E X S O D J T A U D I O V I S U A L
G P D N A B G N I H C R A M E M Z W G W
B N E E B S I R F E T A M I T L U N N C
M J I A M A R D H P S Y C Z W I R M I U
S N H D B I S W C E C D S E T F E G N Q
P X T P A V L O R U I V T U E C P N N B
A K B T G E M Y F R E N C H T J A I A L
N Y G V O P L O D G N K K B A U P R L W
I U K T U R Z R S A C H L A B N S O P O
S D D T D S E B E M E O L S E I W T M B
H B E Y E K C O H E E M A K D O E U O C
D R I L L T E A M C H W B E X R N T R I
S E G N I R O T N E M C T T G R B C P M
S D G S R K R A V A I H O B R O A V A E
D P C Y Y X D I R B S E O A D T S C C D
V S I N N E T L C H H S F L U C E D S A
H E C V G Z N I H G T S Y L X U B S E C
E N J X Y E A R B O O K U U W S A D D A
C O M M U N I T Y S E R V I C E L Z D M
S T U D E N T C O U N C I L B A L A M S
```

ACADEMIC BOWL	DANCE	MARCHING BAND	TENNIS
AUDIO-VISUAL	DEBATE	MENTORING	TUTORING
BASEBALL	DRAMA	NEWSPAPER	ULTIMATE
BASKETBALL	DRILL TEAM	PROM PLANNING	FRISBEE
CHEERLEADING	FILM	SADD	YEARBOOK
CHESS	FRENCH	SCIENCE	
COMMUNITY	HOCKEY	SPANISH	
SERVICE	JUNIOR ROTC	STUDENT	
COMPUTERS		COUNCIL	

Hint: the mystery word has 8 letters.

Puzzle #6—Graduation Day

```
N T O C M T V U B Z A E B D B P Z E V R
I D B H T V D N P M C R Y B G M F T N S
K U T H W A J A O N O D G M S P H A J R
S C L A S S R L A J O R S E N I O R S O
P E I J T T P T A H R H E H T E P B P N
E P T A Y I S M A B X Y D K G B M E E O
E O G Q D M I N O R G Z X O A K O L C H
H E M S U P D U R T V S W Z P E P E I Y
S R R C O S N J H L C N M Z K R P C A P
C B R X H E D U A L M U C A M M U S L R
D I L A R S I D C U L M I N A T I O N E
C U K U N T F U O C E R E M O N Y O R S
L E T A A C C O M P L I S H M E N T A I
Q U L S H E D R P H A E F M A U M K B D
F P S L V U L P A Z I R U N C C D B B E
H E F N A I R O T C I D E L A V P U U N
L S N O I T A L U T A R G N O C L Q R T
G P Q G B O H C F O T P P H T Z G F K S
Q H E T N E M E C N E M M O C S D T Z K
W K M A G N A C U M L A U D E S L Z J T
```

ACCOMPLISH-
   MENT
CELEBRATE
CIRCUMSTANCE
CLASS
COMMENCEMENT
CONGRATULA-
   TIONS
CULMINATION

DIPLOMA
FUTURE
GOWN
HANDSHAKE
HONORS
MAGNA CUM
   LAUDE
MAJOR
MINOR

PARENTS
PARTY
PLANS
POMP
PRESIDENT
PROUD
SENIORS
SHEEPSKIN
SPEAKER

SPECIAL
STAGE
SUMMA CUM
   LAUDE
TASSEL
VALEDICTORIAN
Hint: the mystery
word has 8 letters.

Puzzle #7—Trouble in School

```
S U S O Z N T L K D U D L K I G N F G U
E G A O J O O S E S M O K I N G Y T J P
X N T O F I L F C E K W D H A S N U S D
P I E W P T U A V D Q I G W Y O A G S E
U K K Y A C P I J C S N O Y I Q U P E T
L N O N R E F L M C O F J S L Y L C N E
S I L P E J S C I R O P N C T A W Q H N
I R E K N E Q P W O T E Y E G A I R S T
O D I Q T R L Z L I P E M I R J E I I I
N N Q U S I B A E S Y O A N N J P I F O
G Z O V N R R T U U H R I C P G J L L N
Y W E E D O A S H T I N B K W P Y F E V
T M S R U G V O N S G N I T A E H C S A
L M U N O B R E M U T O J C L A J G C N
U G D D E S S T V Q E H F I G H T I N G
S C Y R E C I F F O S L A P I C N I R P
N M H P N O I T A N I D R O B U S N I Q
I C L U G N I R A E W S N S H W Z A H R
P A S S I N G N O T E S A R M E W S S E
Y S E E M E A F T E R C L A S S M N T S
```

CHEATING
COPYING
DETENTION
DISCIPLINE
DRINKING
DRUGS
EXPULSION
FAIL
FOOL AROUND

HORSEPLAY
INSUBORDINA-
  TION
INSULT
MY DOG ATE IT
PARENTS
PASSING NOTES
PEEKING
PLAGIARISM

PRINCIPAL'S
  OFFICE
REJECTION
SASS
SEE ME AFTER
  CLASS
SELFISHNESS
SENT HOME

SMOKING
SUSPENSION
SWEARING
WARNING
WRONG
ZERO
Hint: the mystery
word has 8 letters.

Puzzle #8–School Supplies

```
R E S A R E T E X T B O O K N J E S J J
C F R U L E R R S I S P G R C R P R G Y
R L F I A Q D G F W O Y E L O U E E H E
O P I J N U Z L K S A T R N Z N S V N R
N O Z P B D R X T H N T P G N M P S Y S
H N F I B I E I H I C E E A X S O P N K
R E S I A O T X R U N N L R T K T B D L
O P X M Y S A P C C I P U M C O P Z F A
T T S Q P R T R I A B W H L P O A K P H
C N W J R L E L D P R C K T D B L T K C
A I E S E U S D A K N D X S I E J O P Y
R O L E T N N U Y U V S S T N T G V R P
T P U H H C R J P Y S R E X E O E G L S
O L R T G H J E E A E C X T R N Y Q A B
R L E O I B L U P K A L C E D Z V A I B
P A D L L O F M R E N E P R A H S N R O
J B I C H X O A U O S A L W A P D I H C
I I L M G C M Y Y E P S F W P E S M Y L
Y Z S Y I X B S T A P L E R R G H R X L
U P J G H M J N R O T A L U C L A C E B
```

BAGGED LUNCH	ERASER	PAPER	SHARPENER
BALLPOINT PEN	GYM CLOTHES	PENCILS	SLIDE RULE
BINDER	HIGHLIGHTER	PENS	STAPLER
CALCULATOR	HOLE PUNCH	PLANNER	TEXTBOOK
CHALK	INDEX CARDS	POST-ITS	WATERCOLORS
CLIPBOARD	LAPTOP	PRINTER	Hint: the mystery
COMPASS	LUNCHBOX	PROTRACTOR	word has 8 letters.
CRAYONS	MARKERS	RULER	

Puzzle #9—Words Before "School"

```
G U W V P L C A S L L Y J Z P Y M H T K
T F B V T L I T C H V S X G R L M E J E
P E L A N O I T A C O V J A Q E C M P L
K B L K F J Q Y F I P P T J G H A E C B
Q E S D F F N T A S B N J R N V I D H I
K I G S D I D D X U E R B I T T R I A B
H U I K X I B L S M X L C H H K D C R K
V G F N X K M I E R A A G N I T C A M R
K P I E X E N L D T L U V Z E N V L R K
D P Y H D E E P E R P A R O C H I A L Y
R T H A S C W K A I A A E B E T A T S R
I S R S R S C C Y Y P M Q O Y M J R Q E
V T U N O Z I B R A B L A A U W O G T S
I Z Q Q O D P Q A L I B W R M S C R H R
N N L O M N A I M A C Z W D U Z S A G U
G V C A R B G N I R E E N I G N E D I N
M I L I T A R Y R P O P I N X L L E N A
U Y U M O N A K P Y B F V G R A M M A R
F I N I S H I N G M G Z E A S H C A N F
E E U Y J U I O I G C K G R A D U A T E
```

ACTING	DRIVING	MEDICAL	REFORM
ASHCAN	ELEMENTARY	MIDDLE	STATE
BARBIZON	ENGINEERING	MUSIC	TECHNICAL
BIBLE	FINISHING	NIGHT	TRADE
BOARDING	GRADE	NURSERY	VOCATIONAL
BUSINESS	GRADUATE	PAROCHIAL	Hint: the mystery
CHARM	GRAMMAR	PREP	word has 8 letters.
DRAMA	HIGH	PRIMARY	

Puzzle #10—High School Movies

```
V C W E T I M A N Y D N O E L O P A N B
H O O S I E R S O K R A D E I N N O D U
H R I S K Y B U S I N E S S K O F T X L
W V D E F G N I H T Y N A Y A S Z I T C
Q J Q L K G M T L A E R T E G N W A X T
K R T E L E C T I O N G U L E O I W P S
B L H U W G A C L L O T R N E F J Y R A
X E C L Z V R T C K K K J E C W A L E F
U Z Q C K D R B C S Q U P N A E F D T K
E I P N A C I R E M A S V J Q S O R T A
D E A D P O E T S S O C I E T Y E A Y E
D E S U F N O C D N A D E Z A D S H I R
S I X T E E N C A N D L E S D Q C T N B
O Z F O R S R E H T A E H F G L R N P E
H J P A O B R I N G I T O N T P E A I H
J L Q N M Z L F D U B A A Z A M A C N T
C F I G H E H C F O L P Y M P K M E K Q
M X O G S T B O X K S M A E R D P O O H
Z U Y P U M E A N G I R L S B A F M Y C
F A M E R I C A N G R A F F I T I X U O
```

AMERICAN GRAFFITI	DEAD POETS SOCIETY	MEAN GIRLS	SIXTEEN CANDLES
AMERICAN PIE	DONNIE DARKO	NAPOLEON DYNAMITE	THE BREAKFAST CLUB
BRING IT ON	ELECTION	PRETTY IN PINK	THE KARATE KID
BYE BYE BIRDIE	FAME	REBEL WITHOUT A CAUSE	THE LAST PICTURE SHOW
CAN'T HARDLY WAIT	GET REAL	RISKY BUSINESS	TO SIR, WITH LOVE
CARRIE	GREASE	RUSHMORE	
DAZED AND CONFUSED	HEATHERS	SAY ANYTHING	Hint: the mystery word has 8 letters.
	HOOP DREAMS	SCREAM	
	HOOSIERS		

Puzzle #11—Common Team Names

```
B I N E Q P I N Z J D B S X Q G N K L E
S N A T R A P S W R S T W R X M Q S X W
H M J B F C Q O A B A S V U P R I E B J
Y L Z Z V N L G B C D C Z Z Z O P N O Z
S E M A L F O G D F D A S C Z P M I F O
H U O L P N I L S Z H R E G N G M R M M
U I F A S A I S M C E D B S N Q F E T J
S T C M N W L F H I H I W T J I D V H M
K K P T Q L W A A S K N Y H A S K L F R
I J S O U B T L O O U A F G G K R O B H
E S C B S M D C N C F L B I U C O W Y B
S R A Z E T S O O N K S B N A I C Q B V
L O O O T W R N E O S K E K R R K G U M
R I S M A R E S C R G Y A W S E E C L S
A R M F R U G H E B N Q G H P V T O L R
N R E C I U I H J S I Z L X S A S U D A
G A H H P E T W S A K Y E S O M R G O E
E W Q S F N E H Q V I W S A O F U A G B
R L C S A P Z L J N V V A X C N C R S H
S M H P K Y Y J P J X I S H W W T S L Y
```

BEARS
BRONCOS
BULLS
CARDINALS
CHIEFS
COUGARS
DRAGONS
EAGLES

FALCONS
FLAMES
GIANTS
HAWKS
HUSKIES
JAGUARS
KINGS
KNIGHTS

MAVERICKS
PANTHERS
PIRATES
RAMS
RANGERS
ROCKETS
SPARTANS
TIGERS

VIKINGS
WARRIORS
WILDCATS
WOLFPACK
WOLVERINES
Hint: the mystery
word has 8 letters.

Puzzle #12–_____ State

```
E Q V H L Y J N K S D V L W X J G F S L
S U H L B E W A S E N N E K H J X F V Y
I P A C Y L R C I V A C A T S O D L A V
O B Z L H L N A T I L O P O R T E M T K
B J S Q Q I Y R M H E C G Y J D S T L W
Y B E H Q V C I W E V E H F R U C G N E
R O H C P E A A P Y E W T I B S R D I N
S E R N B T E L G D L P R M H U G W T O
A N B T L T G C D O C C U K B B O V S T
G R Z E L E M T D U O L C T S B O J U S
I E D I W Y Q N K T O D S H L O A Y A U
N T E D K A H O E C Q O G G L H Q E F O
A S A Q N F K M Q G R T B E W C I Z N H
W E J T E A J A E F G D G U I E M N E M
V W A K S N L U P X L N Y R N A X O H A
A H C P Y U Y T K K A F D H O Z M R P S
L T K K H K G A R L V S S P N V X F E S
L R S J K N B U W O M O R G A N Y O T G
E O O D T J F W A V P E F L L L G L S Z
Y N N I M Y T I A Y M A T O K A D K V P
```

ANGELO	DELTA	NORFOLK	TROY
AUGUSTA	FAYETTEVILLE	NORTHWESTERN	VALDOSTA
BALL	FROSTBURG	PORTLAND	WAYNE
BOISE	JACKSON	SAGINAW VALLEY	WEBER
BOWIE	KENNESAW	SAM HOUSTON	WINONA
CHICAGO	METROPOLITAN	ST. CLOUD	Hint: the mystery
CLEVELAND	MONTCLAIR	STEPHEN F.	word has 8 letters.
DAKOTA	MORGAN	AUSTIN	

Puzzle #13—In Class

```
N X Z D S R Q W N V Z L E C T U R E X I
O P P T E M Z N Q R D I S C U S S I O N
I R R N T J P U C H O Y Q M G F B R F S
T O E E O D D R Z E H B M O S V O Z C T
C J S M N R D D S T N E D U T S F I H R
A E E N L A D L K D T X R P S Q F U A U
R C N G E O E B S E O E R E B D V Q L C
E T T I S B A R E E H O F L R B M P K T
T O A S S E W S D C B O V A D I T O F I
N R T S O T L A A L R Z O D B I E P E O
I M I A N I L E E P S B R Q A S D X T N
M N O O D H T M Q E K A E Q I N A N E X
Q R N E H W S X D C T D N C L M J C A L
P Z S F M S I I A K W D R R P I S I W F
N O I T A N A L P X E E E L G T O H S E
U C D S W G B J B Q X K E B B F P E E I
H X A H R M A R K E R S L G A L A V S O
J Q M A Q H E F D A L Q U E S T I O N S
Y Z M A X E L A N I F L I I S N E O M N
W S P O W E R P O I N T I X B B G D L R
```

ASSIGNMENT	EXERCISE	NOTES	SEATS
BELL	EXPLANATION	POP QUIZ	SLIDES
BLACKBOARD	FINAL EXAM	POWERPOINT	STUDENTS
CHALK	INSTRUCTION	PRESENTATION	TEACHER
DEBATE	INTERACTION	PROBLEMS	WHITEBOARD
DESKS	LECTURE	PROFESSOR	Hint: the mystery
DISCUSSION	LESSON	PROJECTOR	word has 8 letters.
EXAMPLES	MARKERS	QUESTIONS	

Puzzle #14—Athletic Conferences

```
B E E Q T P C I E W U L S O Y C B Y O I
I C H O L M O U N T A I N W E S T E D S
G V Z Y E L L A V I R U O S S I M L D C
S R M C B S V Q E N Y X R C P H A L I I
O L A I N O L O C F B E M S D X Y A H T
U F M T U K U A M R E I X O G E K V P E
T U E N S L X J V N J W G U F N S O N L
H S R A K U G G O X X V K T V L G I R H
T E I L N D M I V O T T B H W W I H E T
S U C T R A P M U G K I V L W E B O T A
A G A A E T D C I E G O N A Q C L F S N
E A E O T L S O U T H E R N U T Y V A R
H E A R S A P Z E Q F E H D P O Z X E E
T L S T E N H N T S A O C T S E W F H T
R Y T E W T O I R T A P B I G E A S T S
O V B M H I R A N E T C A P L S F Z U E
N I D E T C I Q T S E W T A E R G U O W
U L C F U S Z A T L A N T I C C O A S T
D L D H O U O C O N F E R E N C E U S A
Q Z B Q S N N N A C I R E M A D I M W Z
```

AMERICA EAST
ATLANTIC COAST
ATLANTIC SUN
BIG EAST
BIG SKY
BIG TEN
BIG TWELVE
COLONIAL

CONFERENCE USA
GREAT WEST
HORIZON
IVY LEAGUE
METRO ATLANTIC
MID-AMERICAN
MISSOURI VALLEY
MOUNTAIN WEST

NORTHEAST
OHIO VALLEY
PAC-TEN
PATRIOT
PIONEER
SOUTHEASTERN
SOUTHERN
SOUTHLAND

SOUTHWESTERN
SUMMIT
SUN BELT
WEST COAST
WESTERN
  ATHLETIC
Hint: the mystery
word has 8 letters.

Puzzle #15—Dorm Life

```
D M H D B K Z T D V B W V A Z J G V S F
H O G Z H K T Q E Y I O A Y J T Q N W I
M B J A L N G R J S P A O D E M L P Z S
H R O D I B F W I Z O U K K D D X O B X
H D E E M X F L D Z C L S U S R P K G F
O Q C Y N A L O F T W A C R Z R D S T F
T P S O A S Y O N G B I L W I R R E O U
P L R S M L B Q D Y U G S N A O U D V B
L A E E X P P H R N S A T J S O A P M O
A Y T I H B U D D P E E E J J M H S A Y
T S S X P F N T V C R T K M L M I Q T F
E T O A Q U U G E D S J N F A A P Z T R
H A P Y A B S K R R H L A I Y T P R R I
P T F L L L B R M Y A W L A N E P O E E
G I R L F R I E N D M G B T O W E L S N
A O J U Q T A W L N P G V B W A X O S D
G N O F X G H C G E O P M A L A V A L G
R E F R I G E R A T O R R G X C G K U Y
X W O V K S N O I S I V E L E T S X P W
S H A V I N G C R E A M V I D R A Z O R
```

BLANKETS	GIRLFRIEND	POSTERS	SOAP
BOOKS	HOT PLATE	PRINTER	TELEVISION
BOYFRIEND	LAUNDRY BASKET	RAZOR	TOWELS
CLOSET	LAVA LAMP	REFRIGERATOR	XBOX
COMPUTER	LOFT	ROOMMATE	Hint: the mystery
DESK	MATTRESS	SHAMPOO	word has 8 letters.
DVD PLAYER	PLAYSTATION	SHAVING CREAM	

Celebrity Wordlists

KURT OWENS

Puzzle #1—Words Made from "Angelina Jolie"

```
P K Y C T O G N W X L S A L Z V L G X Y
C E L G A E I A N A L O G U I N G P G E
H E G N I L I A J E T D K K S N F N O R
U L L J A L O N E N L I A F D F E I N B
O D E I I E N J C I J O J K U U A A E A
E M O A G N E X P G V T A G X I F G G B
A M R E N A G L C N O E N N I J I A G E
G Z L Y Y I M L G E K I P A I N M V M U
L L A K H F N Y E N N C O I V N D A S E
A R C W E K L G P I A K P L A O G G X F
F V X W D F E K O L I J A O L A X G W U
N J X O E Z Z J Y Z L G E E L E N E I F
I R A H J B B D V C E L I A V N J Q U G
N O I G E L L B I L A O C O I R M U U E
F A K T R L C I N N R M E N M G O U I N
K B S Q F U D O O F G L J S W D H L Z I
T B H W K O N L I N E A Q E X T A T U O
N O H E W N I C N H E A Y J G O Y D Y J
Y T J C L N B D F M Z D Y X G B K P Q N
K F H G A L L E O N C V J Q O X R O J E
```

AEOLIAN	ENGINE	JELLO	LINEN
AGAIN	ENJOIN	JINGLE	LOANING
AGILE	GAIJIN	JOINING	NAIL
ALGAE	GALLEON	LANAI	NEON
ALLEGE	GOALIE	LANOLIN	NINJA
ALONE	GONE	LEANING	ONLINE
ANALOG	JAILING	LEGION	Hint: the mystery
ANGLE	JANGLE	LINEAGE	word has 8 letters.
EAGLE			

Puzzle #2—Words Made from "Britney Spears"

```
E J E M Y G N T E Q J H Y K B K L U X Z
A E A M G S E C N X Q N R S R P P U G N
M R R S A N S H F L I B Q E X R J R R Q
F F N I I F A A Z A G S T F Q I D J N M
R J E S P B B L R J A A E C T E E R E X
F E S B A S E E B B I R N I C S E W A T
X A T S M H A R T N U U B T R T G S R S
B Z T S F Y S X E B H Z V I S E N E E E
R E O Y E F T R D W Q V W A T Y T I S I
R Z P N M P A R T N E R E J J E U R T S
B S A Q I N B O L K N E S I R A R T A A
P A S P Y A R A B I E S N N T T Q S Z E
A A R Y T B R A N B O N R S W B U A Y D
I R E E B N R T E I K T N E S B A P A K
N B Y R N A E E S Y S W M R U J E N R E
T E P G G E P S S E M T U T D O F A P S
E T B W A A S M S S Y P E R T N E S S P
R R L A R D W S D O A E M R A Y L F Y A
N A S T I E R R G X R P K Q H B U S N L
H Y Y R T T P R E S B Y T E R I A N S U
```

ABSENT	BARENESS	INSERT	PRESBYTERIANS
ABYSS	BASSINET	NASTIER	PRIEST
ANTSY	BASTER	NEAREST	RABIES
APTNESS	BEAST	PAINTER	RAINY
ARBITER	BETRAY	PARTNER	RETAINER
ARISEN	BRASSY	PARTY	SPRAY
ARTERIES	EARNEST	PASTRIES	YEARN
ASPIRE	EASIEST	PERTNESS	Hint: the mystery
BAIT	EASTERN	PESTER	word has 8 letters.
BANISTER	EYESTRAIN		

Puzzle #3—Words Made from "Heather Locklear"

```
I X J O H J M X O R E E T E K C O R T S
B H R M T F R A T H E R E T A C O L E R
T O E S L I D N D E T A L E R R O C I E
T A H L A K C P N L I Y H N E C J D U R
R A C K E T E E R L R E C C P C V N R E
Q S A K H C L H U C W E R H H A H Z E R
N X E O L A T E R A L E K O A R K O H E
E O T S X E N O I T A O L L J R P G C R
E S I B E X U F R T P E U S A O T A R E
Q V J J U T K J E A R Q E G N T R E A T
K A R A T E A F E A L C R U N E F U R A
H E B T P V Y C C L O T H E T P Z Y S C
O E A E R A T E O X J B S A C E R E A L
T Y A R J J Y L M L U T K I F G F K T Z
C N B Z A B W O V J L E H A T E E H C U
A O R T A C X L V K R A M B M L T H H C
K E T R A C H E A Z L P K S S A B R A B
E E L Z H K Q E B A B Z R U J C J F L V
O D D V U V G U W D W S O Q S O L B E Q
L A K M S F I R R L A K K P W L Z Q T G
```

AERATE	CHALET	HEALTH	RECREATE
ALLOCATE	CHARTER	HELLCAT	ROCKETEER
AORTA	CHEETAH	HOTCAKE	TACKLE
ARCHER	CHOLERA	KARATE	TALKER
CARETAKER	CLOTHE	LATERAL	TEACHER
CARROT	CORRELATE	LOCALE	TRACHEA
CATERER	EARACHE	RACKETEER	Hint: the mystery
CEREAL	ELECTORAL	RATHER	word has 8 letters.

Puzzle #4—Words Made from "Nicole Kidman"

```
H N J A F F B A U U N S U D B T B G W N
C F I E L D N A C M D L C I M E N A A I
Q A K Y E C V C E J C O M E D I A N A A
I N N I F B I D E K C O M J F S M R N M
M A I N L I N E W I B B Z W P C E M R O
M Q X C O O T F C I N E M A F J N E T D
U V S L C L A M I C E D I X M W I D B C
Q E B I F Y I W F X A M A N D O L I N E
G P B N A R D E K A O L C L Q R C C N L
M D A E A M Q O N O E T M F D E Z I Z K
R L A I K I D O M I C I L E M W N N D A
F L U R O G C Y J Q I P N A D A O A E N
D Y M B J A V U S I L I N K C I G L M Q
L K W H E I L C H O A T L R L I E F I R
U N V D U P H O I L M F M C V L X S A Z
X E T E V U W K C N H P A E I R C E L X
C D B B W S Y K Y O N U C Y C L Y C E
K I Q L E L D N I K E M O R L F S U N V
I A E M O W L T E Z O D E M O C N I N P
M M L F H A D A L M O N D D G K H M E S
```

AIKIDO	CLOAKED	DOMICILE	MAINLINE
ALMOND	CONDEMN	ICEMAN	MALICE
ANEMIC	DEACON	INCLINE	MANDOLIN
CALMED	DECIMAL	INCOME	MEDICINAL
CANDLE	DEMONIC	KINDLE	MOCKED
CANINE	DENIAL	LINEMAN	OILCAN
CANNOLI	DOCILE	LOCKED	Hint: the mystery
CINEMA	DOMAIN	MAIDEN	word has 8 letters.
CLAIMED			

Puzzle #5–Words Made from "Oprah Winfrey"

```
P I N A F O R E J I R O N W A R E N Y S
M T O S I Z B I A M G E Z R T B C X B L
X W Y L P R V U Q K Z L F W T Q M O B F
U O E E O R P H A N T M K N G D W Y T A
G J O A Z P I O F V W A Q K I N Y F B I
A N U B P I P N W H P R H S E R W I I R
Y F F G R O X I X E J R T R E P A R Z Y
I D A L X G N H X G R O C N K R F R G M
T N L H H N W R U I V W I S E F E O U L
V N Q E O Y E N Y Q W W T P S D R H W M
D T X R E P E F Q M D R O P I A N O N H
O N N A Q I N G L I E X R I P E N W O
S D R I H Z Z N A L S Y D F F A Z J Q N
X O R A T A C S E W X O P R E W A R F E
B F D W M G Y P G M A F W A R R E N N Y
J C V O H I Y W M D Z P F O R E W A R N
T H X R E U Z W I H T S E G F W S J K U
B Q G R R I R J V R C B V R T K N V T O
H V Y A O L O Q U X E P L U O Y T E I R
B F A N N J Z B R E F R A I N F T D L I
```

AIRPOWER	HERNIA	OPERA	REFRAIN
ARROW	HERON	OPINE	REPAIR
ENWRAP	HONEY	ORPHAN	RIPEN
FAIRY	HORRIFY	OWNER	WAFER
FOREPAW	HYENA	PEONY	WARREN
FOREWARN	INFER	PIANO	WINERY
FOYER	IRONWARE	PINAFORE	Hint: the mystery
FROWN	NARROW	PREWAR	word has 8 letters.
HAYWIRE			

Puzzle #6—Words Made from "Daniel Day-Lewis"

```
F A E I Z X M D E I L L A N D L A D Y R
P K L D N H A N W W N H N B G Z A B I M
C F Z W I S D E A D L I N E M H M W X B
E A S N A S I R R H U U W S I N E W Y
R I N O A Y Y D Y S A D D E N D H A A L
O S F T U H S A E L T H F U A Y V K D V
Y L I S A E O M W T L R U W N W C Z D K
X E U J A N Y S C F L A D M W I X A L L
W W E R F J E R U S S L E X C L L D E V
E A E S W A I L E D E C M D B D F E R E
S Y V W W Z E R W D N A L S I L W Y F H
F X A A R U D J E Y N J M L H A D E R Z
N D L D W T I V L B T W E Q Y N E L M O
Q L Y D N O L E D G C Y T L F D L L Z I
I I E L X C S U N D E S M D W S A A U S
I I O E I N D S I D E L I N E K Y W E N
L E S A E W N Z W H W Y W A B E E D H A
V N U D E I A M D E D L E I W W D P V D
X N J L A A L A W B F A L I E N S N T W
D F L Y E L D N I W S U A W H F L I I F
```

AISLEWAY	EASILY	LEEWAY	WAILED
ALIENS	EYELID	SADDEN	WALLEYED
ALLIED	IDEALLY	SEAWALL	WAYSIDE
ALWAYS	INDEED	SIDELINE	WEASEL
DAWDLE	INSIDE	SINEWY	WIELDED
DELAYED	ISLAND	SWADDLE	WILDLANDS
DENSELY	LANDLADY	SWINDLE	Hint: the mystery
DWELL	LANDSLIDE	WADDLE	word has 8 letters.
DWINDLE			

Puzzle #7—Words Made from "Steven Spielberg"

```
Z C Y I Y F I B N S P L I N T E R S A T
H E J P I F H Y C Q T A L C N V O G D R
T C S Y K S C U P S D Y D S T Y M R E X
W W Z I V G S B R L L H U B J B Z N M J
C F N I V S T L E B N E E R G D E U T W
E Q N D D E Y O V W S G E X S R E M S C
G S B E H U L R E M G N C P G H G T E W
I E P P R E S E N T N I S I I E P G V P
T R B A E E Q P T P I S E S R E N X N G
S P P T R N N T I B V S T B E I S R I N
E E E S I V I I B O R E I E L N K T E I
R N E I P N E L L L E L A E R T I J R T
P T R S E E G E E E S B E M Y L K R I S
U K E R N V E L R E M P J E Z O I Z E E
D B T E E N W E I B Y Y J R K W N D E
B P S P S L E Y H A N R E G E T N I G B
E C I V S E S A A P L G V A I P N B Y P
S Q L E L B I S N E S R E V E I L E B W
E Y B E R F S W Q V W U F C Y K E J B Q
D L I S T E N E R I R J D C J C B K M B
```

BEELINE	GENESIS	PRESTIGE	SLEEPIEST
BEESTING	GERBIL	PREVENTIBLE	SPLINTER
BLESSING	GREENBELT	REINVEST	STERLING
BLISTER	INTEGER	REPTILE	TELEVISE
EERINESS	LISTENER	RIPENESS	TINGLE
ELEVEN	PEELING	SENSIBLE	VEERING
ENERGIES	PERSIST	SERPENT	Hint: the mystery
ENTREE	PRESENT	SERVINGS	word has 8 letters.

Puzzle #8—Words Made from "Justin Timberlake"

```
J L H W Z R I V L T G M O U C V S I S B
V C N T A D B O K G N U R N B K S J Q K
Q V H S N A K E B I T E N K R B E X I Y
Z E T E L I T S N R U T X H I T L E K R
P T T R E T I B L I A N F H L E B T S E
V A I S T R S U E N L O X I B E A A N B
P L E E I I F K I D W E N U P K T N I U
S U B I N B T T R I B E S M A N N I T T
N M R R A U T A W U R R T A S D R M T T
A I E E B N Q O N F E Z C A B X U I U A
E T A T R A S K O I G P D W N T T L B L
J S K T U L M T N S U B M A R I N E U Y
E Z G A L A E S R R G M U L T I M A T E
U N C B T T T N R E E N I T U M E R T X
L I B E R A T E I B A A L T I M E T E R
B Y M Y T U F J L L E M P K Y U H H R T
D H H E C I K V L Y E L L O X K P P M X
Z L T E N T M A K E R M F I N R V C I Q
Z P T L W C U X A O Z R I P N I U K L B
V P M I N I A T U R E R J T Z E N E K T
```

ALTIMETER
BASELINE
BATTERIES
BLUE JEANS
BUNKMATE
BUTTERMILK
BUTTINSKI
ELIMINATE

LIBERATE
MINIATURE
MUTINEER
NAILBITER
REBUTTAL
REINSTATE
SNAKEBITE
STIMULATE

STREAMLINE
SUBMARINE
TENTMAKER
TERMINATE
TIEBREAK
TIMELINE
TITANIUM
TRIBESMAN

TRIBUNAL
TURNSTILE
TURNTABLE
ULTIMATE
URBANITE
Hint: the mystery
word has 8 letters.

Puzzle #9—Words Made from "David Letterman"

```
H E U D A H Q X K V O X C I V N U F R C
J S T L W X G K F H V A L I D A T E E E
Y D R A X L A M I N A T E M N I N A D V
I E E E N T I T L E D Z P Y D H N A N I
K T T A Y I E T A T I D E M O T Y D E T
T A E M W I R Y M E K N E X E J U M V A
A N M M A M T A N T I I Y A A L D I A L
L A A A L D E R M A N D T T M W A T L E
E M I V I U R A U L L E T A I L A T E R
N E D D E L S E E I R E P A H N D E V M
T V E E N P Z C D T D E Q A H A Z D I A
E I R T A T T A I N E D U P R A D Q T T
D T A A T N T E E E B G E L Z E Q A E
V A I M E Z E V H V R L D G Q Q M N T R
Y N L I V Q W P L A V E I D E M E W E I
U R M N W I N T E R V A L A S I N C U A
D E E A J B O E N I L M A R T S K M L
U T N B D T E L L C G L K R M C I D A N
F L T O D Z K M G S Z D N A L M A E R D
D A T E L I N E S D H M L I Y I P R N P
```

ADMITTED	DEMENTIA	LAVENDER	TAILENDER
ALDERMAN	DERAILMENT	LEVITATE	TALENTED
ALIENATE	DIAMETER	MARINATE	TRAMLINE
ALTERNATIVE	DREAMLAND	MATERIAL	VALIDATE
ANTEATER	EMANATED	MEDIEVAL	VENDETTA
ATTAINED	ENTITLED	MEDITATE	VENTILATE
DAREDEVIL	INTERVAL	RELATIVE	Hint: the mystery
DATELINE	LAMINATE	RETALIATE	word has 8 letters.

Puzzle #10—Words Made from "Leonardo Dicaprio"

```
N L R I J I O Q D O D A L C N O R I P F
I C A O V Y N E C N V Z R L E Z R E M U
D A D R I P N R L I P R E A D A R W L T
A L Y W O R O P T R K R C D D I Q V A V
L O O B O P T K Y O L R E I O D E Q N R
A R B D L G R E X C O A C D X E R M I I
P I A A R G N O Z E T A I N N C S A D P
A E N K F I G D C P L C R D P A G C R C
W D C O L O R A D O A Y Z H R P I A A O
P X X R R A D N E L A C O A S O L R C R
O P I D D A O R L I A R D L A D C P O D
R A C R A N I A L Q D E K I E C J O H C
D R K Y X M A O I N P W Y N O E O R C C
R L C L A R I O N O P L A C E X P L B E
A A K G Y R H A D N Z P K O W N C A P X
E N H T P A L R I D D L E R K A F E R E
N C X L W P A C S D Z A D R A C A L P D
Q E A R H P W C X I C O E T Z F W U X P
M N L M H E D O R R O C O R D A I N E D
E V F T L U C A N M F K I T F Z T F K R
```

ADORNED	CORDIAL	LEOPARD	PECORINO
AIRLINE	CORIANDER	LIPREAD	PERIODICAL
AIRPLANE	CORPORAL	NOPLACE	PLACARD
CALENDAR	CORRODE	ORDAINED	RADICAL
CALORIE	CRANIAL	ORDINAL	RIDDLER
CARDINAL	CROPLAND	PALADIN	RIPCORD
CARPOOL	DECAPOD	PARDONED	Hint: the mystery
CLARION	EARDROP	PARLANCE	word has 8 letters.
COLORADO	IRONCLAD		

Puzzle #11—Words Made from "Reese Witherspoon"

```
C N O I S S E R P E R R R W V S S R J S
H R Q N N I J R O J M K E E I A E B E P
T O B I O G B S E B C C E P W T G I S L
O W H E I R I L A T Z N K K S O N E R I
D P S T S A E W O R S H I P S I H E F E
T O M O O B A T O X P O I N F P H S S T
N H F R R L E B N R R H O K G A T W F S
H S F P E C E H L E I W T R T H G G P O
I O N O S P H E R E S E R D T Z S S I P
P S P R I N T E R H O E N M C P S N H I
O S T S R R X T O T N T R T C Z O E S R
H U H E P F R E K R E C H P E I U T R C
S F A N R M Z W B E R O L E T E X R E R
T P N R E W O P E S R O H R R W R O N E
E I O V T Y L Y E H Q Z O S E W N H W S
E O W B N I H L W O B P R G R T I S O P
W N H S E W N E S O P R E T N I I S J O
S E E U O M O B J T J K T X W X G R E N
X E R H S R E P R E S E N T I P S F E S
X R E V K X R E T N I R P R E T E N S E
```

ENTERPRISE
EROSION
HIPSTER
HORSEPOWER
INTERPOSE
IONOSPHERE
NOWHERE
ORIENTEER
OTHERWISE

OWNERSHIP
PIONEER
PORTION
PRESENTER
PRETENSE
PRINTER
PROTEIN
REPRESENT
REPRESSION

RESHOOT
RESPONSE
RETIREE
RIPOSTE
ROOSTER
SHOETREE
SHOPWORN
SHORTEN
SHOWER

SNOWSHOE
SPRINTER
SWEETSHOP
WHISPER
WITNESS
WORSHIP

Hint: the mystery
word has 8 letters.

Puzzle #12—Words Made from "Cameron Diaz"

```
Q P D E N I O C L P M B S I Z O D I A C
N O Q I W Z A Y A D M I R E L T P R R X
E K C H P Y D W W W M A N I A C A E C T
M W V J O O R E F Z V A Z N E D A C A R
R O D N A C N Q Q V M V O M I X A N D O
I O R E N I D N P S E M N O Z A M A E M
A N I R A Z C L C Z A F M D H H M M C A
C D Y M V X R C I D O A E C A F Z O N N
K G O H E M N M I U N Z J V O N M R N I
E R Y E R U O C J I A S D K R E C F U Z
N P V H J D R W H M M I W R D Z M E J E
A G J Z N S D A A A A R P I A A C E R B
M E V A Z Z I M M R O R A Y I X A E E N
O A R R S Q C E E A F N I D N N M M J F
R D I E D F N D D S I U E N R W E O Q A
D R X I S I N I A U A N H X A M R C A H
Q L G Z C I E A U N R E D O M D A N W H
N C H O C P C N S Q R D E Y T E E I J O
H F X C M Z R C P N N O C R I Z X G G N
B W M A C A R O N I S L Q O M T G L E N
```

ADMIRE	CINEMA	MAIDEN	RANDOMIZE
AIRMEN	COINED	MANIAC	ROADIE
AMAZED	COMEDIAN	MARINADE	ROMAINE
AMAZON	COZIER	MEDIAN	ROMANCE
ARCADE	CZARINA	MODERN	ROMANIZE
CADENZA	DANCER	NOMADIC	ZIRCON
CAMERA	DINERO	NORDIC	ZODIAC
CANDOR	ENAMOR	ORDAIN	Hint: the mystery
CINDER	INCOME	RADIOMAN	word has 8 letters.

Puzzle #13—Words Made from "Charlie Sheen"

```
J S M P Y R E Q X Y Y V Z C L S V A E Y
Q H I Z Z J I M Y P R J Z U C V A R N X
T C R L E S I H C H A I N H S W K S R S
K V E S N E C I L P I R E L I S H E I W
O H P Y L C U G Z N C S C Z U W N N C P
C W A O A W J J T L H I J S E C C I H L
L Q E Y C E C L A I R L N W A E Q C E K
E H E S E U H Q R P I E V S R C S Z S R
A I K N A B A E A X N N E E C E E M R Z
N S Y I E E E B N A H C P O I R S Q J D
S Z D M L L R J C Z A E Y N R L E V X R
E R E I H S A C H A L Q E F G E N A W H
R L K S M L U C N X E C L J S D I C S R
Q S Z L C L N E S I R A F I C H H I H E
P C O I T A P A W A E V R H F U R I H I
C H X C T Z R S L R U E N Q E E T C K S
G A D E U N P E E I C C W I H A I Q R E
X S K R P B P C E G L H W C E N L M L E
B E L Q G Z A C E N I L C E R C I E F H
K R V Z T O J W B I G G O D N N E Q R C
```

ARISEN	CHERISH	HEALER	RECLINE
ARSENIC	CHESHIRE	INCREASE	RELISH
CAREEN	CHISEL	INHALER	SCALENE
CASHIER	CREASE	LARCENIES	SILENCE
CEREAL	ECLAIR	LICENSE	SINCERE
CERISE	ENCASE	NICHE	SLICER
CHAIN	ENLACE	NIECE	Hint: the mystery
CHASER	ENRICHES	RANCH	word has 8 letters.
CHEESIER			

Puzzle #14—Words Made from "Rosie O'Donnell"

```
L O I L E R S U V Q T H Q N P U F E P Y
Z I M X J M P E R Y O T P D W W S S U A
Z T N Z N C P N Y J A E I X M D P E P H
O N A E V O X I A J D Z F B M H D O W E
N X E S N A L N E H X I V F O P B D G I
E M Z G O W F O V S W W N H F R E E M M
L D O S C O U E D E R N E N F F O R Z L
L J L R Z G N L U I R O O E E L R N D A
E U O F I V X E W N E D D F R R J I D V
R J C Z X O R M R D T S R N M I E K E O
R O N D E L L E R O Q O F A E S O O L A
R T N R E I L E N O L W F H E X I S L V
H P N S W W D I H R Y S C L A M T I O L
Q H B X O L S P R S Z L E K H Z H R R N
G M S I I N O E O E R U P C S S I O N O
O L E N O O D L E S I O N S I D E N E I
R B E I Y N D T S I L D H E O S K E A S
B R N L E I K Z Z O B T L K I S L D Z O
Q O M L E K O D E S I R E O Z S F R S R
F R V S D U U E L D O O N K S W H U D E
```

DESIRE	LENDER	OLDIES	RONDELLE
DIESEL	LEONINE	ONIONS	RONDO
DINNER	LINEN	ONSIDE	SOIREE
EIDOLON	LONELIER	OODLES	SOLDIER
ENDORSE	LOOSE	ORIOLE	SOONER
EROSION	NOISE	REDLINE	Hint: the mystery
INDOORS	NOODLE	REDOES	word has 8 letters.
IRONED	OILERS	RELLENO	

Puzzle #15—Words Made from "Jesse Ventura"

```
F T C Y W N W N Q E U N E V E R D N M D
V X S O A S S Q T B H S T N A V R E S T
J V P E G S R T Z O J N J Z F M S Z S L
G E A G N W S R E V J C A J D J A U N T
T N E S E R E A S S E R T T Z N J E E R
N T T K X E A T W E N T S H U J T O R S
N U A S N W Y E T Q T U A O P R S Z V W
E R R E A N E R U S S A S N A T E K E L
T E V S E U U N S U C B R V E T R T S P
E Z G U E Z N J T H W Z F E V V N E Z C
E I T S R V E T E R A N S Q N P U U B F
T E S C X S V L E O E U Z Z F E D J J Q
R B D J T Q A V I R A E G E M D V U E T
N K V E K B U E J V S L Y O N V S E N R
Z Z R V S E N N E Z G E V E T A N E S C
F I R D E S E N E R V A T E J H S K Z R
G L N X U R J Y S T J P C E T S B V W A
E N E R E S S Q T R I H I D A N B X S V
N R E T S A E E X F G Q K E R U N E T E
W T A W Y W P D M H O T P E S A R E Z N
```

ASSENT	JAUNT	REJUVENATE	TENURE
ASSERT	JESTER	RESENT	UNREST
ASSURE	JUNTA	REVENUE	VENEER
AVENUE	JUST	REVUE	VENERATE
EARNEST	NATURE	SAUNTERS	VENTURE
EASTERN	NERVES	SENATE	VERSE
ENERVATE	NEUTER	SERENE	VETERANS
ENSURE	NURSE	SUAVE	Hint: the mystery
ENTREE	RAVEN	SUNSET	word has 8 letters.
ERASE			

Puzzle #16—Words Made from "Serena Williams"

```
O T V Z S A W M I L L A X O F F S T B N
X O R O W W I I S V C J L S C O S Y Z F
R E A L I S M X I G G X E I P S E Y L D
G E O T S Z G T M Y S M M G N V L G E R
W A N I R A M W I T I A K L O A E R P O
N I L R A M S E L N S M M V X A M M Z H
U E S A L E S M A N E G S N O Y A X P F
Z W D L E E Q R R N M S G H E J N O S D
Y A A I M L E S S X E U Z L J S E Q B A
O O L A A M A W E N N S A L P V I Z X G
Z A I I N S E R E E W W E Y Q U S A A Y
W S A W E A M R E A E G W B Z I E Q S E
X I M Q R I A S R N E O L Y R R L J A U
R T R I N W Y M E S I I J S L M L V L C
A A I E A C N R I C A M L V A S I C A X
I N A Q L E W A V S O C R R N K E P R J
S S V P S E L E N B E T U O E C S J I Q
I W F S I A S I X M W K V B S D R G E E
N E I Q M Y A S A C E T K P R D A W S T
S R M X P M E X E S S E L W A L M T N U
```

AIMLESS	LAWLESS	MINERAL	SAWMILL
AIRMAIL	MAINSAIL	MISSILE	SEMINAR
AMNESIA	MALAISE	NAMELESS	SIAMESE
ANSWER	MANILA	NEMESIS	SIMILAR
ARSENAL	MARINA	RAISINS	WARMNESS
AWARENESS	MARLIN	REALISM	WIRELESS
ENAMEL	MARSEILLES	RENEWAL	Hint: the mystery
ERMINE	MENSWEAR	SALARIES	word has 8 letters.

Puzzle #17—Words Made from "Drew Barrymore"

```
M R I S I N Q F Z U W D O R M A R C X P
R O Z F T R C C V M N R Q M W B S O M S
S E B S E K M I A I K O A B W S A E B H
M N W D T B X D H E B O R D R A W A O Y
L F R A W O R R A M Z N W D Q E R R A F
P O E M R O A M E D E E R C E R A D Z T
B O O R E M C I T Y E A E J O E B D E L
H T F A W O E R F B W A K W R P C N B R
T C X P C O W D Y E V Q F O A Z E J S S
X T N I Z N R E R O D A B H W M J N D E
Y Y F U B V X B D M A E O C B S M A S Q
C N C T R A E V E Q N C U R F H H Z Y G
H U Z A N D H O N Y D B Y I P D L D D Y
A E W D S R C W V R E O E T X C A N E R
Q F O R E R V C B E R W U D B L J X M E
B C D R Q U N U G O O C A K Y O X A E W
Y S A L X N H K U R M Q I W B E W A R E
C E E J T F B K C D R E M R A W D E B R
W U M F E Q O D N E A E D A M E R Y R B
Q V E G B X X X C R N D I B Y W O R D Y
```

ADORER	BOWERY	MARROW	REORDER
AEROBE	BREAD	MEADOW	REWARD
ARMORED	BREWERY	MEOWED	REWARMED
BARROW	BYWORD	RAMROD	ROAMED
BEDWARMER	DWEEBY	REDRAW	WEARER
BEWARE	EMBRYO	REMADE	Hint: the mystery
BORDER	EYEBROW	REMEDY	word has 8 letters.

18 Two by Two

Puzzle #1—Words Beginning with "AF"

```
A W K P B N D X P R P F T N E U L F F A
F B D T L A F G H A N I S T A N M G C L
L E J B M F K O A F F I L I A T E K Q B
U A F T E R S H O C K F K H X Z Q F K Z
T R A S U A L F T B Z Y I X F J R G E J
T E F H V I C U Y S V V Q R R S U H Z S
E H F I Y D Y H S Q Z K X Y M D X M W J
R C O X X M S N F N E A X N A A K E L D
G S R V R X A N O F A E A E Z F T U W N
C N D D A S F M I U K A T F B T O I D H
F I S F J W A L W O F A K N I F Q O O X
G P N L A D R H D T N Y A I A E L N T N
Y N E A C E S A E O T F K U R P L J M L
E E P T T E F R I I F O T Z V F H D L F
M F L F R R T T N I A S C R S W A M O J
A F A F I A C I D F A F I C I O N A D O
L A A C S E F A L J E Y T P U B G F F V
F A A T F F V O E L B A F F A P Z F P Z
A P E F A I A J D Z H H X C N U R I Y M
G W A K T T F A F T E R N O O N A X L O
```

AFAR	AFFIX	AFLOAT	AFRIKAANS
AFFABLE	AFFLUENT	AFLUTTER	AFTERLIFE
AFFECTIONATE	AFFORD	AFOOT	AFTERNOON
AFFENPINSCHER	AFGHANISTAN	AFOUL	AFTERSHOCK
AFFIDAVIT	AFICIONADO	AFRAID	AFTERTASTE
AFFILIATE	AFIELD	AFRESH	Hint: the mystery
AFFIRMATION	AFLAME	AFRICA	word has 8 letters.

Puzzle #2—Words Beginning with "BR"

```
B H K B N B R A I N S T O R M C Q J U E
R U A C L E N X U B R I D E S M A I D L
E W X B I H Z P O B R O C C O L I K N T
A L B N B T Z A Q R M K W G F F Y V N T
D E L R S J S D R E N O T S M I R B E I
B H L I I D E M D B U J O P G N J T K R
A C P B A G B R O N T O S A U R U S O B
S S A R B R A B K O G Q X M E P L N R H
K B B U C M B D R N R C R F A B I M B J
E W R N R C L A E I U B J P R B O F T F
T S E E V T K A H D E S B A R B R W W M
B R A T W U R S T K N F V A R N B U F P
O B K T R M H T A C G A C A Q B W N S B
M L F E F G I E E U D E N A R L E G A H
E E A P D R X A R O L C O E S A F B I N
Y L S B N A V Y B E H C W Y R E B I R B
X V T C R C Q J T Y Z E E R B O B D L Q
R E Y A L K C I R B R A G G A D O C I O
E G D I R B H J R Y Z T E K C A R B G R
S E K A R B R O A D C A S T B R I S K D
```

BRACKET
BRAGGADOCIO
BRAILLE
BRAINSTORM
BRAKES
BRANCH
BRASS
BRATWURST
BRAVADO

BRAZEN
BREADBASKET
BREAKFAST
BREATHE
BREEZY
BREWERY
BRIBERY
BRICKLAYER
BRIDESMAID

BRIDGE
BRIEFCASE
BRIGADE
BRIMSTONE
BRISK
BRITTLE
BROADCAST
BROCCOLI

BROIL
BROKEN
BRONTOSAURUS
BROOMSTICK
BRUNETTE
BRUSH

Hint: the mystery
word has 8 letters.

Puzzle #3—Words Beginning with "CH"

```
W K H J N W J N W L F I V Q I A N Z I Q
V C E S E N I H C S E L C I N O R H C G
B H Y N K N K X J N C H S Y D G F G H C
A I C K C U H C C H A L L E N G E J E Z
M M H D I S H N A M T E T I K E F I C C
S I O S H C R P P P K C A N S T Y U K H
I C R Q C C T I C F C H A M P A G N E O
R H E D Q E O O O H C O O H C L E C R P
A A S K R N Q P L R E U L D P O M H S P
H N E S S N J O H K Z R G P X C H I L I
C G P H A I R V S T C N R L C O I F B N
C A I C H I L L E D I C U I H H C F S G
H P K S N C P M E G T H F Q E C H O A J
E N M E E C A L G P O A V C S S A N M T
E G G K C R S U C H A R C W S H R G T A
R O N T K R H A H O H L U F B O R N S C
S S U A J C D F A E C O E Y O A E F I Y
R N G K H J G L N E V T T E A A D G R S
Q C S A K C A E C X V T O I R A H C H G
C H I M P A N Z E E W E R X D T C A C B
```

CHAIN	CHARISMA	CHILI	CHOPPING
CHALLENGE	CHARLOTTE	CHILLED	CHORES
CHAMPAGNE	CHARRED	CHIMICHANGA	CHRISTMAS
CHAMPIONSHIP	CHECKERS	CHIMPANZEE	CHRONICLES
CHANCE	CHEERS	CHINESE	CHUCK
CHANGE	CHESSBOARD	CHLORINE	CHUGGING
CHAOTIC	CHICKEN	CHOCOLATE	Hint: the mystery
CHAPTERS	CHIFFON	CHOO-CHOO	word has 8 letters.
CHARIOT			

Puzzle #4—Words Beginning with "DR"

```
T F A R D J T Y E B N M D T D D R P C T
R L D C E V M B P P U X Y D D R T L A X
B P R M B L T Q I Z L K E M R E I E R Q
R I O M D P Z Z P T Z H S Y E I B N E L
H C U V R N T Z N I D J D Q R M B B K U
L D G Z I B A Y I A S L B R U A E B O P
X R H Y P Y T U A R N H R R A D E D L D
U A T L P M G P R E D F D O E B R R M E
L G R Z Y O I L D Q R H D H W I O E D M
D O O W T F I R D V S O C R V M F S O I
H N H T O L C P O R D N T E A X A N G B
T F T N J H U W U L E F W S U P L E J L
E L A M D V I N S R L A E U G R E P R D
L Y G T R Z C F D D Y A M G T U N S R D
L W D R A W B R I D G E W I Z T R A Y U
D R E S S M A K E R F E N Y M I M D S X
S R E H T U R D B R G A V O R A L U W A
P A S D I D R U M S T I C K R D I A O F
H F D I C O Z S T X E M C G P D O X R L
S D R E A D L O C K S C U L P I H P D F
```

DRAB	DREADLOCKS	DRINK	DROWSY
DRAFT	DREAMWORLD	DRIPPY	DRUGSTORE
DRAGONFLY	DREARY	DRIVEWAY	DRUMSTICK
DRAINPIPE	DRENCHED	DRIZZLE	DRUTHERS
DRAMA	DRESSMAKER	DRONE	DRYWALL
DRAPES	DRIBBLE	DROPCLOTH	Hint: the mystery
DRASTIC	DRIFTWOOD	DROUGHT	word has 8 letters.
DRAWBRIDGE			

Puzzle #5—Words Beginning with "EL"

```
N E H V A E L L I P S E E K W H B X Z B
A P X U R C L E F A S R L L Q T I E U K
I M Z Q S R T N Q K H E P E E Y Y M Y A
S P T J J A E X L E R H K E G G Z U Q D
Y K G J G E L E V E N W F K Q A Y A E K
L R D N Q I O M I T W E O C F H N T Z Z
E C O G N H P S X B C S J I N I A C Q C
E L F T B B E X Q Q W L H T Q L S M E I
E T U W A O L P W W K E X E E W S N E R
T D A B N V E E R T M L E N Q E Y P L T
A E U R X E E D N Z A Q U G L L N P I C
D Z L L O Q L L J Q X G Y A H Q M D C E
I N O I E B G O E U D P S M W V R T I L
C L O J X P A L Q U A T Z O S R D C T E
U E L I G I B L E U I S U R I F W O S K
L M U D T Q R A E C E R Y T E V I P K I
E J V E K C V O Q R O N N C N J A M N L
L G B G E L E M E N T W T E V L O T G F
E T A N I M I L E V N M F L E C L K R L
R I B E L B O W E X Y R R E B R E D L E
```

ELABORATE
ELAPSE
ELASTIC
ELATED
ELBOW
ELDERBERRY
ELECTION
ELECTRIC

ELECTROMAG-
    NETIC
ELEGANCE
ELEGY
ELEMENT
ELEVEN
ELFLIKE
ELICIT

ELIGIBLE
ELIMINATE
ELIXIR
ELKS
ELLIPSE
ELM TREE
ELONGATE
ELOPE

ELOQUENT
ELSEWHERE
ELUCIDATE
ELUDE
ELYSIAN
Hint: the mystery
word has 8 letters.

Puzzle #6—Words Beginning with "FL"

```
B P F G C Y T A T G K V A J K W M J F Z
R D L T Z F N A G P A C R D C F L E S H
B A I U U F E J O S J E A E I U J S H G
T G C F N U U U U L P W G B Y R O Q S N
D F K L H L L H W A F Y F T H L O Y L I
E C E E L F F Y P P O L F A F S K L D T
T V R A U J M Y O L A N T L J F A Z F R
S R Y B A N L X T W O K E F L Z L L K I
A E S A F F R J L N H A F L O U R A F L
G W F G F M F E T N A Y O B M A L F K F
R O L Y F L S L E K E P S Y E C S I L E
E R A T L S O Q A D B K P L R V A P E Y
B H S I O O E W I G C L O I F A R W N R
B T H D T V G R E A R P C F L E C F N E
A E L I I C O N J R G A L X D F H L A T
L M I U L U F P I A P I N N J S Z I L T
F A G L L O A D L M N O U T U D K G F A
G L H F A L F F X C A O T L U Z Z H S L
Z F T H F X N G H Y L L F D W J B T K F
L F L E X I B L E F Z U F F L U M M O X
```

FLABBERGASTED	FLASHLIGHT	FLINCH	FLUENT
FLAGPOLE	FLATBED	FLIPPANT	FLUFFY
FLAGRANT	FLATTERY	FLOAT	FLUIDITY
FLAKE	FLAWLESS	FLOPPY	FLUMMOX
FLAMBOYANT	FLEABAG	FLORIDA	FLUORIDE
FLAMETHROWER	FLEECE	FLOSS	FLUSH
FLAMINGO	FLESH	FLOTILLA	FLYPAPER
FLANNEL	FLEXIBLE	FLOUNDER	Hint: the mystery
FLAPJACKS	FLICKER	FLOUR	word has 8 letters.
FLASHBACK	FLIGHT	FLOWERPOT	

Puzzle #7—Words Beginning with "GI"

```
H H S I R E B B I G W G I L D E D E O S
G Z G Z E T O T L J J I B A V X O E V B
I S A N M D S H R E T S N O M A L I G T
N V Z I G M G I L D G R P I Y C S D R J
G S I B T I G Y Q I T V M D U J X J U P
E V Z G G M R I R Z K T D G I M L E T A
R X F G L H R L Z R A I I L C E F N Y R
B G L J X E F A Y Z G R Z G P L Y G G W
R E D T D R B H S S A G I O K G N I G T
E Q L R I W E D I F I R M K O A N N Q F
A P I E J Y G T F F D Z D Z E S W G Y I
D G N D O I I E T L I C R G E G R E W G
T D R Z B V P S E G Z H I N Q I E R R Q
I A O B I A H J S L L S G T G V P R O Q
G M O G B O R L S R Q I U U N E P O G M
I N N D P Q L O H X R I E E J A I O G M
H I G Q Z I L Z E T N A I G P W G T V W
G G E I G S B M H W F P J K O A K I K A
V E T Y B A G I G W X W U N X Y P W G O
A M W P D E G I M M I C K K J M Q A R K
```

GIANT	GIGGLE	GINGIVITIS	GIRLY
GIBBERISH	GILA MONSTER	GINGKO	GIRTH
GIBBON	GILDED	GINSENG	GIVEAWAY
GIBE	GILLS	GIPPER	GIZMO
GIDDY	GIMLET	GIRAFFE	GIZZARD
GIFT SHOP	GIMMICK	GIRDER	Hint: the mystery
GIFT WRAP	GINGER ROOT	GIRDLE	word has 8 letters.
GIGABYTE	GINGERBREAD	GIRLFRIEND	

Puzzle #8–Words Beginning with "HU"

```
N Q G Y K S U H H S K E P X H H Y G H F
A T U C Y G I D N A B S U H C Y W G U G
M W F F K H U N T E R X U N H P H S L H
U H F H U N G A R I A N U R Q U F U L V
H U N D R E D K L U H H H K E E B E G I
H N H U L L A B A L O O G U T M Y R T E
K G U K C A B P M U H N E A D X U J I C
Q R M O B T S H K I I I I O L D Z H W S
N Y M J D D G M U L M L U Q C Y L L B S
L J I K O T U T R C I H T J S Q H E M P
F W N O M C F U D M K D U H U M D R U M
H R G P Q M H S U O E L B B B H Z N I I
G N I G G U H H R L R F E N B L B G X S
D O N Z Y N H E D O X N G B O U B L X Y
L R H O V H T R M J Z S S G E N B N X A
T W U Q S U U D U G U U X H R A P J I
N J M M K H H V S Z M K Y W A R R U G S
G Y B C Q T U Y L M S C R F U Y Q Y U C
T L U T T T F G U H Q U N Q O B J I B K
E H G X K A X H Q F I X J X V E Z Q V C
```

HUBBUB	HULK	HUMILIATE	HUNTER
HUBRIS	HULL	HUMMING	HURDLE
HUCKLEBERRY	HULLABALOO	HUMMUS	HURLING
HUCKSTER	HUMAN	HUMOR	HUSBAND
HUDDLE	HUMBLE	HUNCH	HUSKY
HUFFY	HUMBUG	HUNDRED	Hint: the mystery
HUGE	HUMDRUM	HUNGARIAN	word has 8 letters.
HUGGING	HUMERUS	HUNGRY	

Puzzle #9—Words Beginning with "IM"

```
I M M O B I L I Z E X R I M O W O A P B
T L E C N A L A B M I T T M B Q B A J A
V J Z N E F T X B Q E M B J A B S X A P
A Q Q X T Y V Y T H E S M N Z G Q H T H
D L I Y Z L O A T J T E N U V P E L K T
H V A V A P R Q E I A L J E N F C J H A
F M D P A M P B D M L B A L M I D L I K
M E X I M I M I O M U A K R X M T K J C
R I A P M I I V L A C R T I O E I Y Y C
Y I G W Y M O Z P T A U I R M M J N I H
P E A C M R I N M U M S J M O B M S M C
F N J P J A A N I R M A Y F P M U I P A
A L R A M H X N E E I E Q A T A M E A E
E T A R G I M M I N B M P H U Z S I C P
H I K B F D G K M G T M T P Q A L S T M
T N E M O C N Z P L A I T R A P M I E I
E T A I D E M M I J N M Y E A O J D C T
Z G O I M M E R S I O N I I M P O R T P
J R Q W P P D E H I M P E C C A B L E K
U I M P A T I E N T O I M I T A T I O N
```

IMAGE	IMMEDIATE	IMPACT	IMPISH
IMAGINARY	IMMENSE	IMPAIR	IMPLODE
IMBALANCE	IMMERSION	IMPALA	IMPLY
IMBUE	IMMIGRATE	IMPARTIAL	IMPORT
IMITATION	IMMINENT	IMPASSE	IMPROV
IMMACULATE	IMMOBILIZE	IMPATIENT	Hint: the mystery
IMMATURE	IMMORAL	IMPEACH	word has 8 letters.
IMMEASURABLE	IMMORTALITY	IMPECCABLE	

Puzzle #10—Words Beginning with "JA"

```
K S J F I W S J R Q C W J J U D G C X K
L M J A M M I N G G M A X T E B W J V Q
A I R W K J Q E N I M S A J Q D I U Z N
W J R C Y Q A Y N B J A U N D I C E K Y
Y A H E Z Z O S A O G J A L A P E N O U
A G N K M F O L P N G Z E E R O B M A J
J G N N T M A L I E P R N I L E V A J Z
A E M K B Y A R L T R T A Q N C J S B K
R D W A A H R H A C Q Q Z J S J Y A K W
W E K E B A M I K F K X F F E A P U Z Z
J Y B R J T S Z C C E J E O M G O O Q Z
A J V B F D N Z A Q A V A J A U L Y W N
N A W L A P T U J B E J A R J A A J A F
G I D I A J E C A D P W J J F R J P D A
L L D A C H K A A J L K A P L U A V K P
E B Q J A J C J T I N N T R I J L T C Y
U I J H D L A E N S I S T Q T X E J A T
I R H A J L J E D T I B B A R K C A J Q
Y D N S V K G Q O M N L M N A T X O W H
D H R E K A E R B W A J Y J A W B O N E
```

JABBER	JAILBIRD	JANITOR	JAVA
JACKAL	JAILBREAK	JAPAN	JAVELIN
JACKDAW	JAKE	JARFUL	JAWBONE
JACKET	JALOPY	JARGON	JAWBREAKER
JACKHAMMER	JAMBALAYA	JARRING	JAWLINE
JACKRABBIT	JAMBOREE	JASMINE	JAYWALK
JACUZZI	JAMES	JASPER	JAZZ
JADE	JAMMING	JAUNDICE	Hint: the mystery
JAGGED	JANGLE	JAUNT	word has 8 letters.
JAGUAR			

Puzzle #11—Words Beginning with "KN"

```
K M B O N K K N A P S A C K E X J I N E
P N A B Q K K R D O O H T H G I N K L C
R Y O E X N K P R K N E E P A D J X G E
S K G W H O N L F L K Z B N S D N O N G
Q P T Z T C E L A M E N N M L W S N N D
C W N R K K W E V C J X E N T V R K E E
Z K C A N K S N T F W D Q E Z I E P K L
H N I Z X Y U K K B A B F K L S K D N W
K S E J E Y P A C E E N K Z J P C E U O
N Q Z C W J B Q H S I N K F D Q O R C N
A G K L K Q C E L K N O W H O W B F K K
V L C P X E L L R I V Y W N J Q R H L F
E K N U C K L E G N I T T I N K E B E J
T Q Z S C P K F Y M Y N X Y E V K D B O
I T S U L Q N U X D G T R P N R C Z A C
O W N K F T E I R N M V J E L L I T L A
H K W E N O A U J E M T X S R N N R L E
J U A A L N D I M D X A W H O L K M X F
S X P W R K N P S L I E S M K N O L L S
L H K N O C K W U R S T S N R K N I F E
```

KNACK	KNELL	KNOCK	KNOX
KNAPSACK	KNEW	KNOCKWURST	KNUCKLE
KNAVE	KNICKERBOCKERS	KNOLL	KNUCKLEBALL
KNEAD	KNIFE	KNOT	KNUCKLEHEAD
KNEECAP	KNIGHTHOOD	KNOW	Hint: the mystery
KNEEL	KNISH	KNOWHOW	word has 8 letters.
KNEEPAD	KNOB	KNOWLEDGE	

Puzzle #12—Words Beginning with "LO"

```
R H Z J L J C D T Z K R E T S B O L J K
E T M A A L O G I S T I C S A R K V D D
H L C N R H T I M S K C O L Y L A Y E U
C O M L O N G I T U D E T S L L O D D V
L M L W L C T G B I Z O U O O Z A D Z B
L P O J O E F S A G Y O A G L O M Q G H
N H O V O T A G Q T L F I O L O A T H E
D A P P M Q R T I X I C B U I I N J W L
E O H L I M N V D N A B R H P E R Z S U
D W O N N E E Z G L Y O Q L O O K O U T
I G L E G G L E S O O L Y Q P A X M L S
S G E N N F V A K W O Q L O U D S O U R
P S U O E G E B Y T A Q P N U N C T Z W
O O L M N V W T I O X O A C O O O R W N
L M Q V O P M O C X L G Q D M L R Y L Q
E N O L A P N V H I O S N O D S L V O M
S B L O I T E R V L A O T N A O L F S R
V P I E V O J A W J L I X J F J G Q E P
S D N A L W O L A V V U J T K H I H A F
O F U U Q H K Y H E U X Y B W P A W K U
```

LOADED	LODGE	LONGITUDE	LOUD
LOAFING	LOFTY	LOOKOUT	LOUNGE
LOAN	LOGAN	LOOMING	LOUSY
LOATHE	LOGICAL	LOOSE	LOVE
LOBBY	LOGISTICS	LOPSIDED	LOWLANDS
LOBSTER	LOITER	LOSE	LOYAL
LOCAL	LOLLIPOP	LOTION	
LOCKSMITH	LONDON	LOTUS	Hint: the mystery
LOCOMOTIVE	LONGEVITY		word has 8 letters.

Puzzle #13—Words Beginning with "MO"

```
C Z M O N A S T E R Y M O I S T U R E M
T F U N N I N E L I B O M P X Y K J O
H L U N R A M M F T G Y E I X O M R M C
M L M E C O J F E T A R E D O M M Y O H
X O D W L Y M M O M R Q K N O D F V N A
K O L A S X W K M M O R U N O I M O A N
M B R T V P G T O O C D G I D M M O R G
D M T A E L D L M T C O M O B G O R C J
N H O Q O N A S P O K M O T V L N H M
L M L O H S Y I P S R Q I V H Y D O W U
U O K W S H Q S E K O K N N Y A Y D M T
G O K E W E M A V X M B J W G O I O S N
O N S Y A I H C X F K M O J O B D R B E
M L I M O L E C U L E A U K R E I U T M
U I R N C A L O S G R N R O L P K R G O
K G J B R G N M J A M C M M E V G P D M
T H T B V O D M O N O P O L Y C U M E K
X T E Q W M M O G S J I S D E P O M H V
M O R A L I T Y P J J J V K S U L L O M
D W Q Y O D U Q P W H N K D A W W Q R K
```

MOAN	MOGUL	MOLTEN	MOPED
MOBILE	MOHAIR	MOMENTUM	MORALITY
MOCCASIN	MOISTURE	MOMMY	MORBID
MOCHA	MOJO	MONARCH	MORNING
MOCKINGBIRD	MOLAR	MONASTERY	MOROCCO
MODEL	MOLASSES	MONEY	MOXIE
MODERATE	MOLDY	MONGOOSE	Hint: the mystery
MODERN	MOLECULE	MOONLIGHT	word has 8 letters.
MODIFY	MOLLUSK	MOOSE	

Puzzle #14—Words Beginning with "NA"

```
E R B M D H T Q T V B V E R Q O U L X Q
S S B J O H C A N A M E T A G Y N W E M
L Q D L A S A N W K M Z N I D U F K B X
N Z H N P G S N A I L G N I G G A N M I
B W L B O B A N A R C O L E P S Y F F S
N A R W A L D C R D B T D Z E U H G J Y
Y T H G U A N U S I V V W M I N N W U N
X V E Z M S I S S I C R A N A V E L Q A
N V I F S S E L E M A N M W L A N A E U
O U L T H C E M D N O C E S O N A N V T
E N A V T B V X N O P R D L R S N O I I
L I T O S H I A N J N U E E O S N I A L
O D A Q H R T S W A C D K Y Y B Y T N U
P K N H V U A W R H P B A Q A T Q A O S
A Z I C R Q N R O I C K N J Y S S N S O
N Y B A N H A R M R U S I L Y L Y A F X
Z O L Z D T G P K E R P P N Y V K A N N
O Q T D O R I D A N S A M I P B A B N R
X I I R V N F L H C Z H N C J N A N C Y
X V I W K K K G O X A W G X O M W S H Z
```

NABOB	NAMESAKE	NARCOLEPSY	NATURAL
NACHO	NAMETAG	NARROW	NAUGHTY
NADIR	NANCY	NARWAL	NAUTILUS
NAGGING	NANNY	NASAL	NAVEL
NAIL	NANOSECOND	NASTY	NAVY
NAIVE	NAPKIN	NATALIE	NAYSAYER
NAKED	NAPOLEON	NATIONAL	Hint: the mystery
NAMELESS	NARCISSISM	NATIVE	word has 8 letters.

Puzzle #15—Words Beginning with "OP"

```
V I C Q E A I Q D J O Q X I A V O O D C
J O M F E Z S Y E O P P O N E N T P M I
I D P N B I W B T T U O P A Q U E T M M
Y X C E J W C Q R P L I K W E U B I W U
H G S T R O P I A T E X V J X O U O N I
A Y O W B A T O E R N G O K P E Q N B P
P T F L F W E P H B T N V O J O P A L O
O I Y O O E M T N N Y K S G J G G N O G
Z N P C S M S I E G N S Q P N Q M K C N
S U T D W I L C P G U O P I N I O N L Y
S T Z P Z Y A A O M J P N T J M A D P R
T R F A U A N L H L Y E P O Y G F O O T
F O A E R I G H T T P Y S O S D G P P E
S P R M R L F A C O H V K K C P N P T M
S P J U R E K R N T U P E Q G V Y R I O
U O Y K M H G P V T H U O R B C D E M T
N G Y C G P G O H S T J K T B Y Y S A P
R K R K T O V O P P R O B R I U M S L O
L Q N O I T A R E P O T D C X J H E O Y
D E S O P P O C I B H A O A O L Q D U O
```

OPAH	OPHELIA	OPPORTUNITY	OPTIMAL
OPAL	OPHTHALM-	OPPOSED	OPTION
OPAQUE	OLOGY	OPPRESSED	OPTOMETRY
OPENHEARTED	OPIATE	OPPROBRIUM	OPULENT
OPENING	OPINION	OPPUGN	OPUS
OPERA	OPIUM	OPRAH	Hint: the mystery
OPERATION	OPOSSUM	OPTICAL	word has 8 letters.

Puzzle #16—Words Beginning with "PH"

```
K E G P H I L A N T H R O P Y A Z Y Q C
Y H S P N Z H H S U R O H P S O H P L D
G E O A H W C S Y T Y I C E Y U B P F O
C U O C R A X M O Q L P H O E B E G P Q
V I H O D H L Z F O K E H V J P V H B L
R G V P H C P A S D S T U A H F A R A A
X G T O H P C O N A D D Q O N R K C I N
P N J B P O P I H X M K N L M T I B O P
U H Y Z H H N P X W I E J A D S O N I H
G R L A E Z R O V O T A C W Y H E M S O
X N Y R A H P C G I T I A H P M A T E T
Q X X N H A H W C R S O P P O F S P N O
H T Z H G F O S Q T A X T N G D U H I G
W N Z X P E T E N T P P E Y G J C A P R
Z A F O T M O G Y U S H H E H F T R P A
B S P N X V C N W G P P O V R P T A I P
G A W H I F O P D L W Y H E H V P O L H
N E K Z O H P R C X O U J L N C N H I P
D H M D P N Y U U S U J L Z O I I B H L
H P A I S T E O S Z U A Z N G X X Z P B
```

PHALANX
PHANTOM
PHARAOH
PHARMACIST
PHARYNX
PHASE
PHENOMENON

PHILANTHROPY
PHILIPPINES
PHILOSOPHER
PHLOX
PHOBIA
PHOEBE
PHOENIX

PHONE
PHONETICS
PHONOGRAPH
PHONY
PHOOEY
PHOSPHORUS
PHOTOCOPY

PHOTOGRAPH
PHRASE
PHYSICAL
PHYTOTOXIC
Hint: the mystery word has 8 letters.

Puzzle #17—Words Beginning with "SK"

```
V N O R P B F H L S K Y S C R A P E R E
W Z F X S N K V S X N O T E L E K S W E
G O T D D N S S K I U F V W K B K Y E V
T L O G U K K I F T H R O Z I L Z S I
J I J K E E Q X F G Q T H V V X S E K D
I H S P E A R K F V N N I V I K W E I Y
M L T B G G O A G F Q I I K E L L K N K
Z I A I W O H N C P V E I I S K E S N S
C L K R H V I R Y N S E N K A G B Y Y Q
L X P Y F P X X K N I D L F S O Q S P W
W N K O P B S D S C L K Q D F H V K G K
P S Q I T A Q S R K B A S Z D C E I K R
M F K L E R C K K A E S O V T A W M H A
V S Y Y V V L L D I O W K K A H D P F L
T Z B T I Y S U L Q R B E I S N S E U Y
B C D U D R P K Y U N M E R D K P Q K K
G L B D I Q A S J R K F I T S K I R T S
T E L L I K S K H N G S B S A P M R A L
H F I K O O B H C T E K S U H K Q T F E
S K I P J A C K S K I L L F U L S G N P
```

SKATEBOARD	SKID	SKIPJACK	SKULLCAP
SKEDADDLE	SKIFF	SKIPPING	SKUNK
SKEE-BALL	SKIING	SKIRMISH	SKYDIVE
SKEEZY	SKILLET	SKIRT	SKYHOOK
SKEIN	SKILLFUL	SKITTISH	SKYLARK
SKEPTIC	SKIMP	SKIVVIES	SKYSCRAPER
SKETCHBOOK	SKINCARE	SKOAL	Hint: the mystery
SKEWER	SKINNY	SKULK	word has 8 letters.

Puzzle #18—Words Beginning with "SP"

```
T I R I P S L B R E L K N I R P S C Q G
X P E N R L Q R H S S R E Z S P H I N X
S P A G H E T T I S P I T F I R E O I I
P L G Y V T R S P R I N G T I M E W F S
Z P T I S U O E N A T N O P S S H R N P
Y F F I P S C C H I W P C P P H N D W A
G M Z S Y E H M V P T W O R R A P S O N
P S I S P C B G W B S N S P O I L E D K
Q R F P E O R Y V E G E C U R P S F H I
R D K E S G K L T E E H S D A E R P S N
E Y P E C P V A C U R I N O M U P S A G
T S K D Z L Y A N Z U D E I Z B L Y L K
T S G O I G K G A E G T G H J X P I P G
U P G M O E S P L E N D I D G K V A S Q
L I Z E N P T Y E A L A I C E P S O L T
P D P T L I S P J W S O H R F P J M Y F
S E M E F E S P O R T S M A N S H I P L
D R H R G N I Z Z A P S P E A K E A S Y
N F S P E C T A C U L A R N X S V D T P
V M E Y N W D L Z P Z P H B S Z H G R U
```

SPAGHETTI	SPEEDOMETER	SPLUTTER	SPRINGTIME
SPANKING	SPHERE	SPOILED	SPRINKLER
SPARROW	SPHINX	SPOKANE	SPRUCE
SPAZZING	SPIDER	SPONGECAKE	SPUMONI
SPEAKEASY	SPIFFY	SPONTANEOUS	SPYGLASS
SPECIAL	SPIRIT	SPOOKY	Hint: the mystery
SPECTACULAR	SPITFIRE	SPORTSMANSHIP	word has 8 letters.
SPEECH	SPLASHDOWN	SPREADSHEET	

Puzzle #19—Words Beginning with "SW"

```
T A G A K S G V C Z D G R S C P Y J O H
C B B Y S E V S G D Z M E R X F R J Z H
T A R U O E C W D C E R G M S W E L L X
I R R I Y S K E C Q H L G K S T T Z U L
U S C G T W P A I J Y H A X W F A V A D
S W B N N O R R T N G C W U I I E T S R
M A I L Q R F E T S W J S P F H W R P A
I P L V B D S A L B P J J N T S S A H O
W M I S E P W D Q K S E F N L G S E T B
S E H I W L I C N W C W E I Y N W H O H
H E A T X A Z S A A S U E W R I A T O C
S T W Z A Y Z L W E L S B D S W R E T T
G W S D S Y L I U A W R S H E S T E T I
C H O R B O E U L A D U E W S N H W E W
C C E O W M S T N A O D Q Z I A Y S E S
H T A W S H T D S D N S L K T N W E W G
J A V V S H I K P S W D N I F I D S S C
X W H X K V C O Q A O I W E N W W L X X
F S T J E G K G M L H S Z Y Y G Q S E G
E V R E W S D P M G N I R E T L E W S R
```

SWADDLING
SWAGGER
SWAHILI
SWALLOW
SWAMP
SWAN DIVE
SWAP MEET
SWARTHY

SWASHBUCKLER
SWATCH
SWATH
SWAZILAND
SWEAR
SWEATER
SWEDEN
SWEEPSTAKES

SWEET TOOTH
SWEETHEART
SWELL
SWELTERING
SWERVE
SWIFTLY
SWINDLER
SWING SHIFT

SWITCHBOARD
SWITZERLAND
SWIZZLE STICK
SWOOSH
SWORDPLAY

Hint: the mystery
word has 8 letters.

Puzzle #20—Words Beginning with "TH"

```
L M F P Y D G H R H G U O R O H T J D K
R T H O R E A U R E T A E H T J T F E Z
D T H E R M O S T A T O Y H T H A M E S
T A O E I M G G K S K H A D O R G Y E C
E H E Q D D C W V U T I Q R E W A D H Z
L H E R J O F L U T L R A A C H I W D C
B K T M H L P M C A D X E R O D O E H T
M X D H E T H I N K I N G M E R O E H T
I L N S A S F D G P J W N T H R I F T Y
H C Y C X W O T F T I T H G U O H T B N
T H K W D O T N H T H E R E A B O U T S
T D Z Y B H Q E G W R T H E O L O G Y B
G N I V I G S K N A H T H R I L L E R X
A E R C O A V X P P H H S O G P J F Y H
F S K A U H Y Y Y I N E F A U Y I E O I
K X S R B C Y W R E R M F E M S W Z C Z
S O U A R B N T I I E A P T E O A M G M
Z S Z C T N E D K M R T M N Q D H N D A
P K I E T E S A B D R I H T W W L T D I
B H L N N D A S X Q N C U Y M X W I M V
```

THAILAND	THEOLOGY	THIRD BASE	THREAD
THAMES	THEOREM	THIRTEEN	THRIFTY
THANKSGIVING	THERAPY	THOMAS	THRILLER
THAW	THEREABOUTS	THORAX	THWART
THEATER	THERMOSTAT	THOREAU	THYSELF
THEMATIC	THESAURUS	THOROUGH	Hint: the mystery
THEME SONG	THICK	THOUGHT	word has 8 letters.
THEODORE	THIMBLE	THOUSAND	

Puzzle #21—Words Beginning with "TW"

```
D E W B W F T Z S W U Z B Q B Q K F K S
L C U S T R Z W Z K G N X K T F D O L K
O I D S A G S G T P L L I T D N E L Z X
F W W E T I T T W I N K L E E T T T F U
O T T I I W U A Q K L U F A B W W W W V T
W T W T P T J T T T Q J O W N I A I L W
T H I I W M N S W T N O W X I N D L Q E
Q G N C Y A K D I O L K C Y W E D I N E
X I G N O N N F R E S W R T T T L G I D
F N E I V E Y G L X T O J W Q W E H A L
G H T W M Y S D D W X H M E L I W T W E
A T W T W E D N E H T U T E U T L W T D
Y F I H F I F A C E D E W Z T T S E O E
U L N C W Q K I I E W P E E W E A E U E
P E E T Z H O T L Y V T R R I R L T U K
J W N I B I N D E P W A P S S M P M D J
E T G W Y E E Y J E Q M I T T A P A J A
W B I T W E B T L I L V W B E O M J B U
S W N T W V A V D Y W I L F R K H S G E
U B E T E S E E K B T N I J N Q M Q B L
```

TWADDLE	TWELFTH	TWIN BED	TWIT
TWAIN	NIGHT	TWIN CITIES	TWITCH
TWANG	TWELVE	TWIN ENGINE	TWITTER
TWEAK	TWENTIETH	TWINE	TWOFOLD
TWEEDLEDEE	TWERP	TWINGE	TWOSOME
TWEEDLEDUM	TWICE	TWINKLE	Hint: the mystery
TWEET	TWIDDLE	TWIRL	word has 8 letters.
TWEEZERS	TWIG	TWISTER	

Puzzle #22—Words Beginning with "UP"

```
E B B T X Z M T G H G E L A C S P U S C
E N N H Z W W E W N F L N Q K Y N U Z O
Q H U G V N A G I P A T A E B P U P U S
F M P I N G S S P V M A L C Z V D D P R
N H B T A I I Q A Q X H N W O T P U T I
E Q R P R R D E P F R S I W J T J X U A
A E A U P E H N T E S P U R U U I R R T
N E I U P P V E A R J F E P G P Z C N S
U Y D W U N O Z R T F T S Z W L B J T P
O E U P W A R D U P S T A G E I W U H U
U P D R A F T U G L A P F T L F C P G T
X X S W A D P P O T U K U W U T W G I G
L P Q Q Y S B H E F P K U N P I F R R N
A R A U T M P O D R S U U J P N P A P I
T O O R P U W L S G I L P P E G C D U M
T G E F X D P D R Z L S D V R N N E P O
M A K U P S I D E D O W N O C O K B K C
M C S G A J K K A F N Q D R A N A G E P
P O U P T A K E E T P J U P S V B R E U
I X W G K L E P X D E G P D E G X F P X
```

UPBEAT
UPBRAID
UPDATE
UPDIKE
UPDRAFT
UPGRADE
UPHEAVAL
UPHOLD

UPHOLSTER
UPKEEP
UPLIFTING
UPPERCASE
UPRIGHT
UPRISING
UPROAR
UPROOT

UPSCALE
UPSET
UPSIDE DOWN
UPSILON
UPSTAGE
UPSTAIRS
UPSTANDING
UPSTATE

UPSTREAM
UPTAKE
UPTIGHT
UPTOWN
UPTURN
UPWARD
Hint: the mystery word has 8 letters.

Puzzle #23—Words Beginning with "VI"

```
L G J M B L R J I D W C H V Y N P O P R
T A M O C L Y I G V E P A T O E D I V Q
E N U V W Y Q N V U I S W Z J P E I W Y
V I F I I V R I I V V X B Q A E V U W
I L B X M R G O E V I I I F E N I M T V
A O S R K I T E T T C N T D N L F G U I
B I G K L C U U L C A F T A L W H N V S
L V P A A A R E O R I C V A M V B I I I
E X N E A V I O R S F V I I G I V K R B
H T S V L M I N T V O N B D S E N I T L
L B D A T F M C I I I C J C N E Q V U E
R A T J N V V Q I G S G G K Y I I Z A M
Y I Q D B I M V A N R I O C Z R V L W
V C P W N G X S H V I I V R U K I I Z U
F C A C M A N T E I V T V S O C Z N M I
O P E N W V N K A O Z O Y J E U O E Y L
L N G T I Q B J J L M V I R G O S Y S Y
T J O P R A B N Y E B U O V I B R A N T
T P E A V I J W N T D Y V I E W E R F O
S R N Z E S G L N C U T G Q W H L D G V
```

VIABLE	VIGILANT	VIOLET	VISE
VIBRANT	VIGOROUS	VIOLIN	VISIBLE
VICEROY	VIKING	VIPER	VISITOR
VICINITY	VILLAIN	VIRGINIA	VITAL
VICTORY	VINCENT	VIRGO	VITAMIN
VIDEOTAPE	VINDICATE	VIRTUAL	VIVID
VIENNA	VINTAGE	VIRTUOSO	Hint: the mystery
VIETNAM	VINYL	VIRUS	word has 8 letters.
VIEWER			

Puzzle #24—Words Beginning with "WH"

```
D R A M Q R Y I W Y T I Y W H I S K E Y
G I H W X E L K H S M K X M L B F B W X
S W N B Z F W H E N E V E R M M I D H R
O P K E A W Q K R B H U D Y I A N M W E
M G E E S H F G E Z R E V E T A H W H P
W H O O P E E B A R R D V X F W K W E S
W R K U Q A L U B R W H I N E H X D E I
H W E G B T V T O N Y H W B C I W X L H
E U H L J E M G U M T R M V N M H A B W
T H Y I I K K J T S G W Y Y N S I E A A
S W H E T H E R S W L E W I D I T M R U
T J W D W E W W H U H W H K M C N O R W
O G F X H E F A Y C J O I K T A E S O P
N L R L O I C I X J R M P K X L Y E W W
E D A M D K Q M S J Z J L P W U P L I H
Y L H Z U L H C I H W R A T I X W O M I
G P W F N V H P A V E N S M L N W H S M
I D W H I R L P O O L A H F G W G W D P
U N R W T B A E T Z D W H A L E B O N E
W H A T C H A M A C A L L I T H I F J R
```

WHACK	WHEEZE	WHIMPER	WHITNEY
WHALEBONE	WHENEVER	WHIMSICAL	WHODUNIT
WHAMMY	WHEREABOUTS	WHINE	WHOLESOME
WHARF	WHETHER	WHIPLASH	WHOOPEE
WHATCHAMA-CALLIT	WHETSTONE	WHIRLPOOL	WHOPPING
WHEAT	WHICH	WHISKEY	WHY NOT
WHEELBARROW	WHIG	WHISPER	Hint: the mystery
	WHILE	WHITEFISH	word has 8 letters.

Puzzle #25—Words Beginning with "WR"

```
N F E E Z W T Q G N I O D G N O R W S W
S S H E N R Q D W C F A P X D Y X R P G
U S Z O P E X K R L N L T F S C C I A X
U D D D X A Z O Y L T H G I R W P G F O
O N O O S K N P N R U L O I A D U G X J
H A B W R I T T E N T F H K N H G L E Y
C B Q Z S A D Y S I E L H U C P A E W G
T T Z V M G I D S T U Q O T K A O K R X
A S S S Y Y E E X F X R N N A W R L E C
W I G N V H E D G R A W Q Z Z R W W S U
T R N U C L X N E P R D B P R X W S T I
S W X T K W O Z A I W H F E W P M Y L B
I W E N T R Z R T R J Z T R G S S L E H
R R I G W A W H U C N I E A N N W G C A
W R U Z F P E N W H R C M O E R W N I Z
W C F D N P G U M W K H P R I R E O W Y
L D J X U E S H O A H F W N A R W R S E
Y F F Q W R A N G L E R G I W G V W U L
T H G U O R W E V K S E T M Q S K O T T
W R B Q V Z O U V K R H P C W X L V F I
```

WRACK

WRAITH

WRAPAROUND

WRAPPER

WRATHFUL

WREAK

WREATH

WRECKAGE

WRENCH

WRENS

WRESTLE

WRETCHED

WRIGGLE

WRIGHT

WRINGER

WRINKLE

WRISTBAND

WRISTWATCH

WRITER

WRITHE

WRITTEN

WRONGDOING

WRONGFUL

WRONGLY

WROUGHT

WRUNG

WRYNESS

Hint: the mystery word has 8 letters.

Puzzle #26—Words Beginning with "YA"

```
R X I K P O A Y E I W X M Y G W K R W M
D E Y G N I N W A Y S H N E A Y H C Y P
R R B A E G T T F R Z M V P A R O Q W B
L O I B R U I J Y I M K Y N R R N A G S
U Y T B A B L Z A Q Y U K A B K Y Y H Y
X X Z R D Y O X Z Y U E L A S D R A Y B
V D Z E Z R W R O B E S V K L H P R V O
O F S T X O A L O Y X B H X E O M D H N
J O O T H W I Y S U A O O G M T R A S W
E I O A O H X Q I I G P P G T D P G K H
Z L D Y S Y M O A M Q H P Q R R O E D K
Q B A Y A R D S T I C K H E E Z Y J R J
R V I Y A Y A R M O U T H T D A J O A S
T I Z H X K S Y N K Z S S D M D W M E E
L H U V P I I R S M A A D M P D I U Z J
Y J C Q Z D M T F S M S E Z R K K I T U
A E H A A X U V O D C R J A A L X D G B
H N T Q Y K Y A R R O W Y Y A N K I N G
O S G F A G F A P R I I K Y F T M L A A
O C Z Y M B Y R D W M C G N I K K A Y Y
```

YABBER	YAMMER	YARDBIRD	YASHMAK
YACHT	YANGTZE	YARDMASTER	YATTER
YAHOO	YANKEE	YARDSTICK	YAWNING
YAKIMA	YANKING	YARMOUTH	YAWP
YAKITORI	YAPPED	YARMULKE	YAZOO
YAKKING	YARBOROUGH	YARN	Hint: the mystery
YAKUTSK	YARD SALE	YARROW	word has 8 letters.
YALE	YARDAGE		

Puzzle #27—Words Beginning with "ZE"

```
Z E N O B I A Z V K Z U X L D M K E Y C
F P R M H Q J D E J Z V F E V H S P N I
D N A L A E Z E Z U Z E N I L E P P E Z
E O V Z P W M T E E S O N V Y Y Z H U O
F R L F R Z E N B U D D H I S M E J W C
C E B P A F G U U E J L I A T B I Y S L
A N A N E Z S A L G A R B E Z H T D I H
X M D E F W S N U H Y W R X H A G H E R
Z G Z E N G E R N S H F B H A T E L K Z
E B R Q R J K W S I J B I A V S I Y K J
R U P Y Z U L T R K I B C Y N E S P G L
O O P E H M M G D C Y Y I T V V T U U T
S C T S T P B D T E R T C Z W A R U A W
U A S K F K E T W M O Q E G Q D P D A B
M M T U E H U Z V E L P W S S N F C G O
J G Z E A L O U S Z P V Y E D E D O V N
V U Z E S T Y B Q O V U M Z Z Z E P Z F
Z E R O G R A V I T Y H X S D E P F U A
M Z E P H A N I A H G Y L W C E B E Z D
K A D G R H F H D J K Z E C H A R I A H
```

ZEALAND	ZED	ZENITH	ZESTY
ZEALOUS	ZEITGEIST	ZENOBIA	ZETA
ZEBEC	ZEMECKIS	ZEPHANIAH	ZEUGMA
ZEBRA	ZEN BUDDHISM	ZEPHYR	ZEUS
ZEBULUN	ZENANA	ZEPPO	Hint: the mystery word has 8 letters.
ZEBUS	ZEND AVESTA	ZERO GRAVITY	
ZECHARIAH	ZENGER	ZERO SUM	

Mystery Words

Chapter 1

Puzzle #1: AARDVARK
Puzzle #2: BREAKOUT
Puzzle #3: CUCUMBER
Puzzle #4: DYNAMITE
Puzzle #5: FOOTBALL
Puzzle #6: HOMEWORK
Puzzle #7: JEOPARDY
Puzzle #8: KEYBOARD
Puzzle #9: OKLAHOMA
Puzzle #10: PLATINUM
Puzzle #11: QUANTITY
Puzzle #12: UMBRELLA
Puzzle #13: VERONICA
Puzzle #14: WEREWOLF
Puzzle #15: YEARBOOK
Puzzle #16: ZEPPELIN

Chapter 2

Puzzle #1: EGGPLANT
Puzzle #2: RIGATONI
Puzzle #3: AMERICAN
Puzzle #4: COOKBOOK
Puzzle #5: HAZELNUT
Puzzle #6: ROSEMARY
Puzzle #7: HONEYDEW
Puzzle #8: TIRAMISU
Puzzle #9: FLOUNDER
Puzzle #10: PASTRAMI
Puzzle #11: FOCACCIA
Puzzle #12: MARINARA
Puzzle #13: EMPANADA
Puzzle #14: BURGUNDY
Puzzle #15: SCHNAPPS
Puzzle #16: CHOW MEIN

Chapter 3

Puzzle #1: TOY STORY
Puzzle #2: OUTBREAK
Puzzle #3: THE BIRDS
Puzzle #4: JOHN WAYNE
Puzzle #5: JANE FONDA
Puzzle #6: THE BURBS

Puzzle #7: DUCK SOUP
Puzzle #8: GAFFER
Puzzle #9: GANGSTER
Puzzle #10: FILM NOIR
Puzzle #11: FIDELITY
Puzzle #12: TOM JONES
Puzzle #13: SCORSESE
Puzzle #14: HOOSIERS
Puzzle #15: PREVIEWS

Chapter 4

Puzzle #1: PIPELINE
Puzzle #2: CHANDLER
Puzzle #3: SAN DIEGO
Puzzle #4: MILE-HIGH
Puzzle #5: SAVANNAH
Puzzle #6: HONOLULU
Puzzle #7: THE JUDDS
Puzzle #8: CRAWFISH
Puzzle #9: TEA PARTY
Puzzle #10: BOB DYLAN
Puzzle #11: SEINFELD
Puzzle #12: TARHEELS
Puzzle #13: SCRANTON
Puzzle #14: LONE STAR
Puzzle #15: RICHMOND

Chapter 5

Puzzle #1: PAGANINI
Puzzle #2: OKLAHOMA
Puzzle #3: TROMBONE
Puzzle #4: COLTRANE
Puzzle #5: LOVE ME DO
Puzzle #6: BOX SEATS
Puzzle #7: AEROSMITH
Puzzle #8: DIANA ROSS
Puzzle #9: GLAM-ROCK
Puzzle #10: JENNINGS
Puzzle #11: THE DOORS
Puzzle #12: STACCATO
Puzzle #13: FALSTAFF
Puzzle #14: CD PLAYER
Puzzle #15: COLOSSEUM

Chapter 6

Puzzle #1: LONG JUMP
Puzzle #2: FULLBACK
Puzzle #3: WILLIAMS
Puzzle #4: CRENSHAW
Puzzle #5: WHITE SOX
Puzzle #6: BRADSHAW
Puzzle #7: MOON SHOT
Puzzle #8: ROSIN BAG
Puzzle #9: CASTLING
Puzzle #10: CHECKERS
Puzzle #11: GO TO JAIL
Puzzle #12: HOLE CARD
Puzzle #13: BACCARAT
Puzzle #14: ACROSTIC
Puzzle #15: SCORE PAD
Puzzle #16: PURCHASE
Puzzle #17: DUCK HUNT
Puzzle #18: CHARADES

Chapter 7

Puzzle #1: MELVILLE
Puzzle #2: BROWNING
Puzzle #3: TENNYSON
Puzzle #4: FAULKNER
Puzzle #5: IVANHOE
Puzzle #6: JANE EYRE
Puzzle #7: SUSPENSE
Puzzle #8: ANDERSEN
Puzzle #9: CORDELIA
Puzzle #10: EPILOGUE
Puzzle #11: RECLINER
Puzzle #12: WILLIAMS
Puzzle #13: QUATRAIN
Puzzle #14: GRIZZARD
Puzzle #15: CLASSICS

Chapter 8

Puzzle #1: LABOR DAY
Puzzle #2: PETER PAN
Puzzle #3: STUFFING
Puzzle #4: ICE CREAM
Puzzle #5: SWIMMING

Puzzle #6: SANTA BABY
Puzzle #7: BARBECUE
Puzzle #8: ROMANCE
Puzzle #9: GARFIELD
Puzzle #10: REINDEER
Puzzle #11: BABY RUTH
Puzzle #12: DANNY BOY
Puzzle #13: UNCLE SAM
Puzzle #14: KINDNESS
Puzzle #15: LAUGHTER

Chapter 9

Puzzle #1: HUMPBACK
Puzzle #2: ADRIATIC
Puzzle #3: COLORADO
Puzzle #4: SUPERIOR
Puzzle #5: CANOEING
Puzzle #6: FOUNTAIN
Puzzle #7: SCHOONER
Puzzle #8: MERRIMAC
Puzzle #9: EVEN KEEL
Puzzle #10: GANYMEDE
Puzzle #11: HEAT WAVE
Puzzle #12: AQUARIUS
Puzzle #13: MATTRESS
Puzzle #14: ANGSTROM
Puzzle #15: ASTEROID
Puzzle #16: PARAKEET
Puzzle #17: STAR WARS
Puzzle #18: MAGELLAN

Chapter 10

Puzzle #1: PASSIONS
Puzzle #2: PASSWORD
Puzzle #3: JACK PAAR
Puzzle #4: SURVIVOR
Puzzle #5: BAYWATCH
Puzzle #6: ALAN ALDA
Puzzle #7: SELA WARD
Puzzle #8: PORKY PIG
Puzzle #9: GUNSMOKE
Puzzle #10: GET SMART
Puzzle #11: HAPPY DAYS
Puzzle #12: MACGYVER
Puzzle #13: ROSEANNE

Solutions

Chapter 1 - By the Letter

Puzzle 1

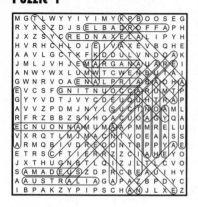

Puzzle 2

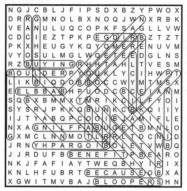

Puzzle 3

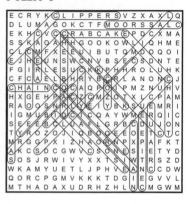

Puzzle 4

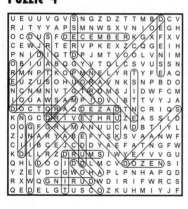

Puzzle 5

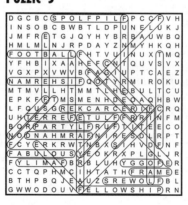

Puzzle 6

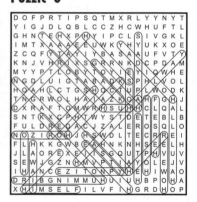

Puzzle 7

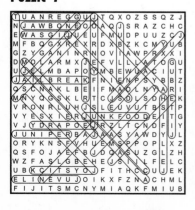

Puzzle 8

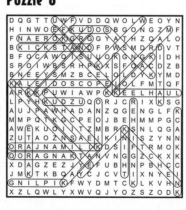

Puzzle 9

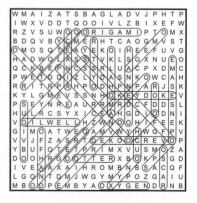

Puzzle 10

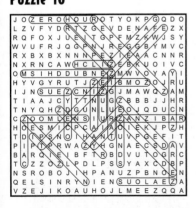

Puzzle 11

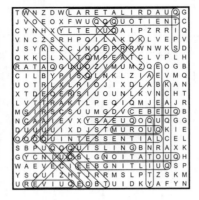

Puzzle 12

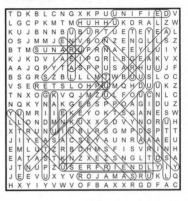

Puzzle 13

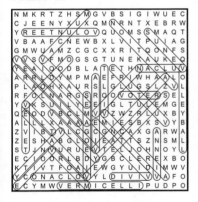

Puzzle 14

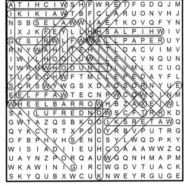

Puzzle 15

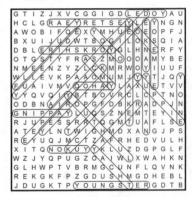

Puzzle 16

Chapter 2 - Food and Drink

Puzzle 1

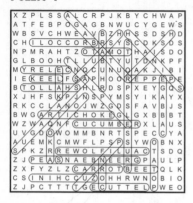

Puzzle 2

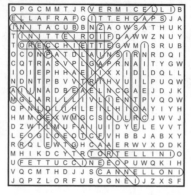

Puzzle 3

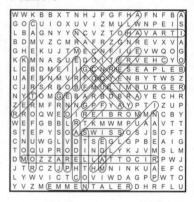

Puzzle 4

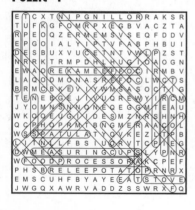

Puzzle 5

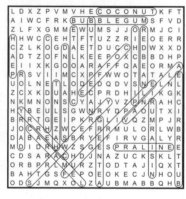

Puzzle 6

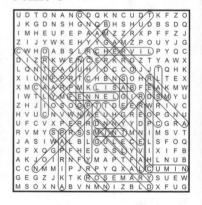

Puzzle 7

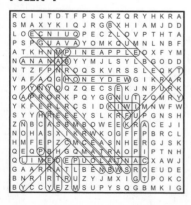

Puzzle 8

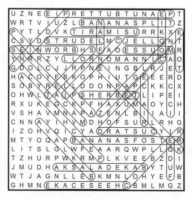

Puzzle 9

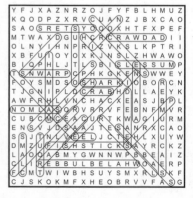

Puzzle 10

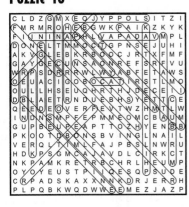

Puzzle 11

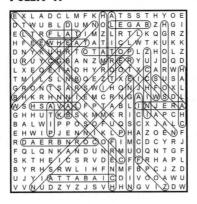

Puzzle 12

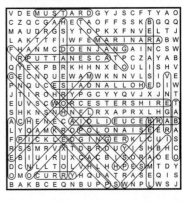

Puzzle 13

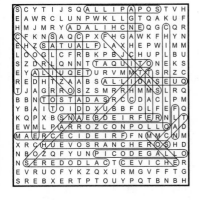

Puzzle 14

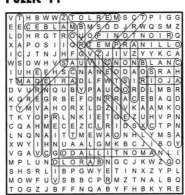

Puzzle 15

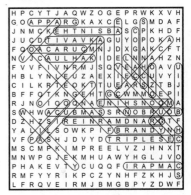

Puzzle 16

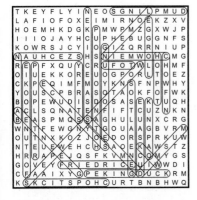

Chapter 3 - Movies

Puzzle 1

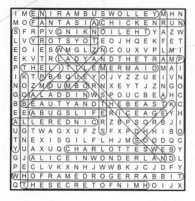

Puzzle 2

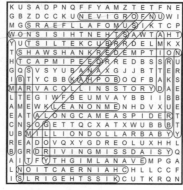

Puzzle 3

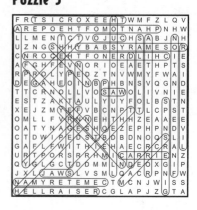

Puzzle 4

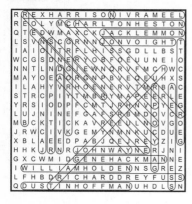

Puzzle 5

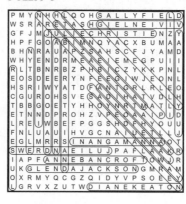

Puzzle 6

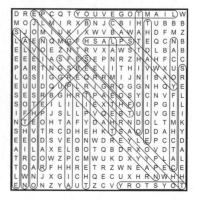

Puzzle 7

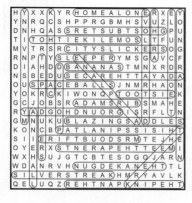

Puzzle 8

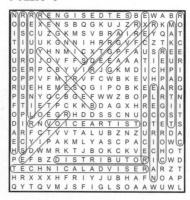

Puzzle 9

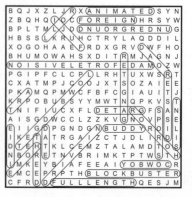

Puzzle 10

Puzzle 11

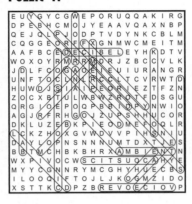

Puzzle 12

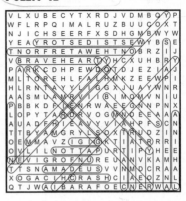

Puzzle 13

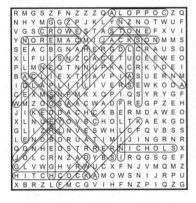

Puzzle 14

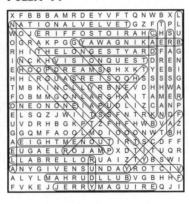

Puzzle 15

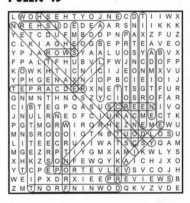

Chapter 4 - States

Puzzle 1

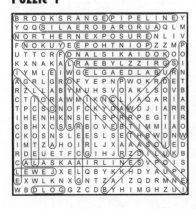

Puzzle 2

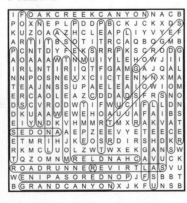

Puzzle 3

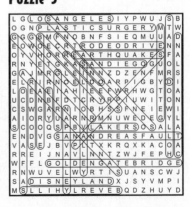

Puzzle 4

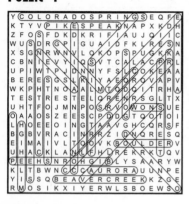

Puzzle 5

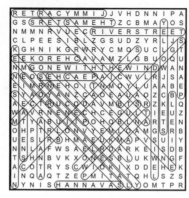

Puzzle 6

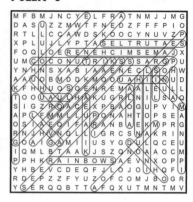

Puzzle 7

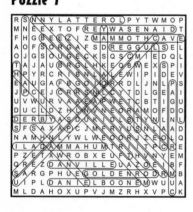

Puzzle 8

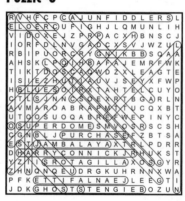

Puzzle 9

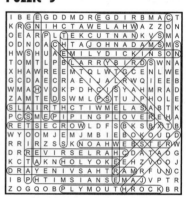

Puzzle 10

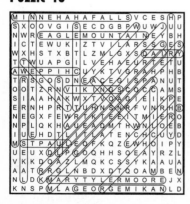

Puzzle 11

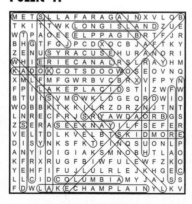

Puzzle 12

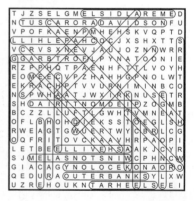

Puzzle 13

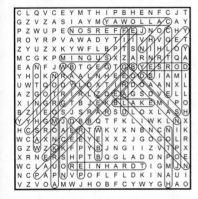

Puzzle 14

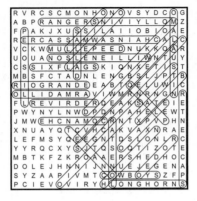

Puzzle 15

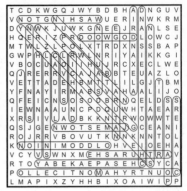

Chapter 5 - Music

Puzzle 1

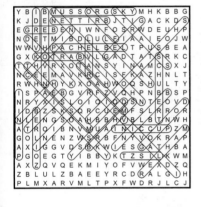

Puzzle 2

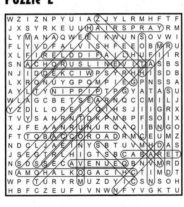

Puzzle 3

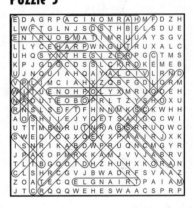

Puzzle 4

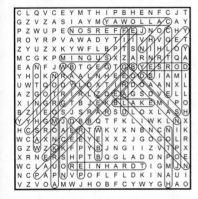

Puzzle 5

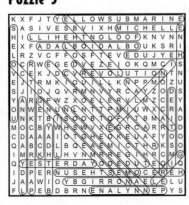

Puzzle 6

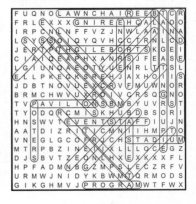

Puzzle 7

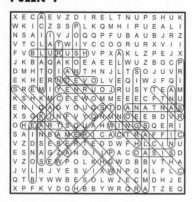

Puzzle 8

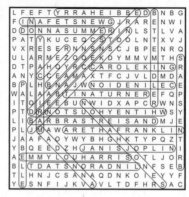

Puzzle 9

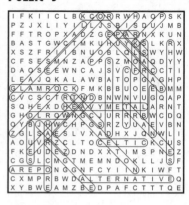

Puzzle 10

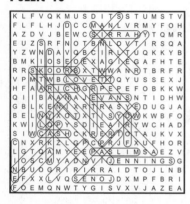

Puzzle 11

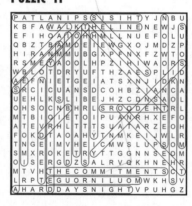

Puzzle 12

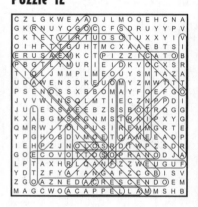

Puzzle 13

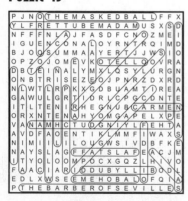

Puzzle 14

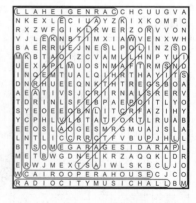

Puzzle 15

Chapter 6 - Sports and Games

Puzzle 1

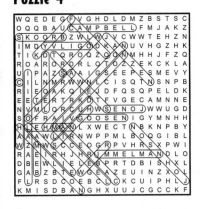

Puzzle 2

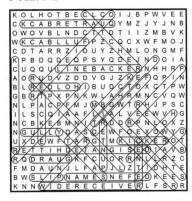

Puzzle 3

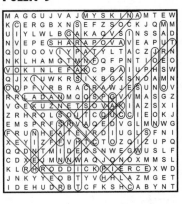

Puzzle 4

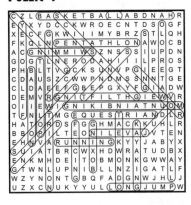

Puzzle 5

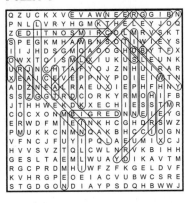

Puzzle 6

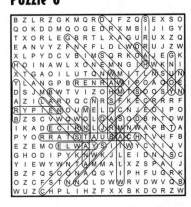

Puzzle 7

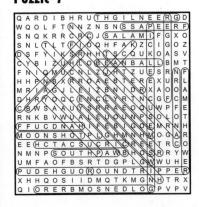

Puzzle 8

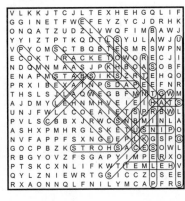

Puzzle 9

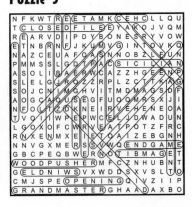

Puzzle 10

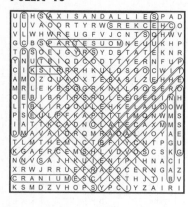

Puzzle 11

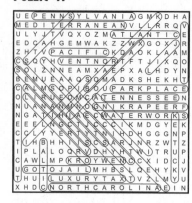

Puzzle 12

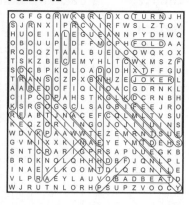

Puzzle 13

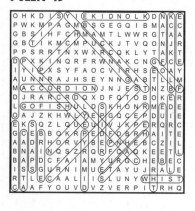

Puzzle 14

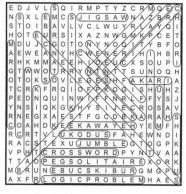

Puzzle 15

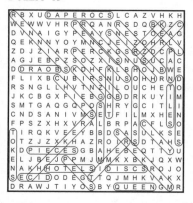

Puzzle 16

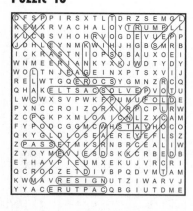

Puzzle 17

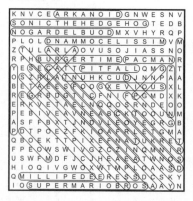

Puzzle 18

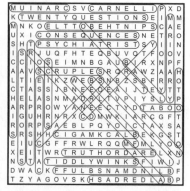

Chapter 7 - Books

Puzzle 1

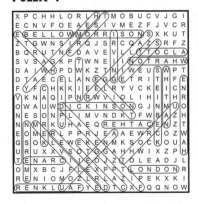

Puzzle 2

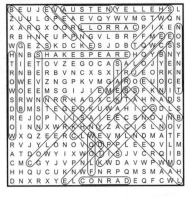

Puzzle 3

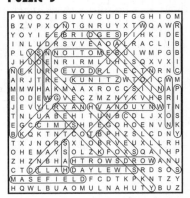

Puzzle 4

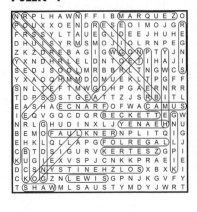

Puzzle 5

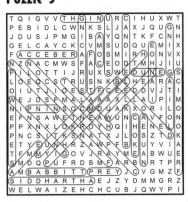

Puzzle 6

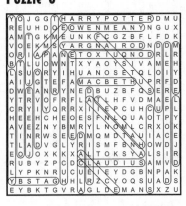

Puzzle 7

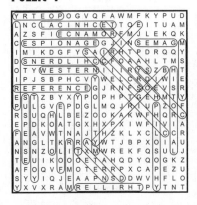

Puzzle 8

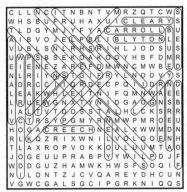

Puzzle 9

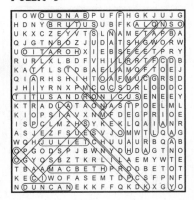

Puzzle 10

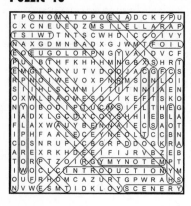

Puzzle 11

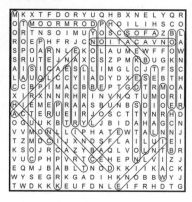

Puzzle 12

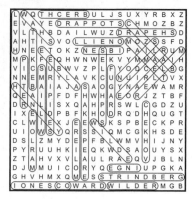

Puzzle 13

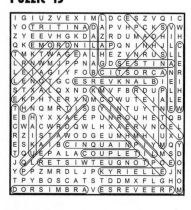

Puzzle 14

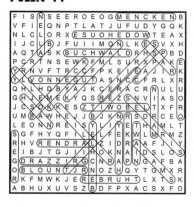

Puzzle 15

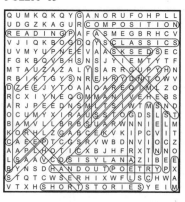

Chapter 8 - Holidays

Puzzle 1

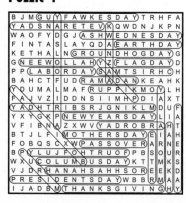

Puzzle 2

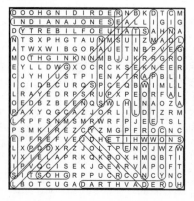

Puzzle 3

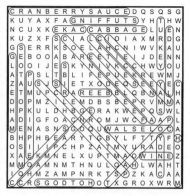

Puzzle 4

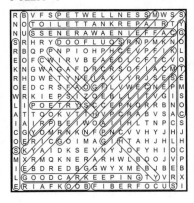

Puzzle 5

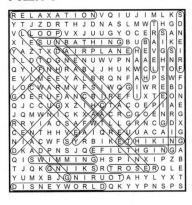

Puzzle 6

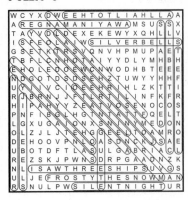

Puzzle 7

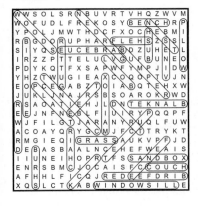

Puzzle 8

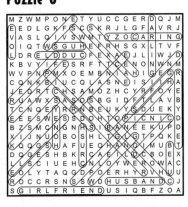

Puzzle 9

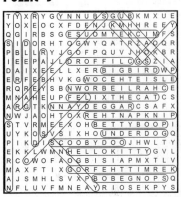

Puzzle 10

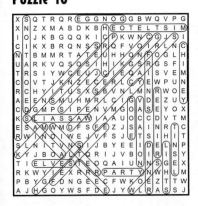

Puzzle 11

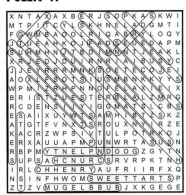

Puzzle 12

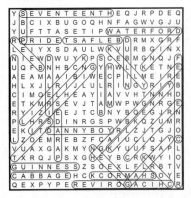

Puzzle 13

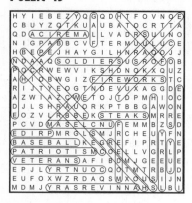

Puzzle 14

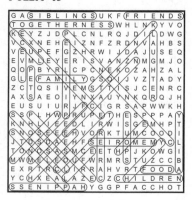

Puzzle 15

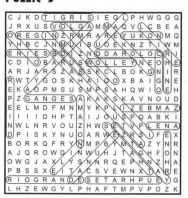

Chapter 9 - Sea and Sky

Puzzle 1

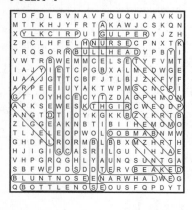

Puzzle 2

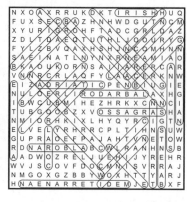

Puzzle 3

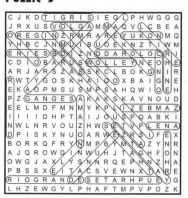

Puzzle 4

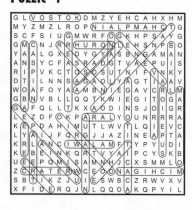

Puzzle 5

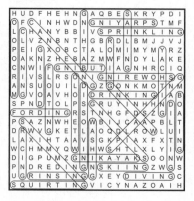

Puzzle 6

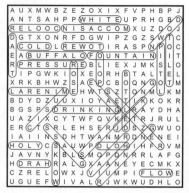

Puzzle 7

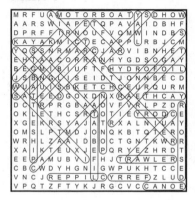

Puzzle 8

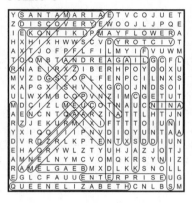

Puzzle 9

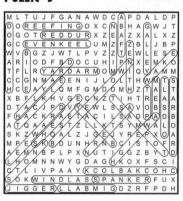

Puzzle 10

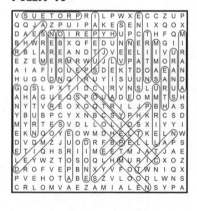

Puzzle 11

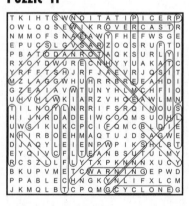

Puzzle 12

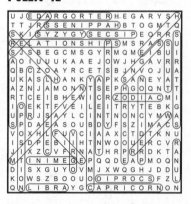

Puzzle 13

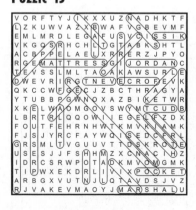

Puzzle 14

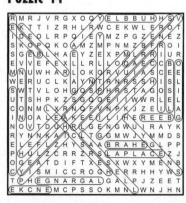

Puzzle 15

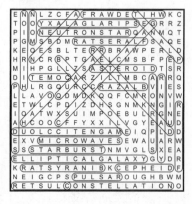

Puzzle 16

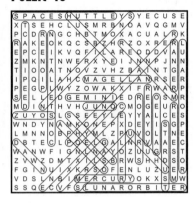

Puzzle 17

Puzzle 18

Chapter 10 - Television

Puzzle 1

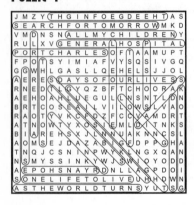

Puzzle 2

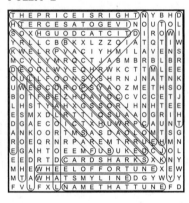

Puzzle 3

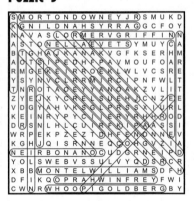

Puzzle 4

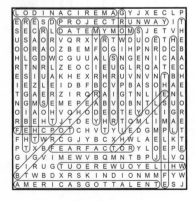

Puzzle 5

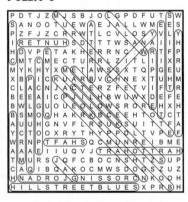

Puzzle 6

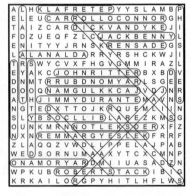

Puzzle 7

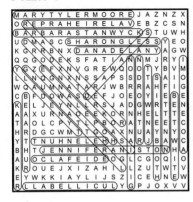

Puzzle 8

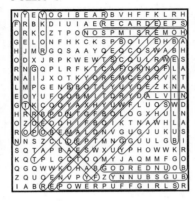

Puzzle 9

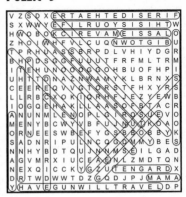

Puzzle 10

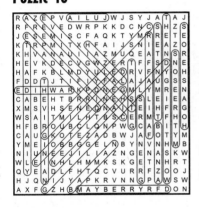

Puzzle 11

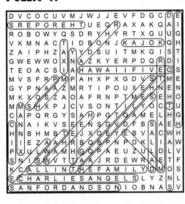

Puzzle 12

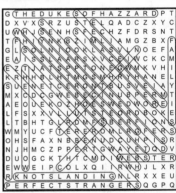

Puzzle 13

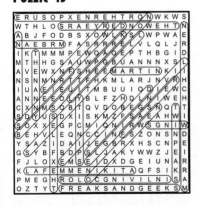

Puzzle 14

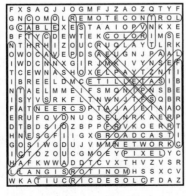

Puzzle 15

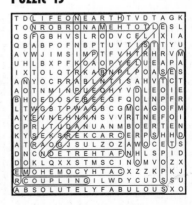

Puzzle 16

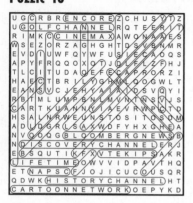

Chapter 11 - Animal Kingdom

Puzzle 1

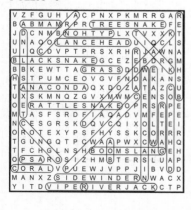

Puzzle 2

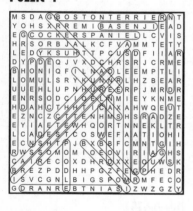

Puzzle 3

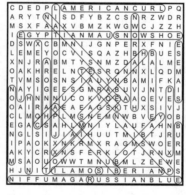

Puzzle 4

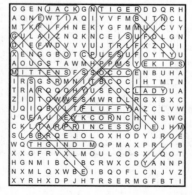

Puzzle 5

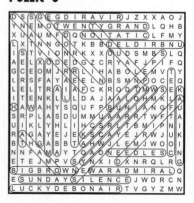

Puzzle 6

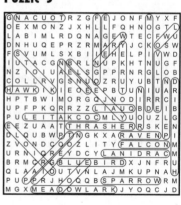

Puzzle 7

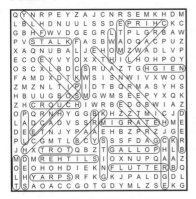

Puzzle 8

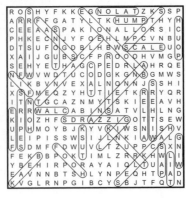

Puzzle 9

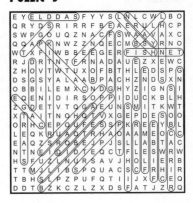

Puzzle 10

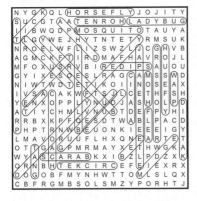

Puzzle 11

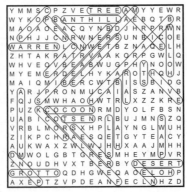

Puzzle 12

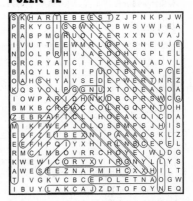

Puzzle 13

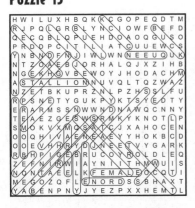

Puzzle 14

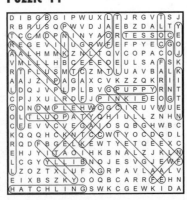

Puzzle 15

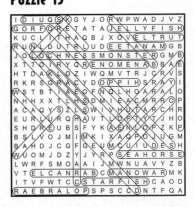

Puzzle 16

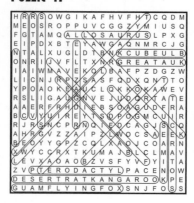

Puzzle 17

Chapter 12 - Fun with Words and Language

Puzzle 1

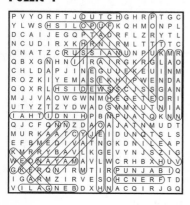

Puzzle 2

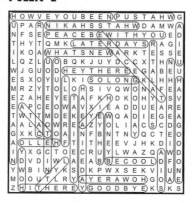

Puzzle 3

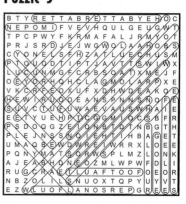

Puzzle 4

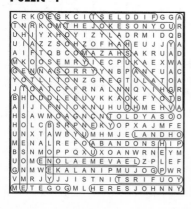

Puzzle 5

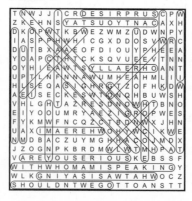

Puzzle 6

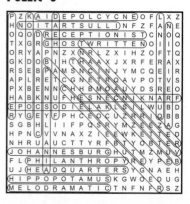

Puzzle 7

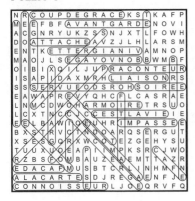

Puzzle 8

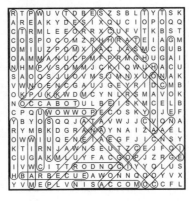

Puzzle 9

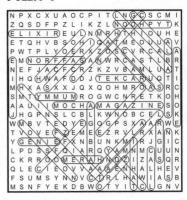

Puzzle 10

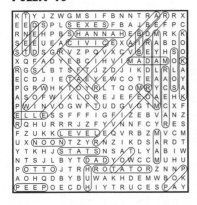

Puzzle 11

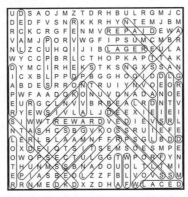

Puzzle 12

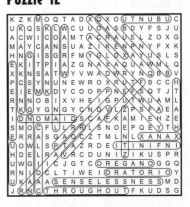

Puzzle 13

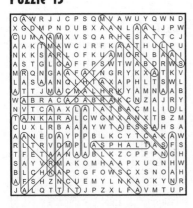

Puzzle 14

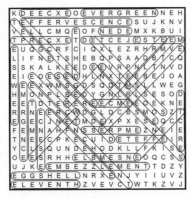

Puzzle 15

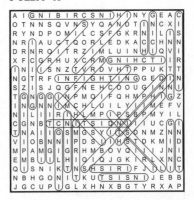

Puzzle 16

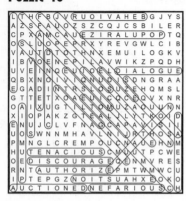

Puzzle 17

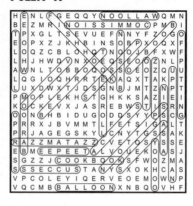

Puzzle 18

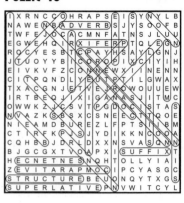

Chapter 13 - People, People, People

Puzzle 1

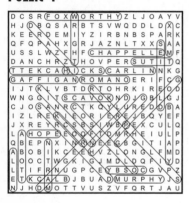

Puzzle 2

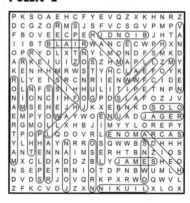

Puzzle 3

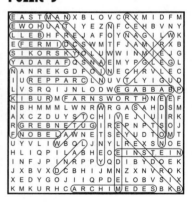

Puzzle 4

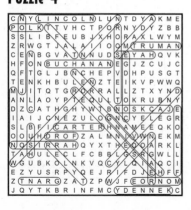

Puzzle 5

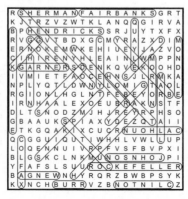

Puzzle 6

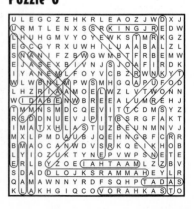

Puzzle 7

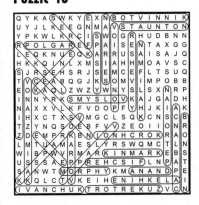

Puzzle 8

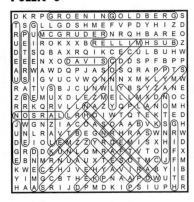

Puzzle 9

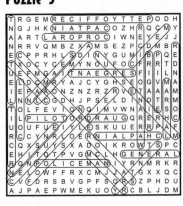

Puzzle 10

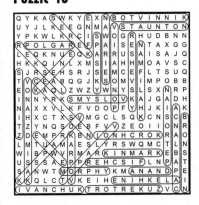

Puzzle 11

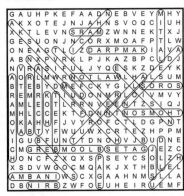

Puzzle 12

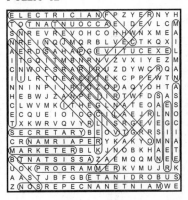

Puzzle 13

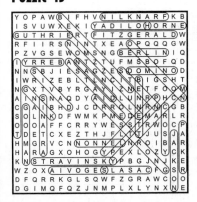

Puzzle 14

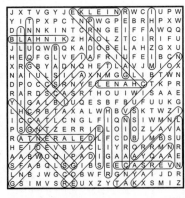

Puzzle 15

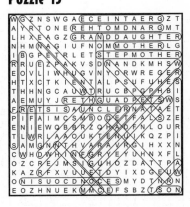

Chapter 14 - Everyday Life

Puzzle 1

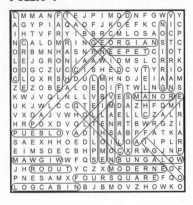

Puzzle 2

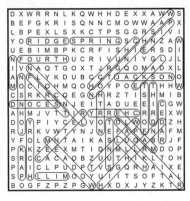

Puzzle 3

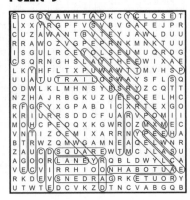

Puzzle 4

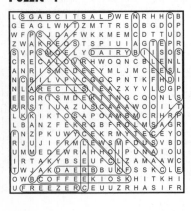

Puzzle 5

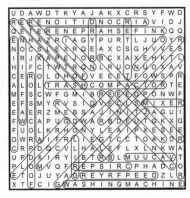

Puzzle 6

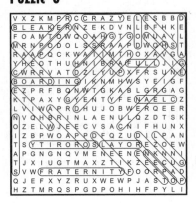

Puzzle 7

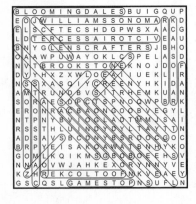

Puzzle 8

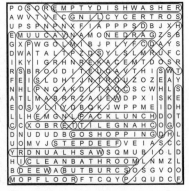

Puzzle 9

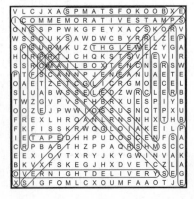

Puzzle 10

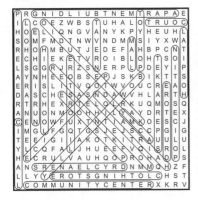

Puzzle 11

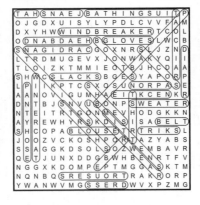

Puzzle 12

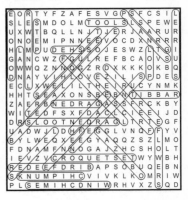

Puzzle 13

Puzzle 14

Puzzle 15

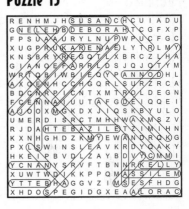

Puzzle 16

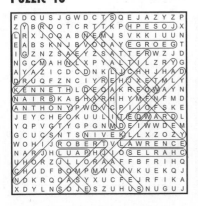

Puzzle 17

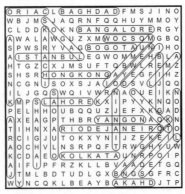

Chapter 15 - On the Go

Puzzle 1

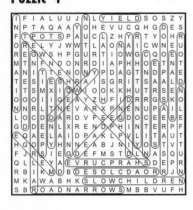

Puzzle 2

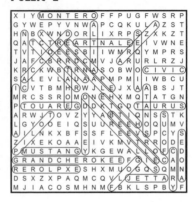

Puzzle 3

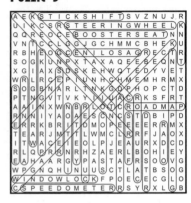

Puzzle 4

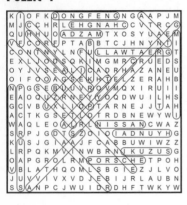

Puzzle 5

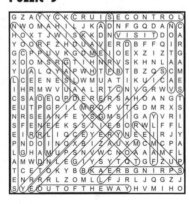

Puzzle 6

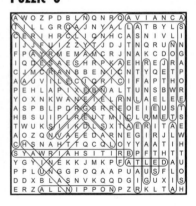

Puzzle 7

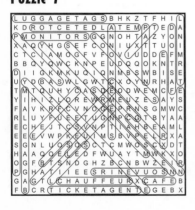

Puzzle 8

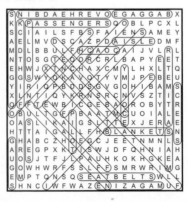

Puzzle 9

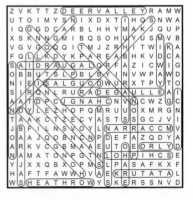

Puzzle 10

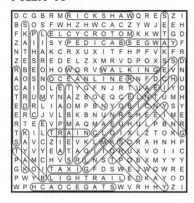

Puzzle 11

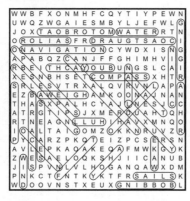

Puzzle 12

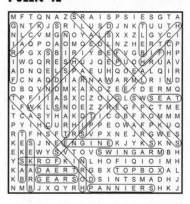

Puzzle 13

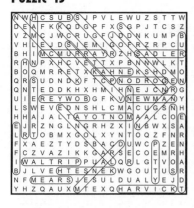

Puzzle 14

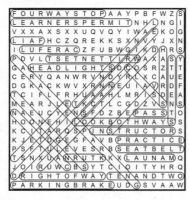

Puzzle 15

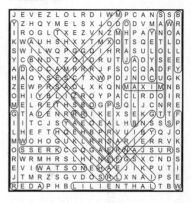

Puzzle 16

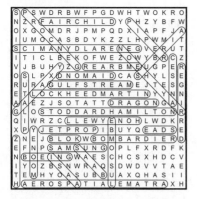

Chapter 16 - School Days

Puzzle 1

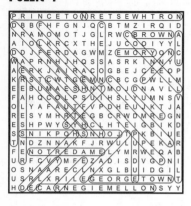

Puzzle 2

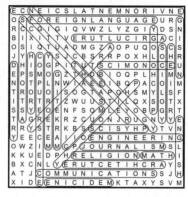

Puzzle 3

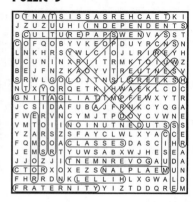

Puzzle 4

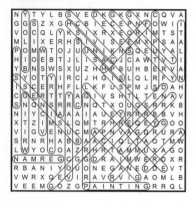

Puzzle 5

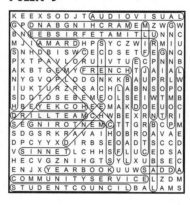

Puzzle 6

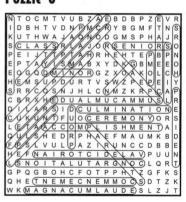

Puzzle 7

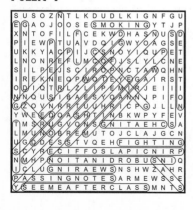

Puzzle 8

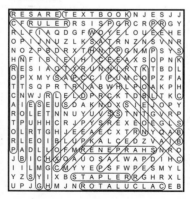

Puzzle 9

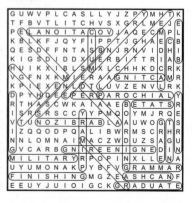

Puzzle 10

Puzzle 11

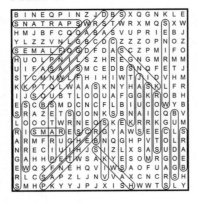

Puzzle 12

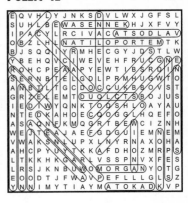

Puzzle 13

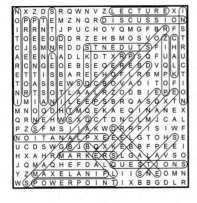

Puzzle 14

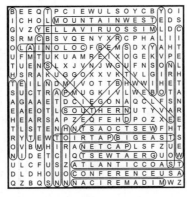

Puzzle 15

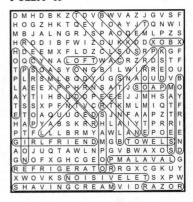

Chapter 17 - Celebrity Wordlists

Puzzle 1

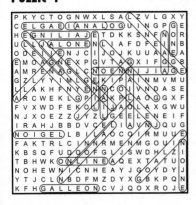

Puzzle 2

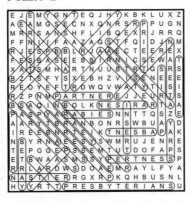

Puzzle 3

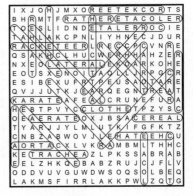

Puzzle 4

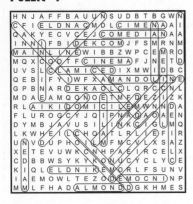

Puzzle 5

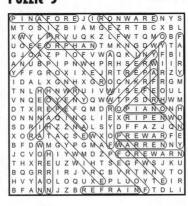

Puzzle 6

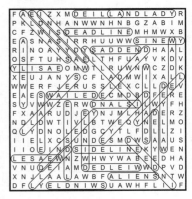

Puzzle 7

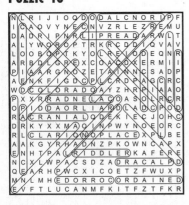

Puzzle 8

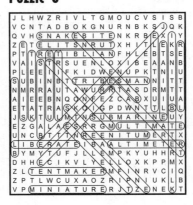

Puzzle 9

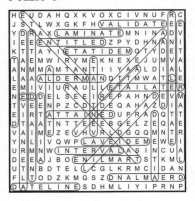

Puzzle 10

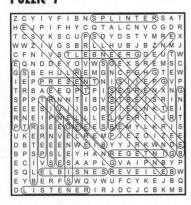

Puzzle 11

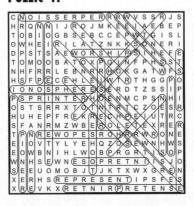

Puzzle 12

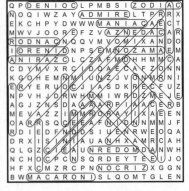

Puzzle 13

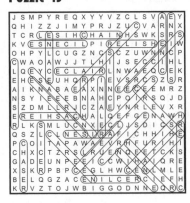

Puzzle 14

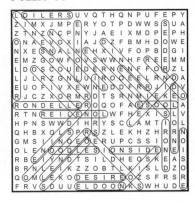

Puzzle 15

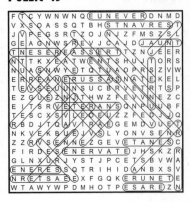

Puzzle 16

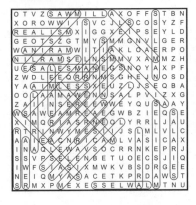

Puzzle 17

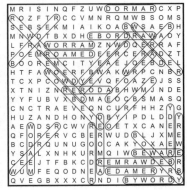

Chapter 18 - Two by Two

Puzzle 1

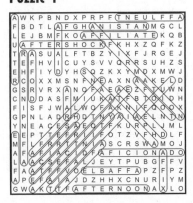

Puzzle 2

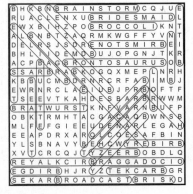

Puzzle 3

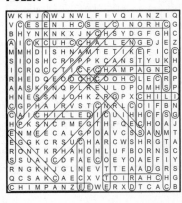

Puzzle 4

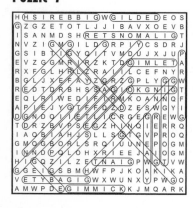

Puzzle 5

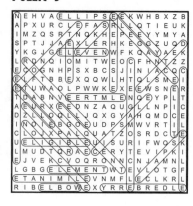

Puzzle 6

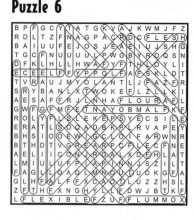

Puzzle 7

Puzzle 8

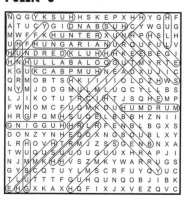

Puzzle 9

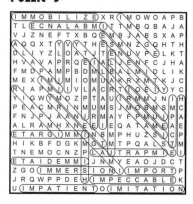

Puzzle 10

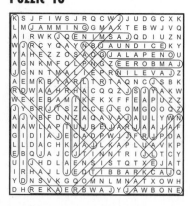

Puzzle 11

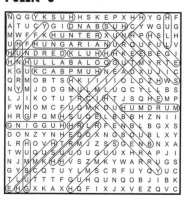

Puzzle 12

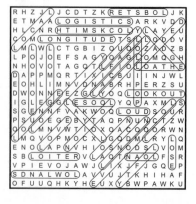

Puzzle 13

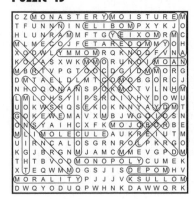

Puzzle 14

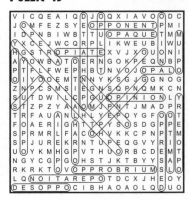

Puzzle 15

Puzzle 16

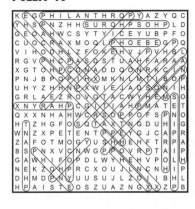

Puzzle 17

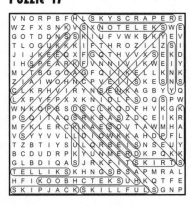

Puzzle 18

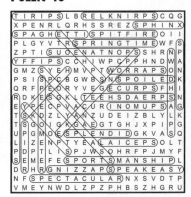

Puzzle 19

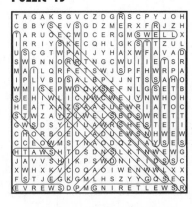

Puzzle 20

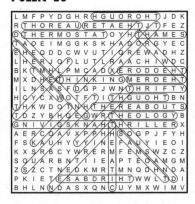

Puzzle 21

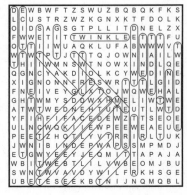

Puzzle 22

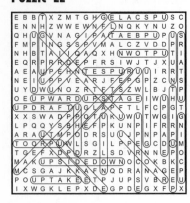

Puzzle 23

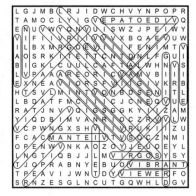

Puzzle 24

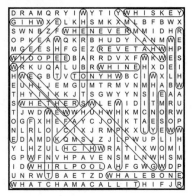

Puzzle 25

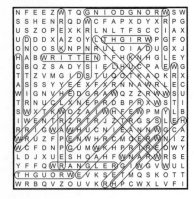

Puzzle 26

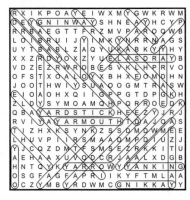

Puzzle 27

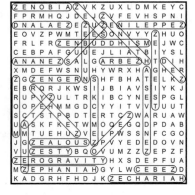

Great gifts for *any* occasion!

ISBN: 978-1-59257-645-6

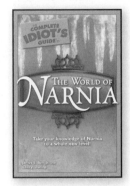

ISBN: 978-1-59257-617-3

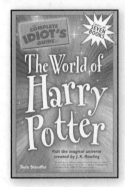

ISBN: 978-1-59257-599-2

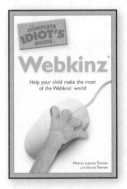

ISBN: 978-1-59257-749-1

ISBN: 978-1-59257-557-2

ISBN: 978-1-59257-538-1

ISBN: 978-1-59257-631-9

ISBN: 978-1-59257-715-6

ISBN: 978-1-59257-567-1

ALPHA

idiotsguides.com